Logement, Sexualité et Islam

Déjà paru

Dans la collection *Essai*

Abdessamad DIALMY

Logement, Sexualité et Islam

essai

Editions EDDIF

M.Y.B. Retnani

Editeur

© Éditions Eddif, 1995
71, avenue des F.A.R., 21000 Casablanca, Maroc
ISBN EDDIF : 2-908801-79-5

Cette étude a été réalisée grâce à une bourse de La Fondation Ford (MERC). Je tiens à lui exprimer mes remerciements et ma reconnaissance pour avoir apprécié mon projet de recherche en ne tenant compte que de sa cohérence scientifique.

A mon pays

A Myriam, à Ghita,
ces cadeaux de Dieu

PRESENTATION

L'importance des thèmes de l'espace, de la sexualité et de la religion n'est pas à démontrer. Ce sont là trois dimensions fondamentales qui définissent la vie humaine, et sans lesquelles la vie sociale reste inconcevable.

La sexualité est la condition première de la vie, elle est cette énergie qui permet à l'homme de se reproduire, d'éprouver du plaisir et de communiquer avec l'autre. Qu'on la réalise dans l'amour ou qu'on la vive dans des formes sublimes ou pathologiques, elle est source de bonheur et d'angoisse, d'amour et de haine, d'union et de rupture. En ce sens, elle est incontournable.

L'espace est l'englobant, cette matière initiale informe dans laquelle l'homme se trouve jeté, et qu'il est obligé d'organiser, d'adapter, de signer en un mot, afin qu'il se sente chez lui, dans son royaume. "Devenir maître et possesseur de la nature", tel est le défi que l'homme relève depuis toujours, en humanisant un espace sauvage, inhumain. Peu importe ce que les hommes construisent en fin de compte, peu importe la façon de construire, ce qui compte, c'est cette nécessité de construire, inhérente à l'homme, constitutive de l'homme, animal culturel.

La religion est enfin l'activité productrice du sens par excellence. C'est par elle que l'homme sait le pourquoi des choses et sa raison d'être. La science, stade suprême du savoir positif, n'arrive pas à se transformer en vécu quotidien, en guide spirituel. Un besoin irrésistible de finalité, et de spiritualité, reste comme indéracinable. Il semble qu'un avenir sans illusion soit impensable, car une vie sans illusion est elle-même une illusion. La religion, illusion par excellence, opium privilégié du peuple, retrouve toute sa prestance en cette fin du XXe siècle, et ce contre toutes les prédictions positivistes. L'homme n'a que faire d'un monde désenchanté, il n'arrive pas à le supporter, il ne peut le vivre.

L'importance des trois thèmes de l'espace, de la sexualité et de la religion n'est donc plus à prouver. L'accumulation des discours dont ils sont le centre, imposante, en est une preuve éclatante. De nombreuses théories sociales et sociologiques se conjuguent pour les organiser et les comprendre.

Par quoi cette étude peut-elle se distinguer de celles, déjà importantes, qui la précèdent ? Qu'apporte-t-elle de nouveau et d'original ?

Cette étude tente d'approcher l'espace, la sexualité et la religion dans une même problématique, par un seul mouvement de savoir, grâce à une seule hypothèse (principe d'économie). Si les recherches qui s'occupent de l'un de ces trois domaines sont loin de faire défaut, celles qui s'attaquent au couple sexualité / religion sont déjà moins nombreuses, quant à celles qui étudient les couples espace / sexualité et espace / religion, elles sont encore plus rares. A fortiori, les recherches qui embrassent d'un coup ces trois domaines de la pratique et du savoir sont presque inexistantes.

Sur un autre plan, cette étude relève le défi d'approcher trois domaines très sensibles, presque tabous dans le contexte arabo-islamique. La catégorie de l'espace perd de son abstraction philosophique au moment où elle est saisie sous l'angle socio-politique de la production du logement. Des auteurs ont même été jusqu'à affirmer le caractère révolutionnaire de la question du logement. De son côté, la question sexuelle dans le monde arabe est l'objet d'une rumeur internationale. Cela impose la nécessité de la connaître, afin de reconnaître, à sa juste mesure, l'impact des attitudes et des comportements sexuels des Arabes sur leur vie sociale et politique. Dans un monde où plus rien ne doit rester occulte, au nom du savoir et de la démocratie, la sexualité arabe doit donc se laisser approcher. D'abord pour mesurer sa présence dans l'histoire collective, ensuite afin d'extirper nombre de préjugés et de stéréotypes à son sujet. C'est également une question qui cache celle de la condition de la femme, hautement présente dans le procès du monde arabe d'aujourd'hui. Elle est, à ce titre, l'une des épreuves majeures que le monde arabe doit traverser pour s'ouvrir à la modernité. Mais soyons de bonne foi, et reconnaissons que la modernisation du monde arabe est un processus qui ne se heurte pas tant que cela à la résistance arabe. Le pourcentage des Arabes rebelles à la modernité, c'est-à-dire à la justice et à la liberté, est réellement mineur. C'est l'échec du projet d'une société arabe démocratique et laïque, résultant d'une économie de guerre, de dépendance et d'endettement qui, aujourd'hui, explique le retour en force de la religion, opium pansant les blessures narcissiques du Moi arabo-islamique. L'islamisme est, tout comme le féminisme, le pur produit d'une "modernité inachevée", qui refuse de se laisser partager, paradoxale en dernière analyse.

Mais dire que cette étude est le fruit d'une élaboration froide, ou d'une stratégie militante, serait une forme de mensonge. La sexualité, premier "dada" personnel de recherche si je puis dire, m'a jeté après de longues années dans le champ de la sociologie de la famille. Celle-ci s'est avérée intimement liée à la problématique du logement, car chaque type de famille est responsable d'un mode approprié d'organisation de l'espace. Cette confrontation entre le sexe et l'espace m'a conduit à proposer l'existence d'un mode de relation susceptible de définir le terme, entre autres, qui régit leurs rapports. De là vint l'intuition-question : que se passe-t-il si le logement ne remplit plus sa fonction de lieu de régulation de la sexualité ? En quoi se transforme l'énergie sexuelle non écoulée pour des raisons liées à l'espace de l'habitat (manque de chambre à coucher, densité et surpeuplement du logement…) ? Certes, avancer que cette énergie retenue se transforme en rigorisme religieux nécessite une dose minimale d'audace, voire d'aventurisme théorique. Mais d'un autre côté, je savais que j'aurais au moins un mérite en cas d'erreur, celui d'avoir essayé un effort novateur (ijtihad).

SEXUALITE DE L'ESPACE

*"Notre amour de Dieu doit effacer en nous,
mentalement, l'image de la Kaaba afin de trouver celui qui l'a construite"*

Hallaj

En guise d'introduction

Espace et sexualité sont deux expressions privilégiées que la société utilise pour exprimer son identité
profonde.

A propos de l'espace, Greimas propose de le considérer "comme une forme susceptible de s'ériger en un langage spatial permettant de "parler" d'autre chose que de
l'espace"[1]. Il s'ensuit que l'espace construit joue le rôle de
signifiant d'une réalité de nature non spatiale. L'architecture arabo-islamique par exemple est, dans les médinas,
caractérisée par l'introversion, c'est-à-dire par l'ouverture
des constructions sur une cour intérieure, un invariant par
excellence pourrait-on dire. Cette absence de communication avec l'espace public, signifiée par l'architecture,

exprime un choix, une vision du monde propre à l'Islam. D'ailleurs, l'espace extérieur ne jouit pas d'une attention particulière, il n'est pas l'objet d'une ornementation artistique spéciale. Selon J-F Clément, pauvres et riches ont les mêmes façades et les mêmes portes, si bien que l'étranger n'a aucun moyen d'identifier le quartier où il se promène"[2]. L'apparence extérieure des espaces publics les plus réputés, voire les plus sacrés comme la mosquée, n'exprime pas l'importance du lieu. L'attention est entièrement consacrée sur l'intérieur. Le primat donné à l'intérieur, que ce soit dans les maisons ou dans les édifices publics, est-il significatif du primat de l'intérieur en Islam? Est-ce à dire que la foi intérieure est plus fondamentale que le rituel extérieure? C'est une problématique qui ne sera pas traitée ici, mais qui montre que l'Islam est une tension perpétuelle entre deux visions principales, l'une littérale et l'autre herméneutique, une tension qui se retrouve dans toutes les manifestations de la civilisation islamique. Bâtir en surface ou en hauteur, vers l'extérieur ou vers l'intérieur n'est donc pas indifférent: tout style architectural exprime un choix idéologique. Certes, les possibilités techniques jouent un rôle fondamental dans le choix architectural, et plus ces possibilités sont grandes, plus la société se libère des contraintes naturelles et les domine. La construction d'immeubles destinés à loger le maximum de gens dans un minimum d'espace est l'illustration magistrale de la définition de l'architecture comme une rencontre entre la possibilité technique (surélévation) et la nécessité sociale (urbanisation des ruraux prolétaires).

De son côté, la sexualité est également un mode social d'organisation, c'est même selon Lévi-Strauss, le mode premier par lequel l'homme coupe avec sa nature animale. Le tabou de l'inceste est fondateur de la culture, de l'homme socialisé. Faire du sexe une énergie à sublimer

ou un plaisir à cultiver, un instrument d'expansion démographique ou une fin en soi, voilà des destinées diverses
pour un même instinct."La sexualité, écrit Godelier, témoigne toujours d'un ordre plus profond qu'elle, et c'est
pour que cet ordre se reproduise que la sexualité doit être
soumise... Elle témoigne de et elle témoigne pour quelque
chose qui la dépasse"[3]. Chaque société historique a par
conséquent une identité sexuelle qui combine de manière
spécifique les trois destins possibles de la libido : la subli-
mation-refoulement, le natalisme et l'érotisme. Chaque formation économico-sociale s'obtient par le primat accordé à
tel ou tel aspect du sexe au détriment des autres. Par
exemple, les sociétés chrétiennes se sont basées sur un modèle anti-sexuel constitutif double, car ni Marie ni Jésus
n'ont eu de vie sexuelle. Ils n'ont eu ni plaisir ni progéni-
ture. Leur sexualité a été entièrement vécue sur le mode de
la sublimation. Par contre, les sociétés anté-chrétiennes
ont, à l'exception de la société hindouiste, connu la sexualité sous ses deux formes immédiates, celle de la procréation expansionniste maximale, et celle des plaisirs érotiques polymorphes.

Espace et sexualité sont donc deux manières de s'écrire
pour la société. Plus que cela, ces deux modes d'écriture
non-calligraphique entretiennent entre eux des rapports
étroits. Une sexualité endogamique par exemple implique
d'organiser l'espace de telle sorte qu'il soit lui-même intro-
verti. Ce type de sexualité n'a de sens et de rationalité que
dans un tel type d'espace. Réciproquement, la maison
arabe traditionnelle, fermée sur l'extérieur (absence de fenêtres et de balcon, entrée en coude...) impose une sexualité nataliste au service de la lignée, c'est-à-dire conforme
à l'impératif de la raison tribale. De même, dans les temps
modernes, désigner une chambre à coucher dans l'espace
conjugal permet au couple une grande liberté érotique

(pratique du nu, changement de positions, coït possible à tout moment de la journée...). Dans la même logique, la limitation du nombre de pièces dans les appartements modernes, eu égard au coût élevé de l'espace urbain construit, implique de réduire la natalité du couple. Il ressort donc que l'espace et la sexualité représentent deux sous-systèmes convergents et complémentaires dans toute société à évolution équilibrée, dont les différents secteurs évoluent au même rythme.

Les deux-sous systèmes s'influencent donc mutuellement. Cette réciprocité est apparente dans les sociétés "primitives" comme le rapporte Godelier[4]. La condition inférieure de la femme est écrite, signifiée par la nature et l'emplacement de l'espace qui lui est réservé. Il en est de même de la "domination masculine", transcrite elle aussi par la supériorité des lieux du mâle. Dans les sociétés modernes, la corrélation espace-sexualité tend à perdre sa dimension ségrégationniste, tous les espaces étant en principe accessibles aux deux sexes, pour revêtir davantage un aspect fonctionnel par la désignation des zones spécifiques du coït.

Sous-systèmes expressifs non verbaux, sous-systèmes porteurs de sens, espace et sexualité impliquent eux-mêmes d'être approchés à partir des oppositions conscient-inconscient et synchronie-diachronie. Pourquoi ?

Conscient-Inconscient

Depuis la découverte du continent "Inconscient" par Freud, l'inconscient de la sexualité semble être devenu une conquête théorique irréversible. Car l'élargissement de la notion de sexualité par et dans le concept de la "libido" entraîne l'obligation de considérer la sexualité comme un iceberg. Si, dans ce dernier, seule la plus petite partie est apparente, il en va de même dans la sexualité, car seule la plus petite partie est consciente. Dans les deux cas, le plus gros morceau reste caché, inaccessible à la perception, à la conscience.

De même, "quand la sociologie se montre indifférente à l'espace, ou à un certain type d'espace (ainsi l'espace urbain quand il n'a pas été planifié), tout se passe comme si les structures inconscientes profitaient, si l'on peut dire, de cette indifférence pour envahir le domaine vacant et s'y affirmer de façon symbolique ou réelle, un peu – ajoute Lévi-Strauss – comme les préoccupations inconscientes utilisent la "vacance" du sommeil pour s'exprimer sous forme de rêve [5]. L'inconscient n'est donc pas étranger à l'espace, il n'est pas absent de son organisation. Certes, c'est plus évident dans le cas d'une absence de planification, c'est-à-dire lors de la non-définition de l'objectif, de la méthode et de la durée du projet social de l'aménagement de l'espace. Le cas des Baruyas étudié par Godelier et celui des Kabyles relevé par Bourdieu (dans "Esquisse d'une théorie de la pratique") montrent à quel point l'absence d'une préméditation anti-sexiste (planification) profite à l'inconscient patriarco-phallocrate et lui laisse toute liberté d'organiser l'espace du village. Dans le même ordre d'idées, quoique dans un tout autre contexte, socialiste cette fois-ci, Kopp estime que l'absence de planification urbaine profite essentiellement à la spéculation foncière et aux intérêts privés. Le développement spontané, donc inconscient, de la ville exprime la volonté de combattre l'urbanisme, c'est-à-dire le projet de la rationalisation sociale de la ville. La naissance de l'homme socialiste nécessitait, selon les architectes soviétiques constuctivistes des années 20, la construction d'une ville planifiée, consciente de ses soubassements et de ses objectifs, en un mot, consciente d'elle-même [6]. Mais il est légitime de se demander si une ville peut prétendre à

une planification totale, et à une transparence totale.
L'inconscient collectif, lui-même espace originel des pré-
férences et/ou des privilèges, pourra-t-il à jamais venir totalement à la conscience de la ville ? L'urbanisme est-il au-
dessus de tout soupçon psychanalytique ? Des auteurs
comme Mitscherlich[7], Gouriou et Van de Merte[8] ont plutôt tendance à continuer de chercher de l'inconscient dans
l'urbanisme, malgré la prédominance moderne de l'architecture rationaliste. Le fonctionnalisme semble être incapable de mettre fin à la recherche du "sens de la ville", soit
à travers l'interprétation des symboles, soit grâce à la sémiologie des signes. La ville fonctionnelle elle-même,
pourtant instrument de travail et de production, a un sens,
porté par des objets-symboles, dont le déchiffrement[9] par
la population consommatrice de la ville est une condition
nécessaire à la réalisation du sens de la ville. Celle-ci ne
peut être construite sur la seule valeur d'usage, elle se doit
d'être signifiante, sous peine d'être un facteur de désintégration psychique, et de se muer en obstacle au travail et
au rendement.

L'inconscient est en conséquence une structure organi-
sante de l'espace et de la sexualité. Structuré comme un
langage selon Lacan, l'inconscient est lui-même structu-
rant, grâce à un langage adéquat, celui des symboles. En
effet, le symbole, en faisant semblant de ne dénoter qu'un
contenu manifeste, permet au fond à l'inconscient d'être
connoté. Le symbole est le support de tous les stratagèmes
de l'inconscient tels que le déguisement ou la condensation
par exemple. A l'inverse du signe, arbitraire au sens saus-
surien, le symbole est motivé dans la mesure où la relation
entre le symbolisé et le symbole n'est pas immotivée
(Todorov), c'est même une relation caractérisée par la
constance. L'analogie entre le symbole et le symbolisé est
au fondement d'une telle constance. C'est une analogie

dans la forme (verticalité ou horizontalité...), dans le rôle (activité ou passiveté...) ou dans le rythme (linéarité ou circularité...). C'est ainsi que la verticalité de la tour renverrait à l'érection du phallus, et que la circularité du rythme lunaire évoquerait le caractère cyclique de la biologie féminine (menstrues, ovulation, fécondation, lochies, menstrues...). Pour Freud, l'univers des symbolisés est limité, il renvoie au corps, aux parties génitales surtout, distinctives, définitionnelles de l'identité primaire, de base. Dans cette logique, les analogons sexuels masculin-féminin deviennent référentiels. Jung n'hésite pas à aller plus loin et à voir dans le symbole une dimension métaphysique, en parlant d'archétypes méta-historiques, invariants, par-delà les variances culturelles. L'ensemble des archétypes constitue selon Jung un langage commun à toute l'humanité, responsable des mêmes connotations, et des mêmes émotions. C'est un langage qui, quoi qu'il soit oublié, parce que refoulé par les langues-cultures, reste la seule voie de l'universel. C'est à ce prix que, au détriment de tout relativisme sociologique de type durkheimien, le symbole fondamental serait celui qui aurait le même sens inconscient partout, et qui œuvrerait en conséquence au rapprochement des cultures dans les mêmes expériences-limites (Jaspers).

L'oscillation du symbole entre une origine sociale particulière (Durkheim) et une origine métaphysique (Jung) est une querelle théorique d'école de la plus haute importance, une fois prise "la décision d'interpréter". En effet, dans quelle direction l'acte herméneutique, soupçonneux d'un sens inconscient derrière la dénotation fonctionnelle de l'objet architectural, devra-t-il être engagé ? Faut-il encore, après la révolution structuraliste surtout, croire à la possibilité d'un dictionnaire général des symboles ? Cette foi est la condition d'un sens méta-contextuel, elle est l'indicateur d'un univers enchanté.

Faut-il au contraire renoncer à substantialiser le symbole pour n'y voir qu'un signe conventionnel, enfoui dans un inconscient social particulier ?

L'inconscient du symbole traverse donc les deux champs de l'espace et de la sexualité afin de les faire obéir à la même logique. Il s'agit alors de se mettre à la recherche des structures symboliques inconscientes, communes à ces deux champs.

Mais l'importance de l'inconscient dans la production sociale de la sexualité et de l'espace ne doit pas en masquer la dimension consciente. La division de l'espace en territoires masculin et féminin par exemple, ou le rattachement du coït à des endroits précis, montrent que la corrélation espace-sexualité ne relève pas totalement de l'inconscient. L'apprentissage de l'espace construit et l'éducation sexuelle (que toute société est obligée de dispenser) informent le consommateur de l'espace et de la sexualité des lieux où il doit se tenir (en fonction du sexe), et des lieux du coït. L'intentionnalité est également un élément de base, constitutif d'un espace sexué, et d'une sexualité spatialisée.

Diachronie-Synchronie

Cette deuxième opposition est aussi nécessaire. Elle permet d'approcher les sous-systèmes spatial et sexuel, non seulement comme des structures, mais surtout comme des histoires. Car il est évident que l'espace et la sexualité sont deux structures en perpétuelle évolution. Ce sont deux champs qui permettent d'évaluer la profondeur du changement social. Espace et sexe offrent de la résistance à la profanation moderne. Leur transformation en biens de consommation est lente. La chose est certes plus vraie de la sexualité, mais la valeur du foncier ou de l'immobilier n'a pas encore perdu toute sa symbolique. Le bien spatial refuse de se laisser réduire à un bien assujetti par la rationalité économique pure. Donc plus le changement les atteint, plus la société est ouverte au progrès.

La question de la modernité se pose avec plus d'acuité à l'encontre de la sexualité. Car il est légitime encore de se poser les questions suivantes : qu'est-ce qu'un homme sexuellement moderne ? Qu'est-ce qu'une femme sexuellement moderne ? Nous avons essayé d'aborder la question dans une conférence intitulée "Qu'est-ce que la modernité sexuelle ?"[10]. La réduction de la natalité, l'autonomisation du plaisir, le droit féminin à la jouissance, par lesquelles une définition a-capitaliste de la modernité sexuelle devient possible, semblent découler d'une sexualité civile, en rupture avec la morale sexuelle chrétienne. Mais que dire si l'on reconnaît que des traditions religieuses ont admis l'autonomie du plaisir et le principe de l'orgasme féminin ? Que dire si l'on reconnaît que des éléments de la modernité sexuelle occidentale ont déjà existé dans des traditions non-occidentales ? Cela conduit-il à la nécessité de définir la modernité sexuelle en termes capitalistes, c'est-à-dire à y voir le processus par lequel la sexualité se transforme en industrie et en marché ? De telles considérations imposent de libérer les rapports traditions-sexualités de la négativité du rapport entre la sexualité et le christianisme. La tradition n'est pas réductible au christianisme.

En conséquence, pour les sociétés islamiques par exemple, la modernité sexuelle, en tant que valeur, n'est pas nécessairement à importer de l'Occident. A moins de considérer l'Occident comme la somme historique de l'accumulation pluri-civilisationnelle du passé. L'Occident devrait alors reconnaître l'ensemble de ses origines, et se laisser partager, conformément à son principe fondateur de l'égalité entre les peuples.

Pour le moment, le mode de production spatio-sexuel colonial, pour utiliser et adapter un concept de Mehdi Amel, se caractérise par une modernité inégale. Dans le monde arabo-islamique, la modernisation des trois dimensions de la sexualité ne connaît pas le même rythme : le procès de la réduction de la natalité évolue à une vitesse moins grande que celle qui caractérise le procès de la reconnaissance du plaisir, tandis que le procès de la transformation de l'énergie libidinale en énergie de travail (caractéristique du capitalisme à ses débuts) est encore plus lent malgré l'impératif développementaliste.

Dans le cas de l'espace, la modernisation est également inégale. La comparaison entre la ville et la campagne, entre les régions d'un pays ou entre les différents quartiers d'une ville révèle parfois de grands écarts d'évolution.

La différence du rythme de modernisation entre la sexualité et l'espace, et à l'intérieur de chaque champ pris à part, débouche sur une formation spatio-sexuelle perverse, et polymorphe [11] : co-existence pathogène de plusieurs types de sexualités et d'espaces.

Cette double opposition, inconscient-conscient et diachronie-synchronie, permet de construire l'objet sexo-spatial, en tant qu'objet théorique unifié. La première opposition œuvre à l'identification des éléments de sa structure, tandis que la seconde est la condition de la compréhension de son évolution. Cette double opposition permet de distinguer quatre modes de relation entre la sexualité et l'espace. Ce sont les modes symbolique, lexical, territorial et fonctionnel.

Le mode symbolique tourne autour de la sexualité des objets spatiaux. En d'autres termes, il s'agit de débusquer derrière la dénotation (fonctionnelle) de l'objet architectural une connotation sexuelle. L'espace serait alors un signifiant, un symbolisant d'un contenu et d'un signifié sexuel.

Le mode symbolique finit en dernière analyse par distinguer des objets architecturaux masculins et féminins. Plus que cela, il s'achemine vers une identification du sexe de la ville, à partir de sa forme, de son rôle et de son rythme.

Le mode lexical prend sa racine dans l'existence de termes bi-sémiques, dotés d'un sens sexuel et spatial à la fois. Sans s'en rendre compte, l'acteur social utilise le même mot, certes dans des contextes différents, pour désigner soit un lieu, soit une partie sexuée du corps. C'est comme si nous nous trouvions devant un phénomène d'emprunt lexical. Il s'agit alors de se demander dans quel sens a lieu cet emprunt fondé sur le mécanisme de la projection. Qui du champ de la sexualité ou de l'espace est projeté sur l'autre ? Quel est le sens d'une telle projection ? Ce sont là les questions· fondamentales et constitutives du mode lexical.

Le mode territorial consiste à diviser l'espace en deux parties distinctes, l'une réservée aux hommes, l'autre prescrite aux femmes. Le sexe anatomique détermine un destin social, circonscrit par et dans des frontières spatiales. Les frontières sexuelles se meuvent en frontières spatiales. Or, l'un des aspects de la modernité sexuelle réside justement, pour le monde arabo-islamique, dans l'abolition des frontières spatiales entre les sexes. Le ségrégationnisme ne continue pas moins d'exister dans des endroits traditionnels liés au sacré comme la mosquée et le bain maure, il se retrouve même dans les lieux modernes, comme le café, fondés en théorie sur le principe de la mixité. Car les frontières sexo-spatiales finissent à la longue par se muer en modèle de conduite, c'est-à-dire en inhibitions psychologiques internes. L'accès à la modernité spatiale ne débouche pas automatiquement sur la modernité sexuelle, celle-ci est une conquête, l'espace étant plus facile à profaner que la sexualité. Il est donc encore très fréquent de consommer la ville selon un mode ségrégationniste médinois. Par ailleurs, la résurgence de l'Islam comme facteur d'organisation de l'espace réactualise le mode territorial comme une arme de combat sur le chemin de l'identité.

Le mode fonctionnel enfin produit les questions relatives aux lieux du coït. Que signifie l'apparition de la chambre à coucher dans le monde arabo-islamique ? Est-ce une manière d'assujettir la sexualité conjugale à la logique fonctionnaliste inhérente au principe du zoning domestique ? L'apparition de la chambre à coucher a-t-elle été généralisée à tous les milieux sociaux, malgré l'exiguité grandissante des logements urbains ? Dans quelle mesure concourt-elle à la naissance du couple ? L'absence d'une chambre à coucher entraîne-t-elle des stases sexuelles susceptibles de se transformer en purismes de toutes sortes ? Ce sont quelques questions directrices permettant l'élaboration du mode fonctionnel.

Cette présentation première et élémentaire des modes de relation entre la sexualité et l'espace fait ressortir l'importance des oppositions conscient-inconscient et synchronie-diachronie. En effet, les modes territorial et fonctionnel sont les premiers à être perçus, ils sont les premiers à être définis par l'acte savant. Ils sont immédiatement accessibles à la conscience profane elle-même. Par contre, il est clair que les modes symbolique et lexical relèvent davantage de l'inconscient (social), car l'acteur social ne se rend pas compte des significations sexuelles possibles d'un objet architectural ou d'un terme de son lexique spatial quotidien. Une décision de socio-psychanalyse d'interprétation est nécessaire à leur découverte, à leur élaboration. Ce sont des modes qui renvoient davantage au passé ethnologique de la société et à l'inconscient, leur rationalité ne peut être saisie qu'a posteriori par la conscience savante et extérieure de l'observateur. L'ordre d'apparition à la conscience (du fonctionnel au symbolique) est donc à l'inverse de leur ordre historique (du symbolique au fonctionnel).

L'élaboration des modes fonctionnel et territorial ayant été tentée dans la partie empirique de cette étude, nous nous limiterons ici à une présentation des modes symbolique et lexical, précédée de considérations préliminaires.

Considérations théoriques

"L'homme est un petit univers, l'univers est un grand homme" (Enneferi). Cette homologie entre l'homme et le cosmos illustre un mode logique ayant dominé la pensée humaine, et la pensée sauvage en particulier. A cette dernière, il fallait, pour rendre l'univers intelligible, ériger une "systématicité", fut-elle "en gros" (Bourdieu). Le sexe a été alors, selon G. Balandier, un des premiers modèles d'interprétation, l'homme primitif recourant "naturellement" au "symbolisme sexualisé pour rendre compte de l'ordre du monde"[12]. Quelle est la matrice de cet ordre, de cette "systématicité" projetée sur la nature?

L'ordre du corps

Les oppositions spatiales constitutives, telles que haut-bas, vertical-horizontal, devant-derrière, centre-périphérie, sont réductibles à des dualités qui se retrouvent d'abord au niveau du corps humain. Selon Merleau-Ponty, le corps, "matrice de toute logique spatiale, n'est pas seulement un perçu parmi les perçus, il est mesurant... de toutes les dimensions du monde"[13]. C'est l'analogon de base, automatique, irréfléchi. Il y a donc possibilité d'un ordre sans conscience, d'un ordre naturel, relevant uniquement du

"sens pratique" de l'acteur social. Le privilège épistémologique de l'observateur extérieur devrait se réduire à un acte
de reconnaissance, à retrouver cette "systématicité" naturelle, "en gros". "La cohérence sans intention apparente et
l'unité sans principe unificateur immédiatement visible de
toutes les réalités culturelles qui sont habitées par une logique quasi-naturelle (...) sont, affirme Bourdieu, le produit de l'application millénaire des mêmes schèmes de perception et d'action qui, n'étant jamais constitués en principes explicites, ne peuvent produire qu'une nécessité non-
voulue, donc nécessairement imparfaite..." [14]. C'est cette
logique imparfaite qui établit une homologie entre le corps
et les différentes formes primitives et pré-capitalistes de
l'espace construit. Espace et corps participent du même paradigme animiste et fonctionnaliste à la fois, et cette participation institue une continuité logique entre les deux
champs. Corps et espace sont tous deux des cuirasses du
moi, individuel et collectif. Grâce à ces cuirasses matérielles, solides, le moi conserve son intégrité physique, son
unité identitaire. La maison est un prolongement du corps,
elle est un deuxième corps, protecteur du moi [15], et elle-
même se protège à l'intérieur d'un corps plus vaste, le
douar ou la médina, le village ou la cité. Des soubassements identiques pourraient être trouvés au nationalisme
lui-même, à son expansionnisme intrinsèque. Selon
Bourdieu, "il n'y a de maîtrise réelle de cette logique que
pour qui est complètement maîtrisé par elle, qui la possède,
mais au point d'en être totalement possédé, c'est-à-dire dé-
possédé" [16]. Telle semble être la condition d'une logique
pareille. Dans son cadre, ce qui vaut pour le sexe vaut pour
l'espace. Prenons par exemple les oppositions pur-impur et
centre-périphérie. Certes, il est vrai qu'il y a une tendance
à considérer la première comme une opposition d'ordre
sexuel, et la seconde de nature spatiale. Mais il est possible

d'inverser ces associations, de spatialiser la première opposition et de sexualiser la seconde. Cette inversion ne pose aucune difficulté, et semble aller de soi. En distinguant une sexualité pré-phallique et une sexualité phallique et génitale, Freud considère le corps comme un espace, comme un complexe de zones d'inégale valeur érotique. La sexualité génitale est centrale, elle réfère au centre du corps, elle est la voie du plaisir. Par contre, la sexualité pré-phallique est périphérique, elle est un adjuvant, un préliminaire, elle réfère à des parties du corps dont l'implication n'est pas requise dans la finalité de la procréation. En ce sens, elle est perverse, marginale, donc située dans la périphérie par rapport à la centralité génitale. La spatialisation du corps et de la sexualité a pour corollaire la sexualisation de l'espace. Celui-ci se divise également en espaces purs et impurs, et cette division est corrélée avec la distinction entre des espaces centraux et périphériques. Les activités artisanales salissantes (impures) sont situées en effet aux périphéries de la médina, tandis que les activités nobles, telles que le commerce (Qayssaria) ou la religion (grande mosquée, mausolée du saint fondateur), sont situées en plein centre, côte à côte. L'exemple de Fès à ce sujet est typique. A l'intérieur des maisons elles-mêmes, la sexualisation de l'espace est signalée par la marginalisation architecturale des espaces impurs. Salle d'eau, cuisine, étable, n'occupent pas une place centrale dans l'économie de l'espace domestique. En un mot, ce qui est central est pur, ce qui est périphérique est impur. Faisant une large part à l'inconscient de la médina, c'est là une "systématicité en gros", à laquelle il est facile de trouver des exceptions.

Il semble donc que la sexualité et l'espace obéissent à la même logique binaire, manichéenne. Cette logique n'investit pas uniquement les oppositions pur-impur et centre-périphérie. Il existe cependant d'autres oppositions autour desquelles s'ordonnent l'espace et le sexe. Le tableau suivant les résume.

Schèmes binaires	Sexualité	Espace
Pur-impur	+	+
Propre-sale	+	+
Sec-humide	+	+
Clair-obscur	+	+
Central-périphérique	+	+
Haut-bas	+	+
Vertical-horizontal	+	+
Manifeste-caché	+	+
Extérieur-intérieur	+	+
Carré-circulaire	+	+
Droit-courbe	+	+
Masculin-féminin	+	+

Il ressort donc que les champs de la sexualité et de l'espace s'ordonnent selon les mêmes schèmes oppositionnels binaires, établis tous sur le schème-analogon masculin-féminin. C'est une logique manichéenne qui semble régir l'univers traditionnel patriarcal dans sa totalité, une logique dont le point de départ est le corps humain lui-même. Au corps masculin sont rattachés les termes positifs de chaque opposition ; par contre, le corps féminin est le lieu des caractéristiques négatives, référant au monde du mal [17]. Rappelons avec Merleau-Ponty que le corps est la matrice de toute logique spatiale... Therrien spécifie cette thèse fondamentale. Le corps est, selon le mot de Therrien [18], constitué de "corporèmes", c'est-à-dire d'unités significatives, à l'image des monèmes. Ces corporèmes montrent que le corps est un schéma d'organisation, un espace de

sens, producteur d'intelligibilité et de valeurs. Il est la référence dernière dans l'acte d'humanisation de l'univers. Il a
d'autant plus d'importance qu'il est à la fois sexe et espace.
En effet, le corps est l'instrument du plaisir érotique, mais
l'économie du plaisir repose sur une organisation précise
de ce corps-étendue, une organisation qui inscrit en lui des
distinctions spatiales, et hiérarchiques, comme devant-derrière, haut-bas, centre-périphérie. Freud n'a pas utilisé par
hasard le concept de "zone érogène" pour distinguer, au niveau du corps, des lieux spécifiques de plaisir. Il est par
conséquent possible, en parlant d'une géographie du corps,
de produire aussi le concept d'une géographie du plaisir,
dont l'érotologie serait la science. Le développement libi-
dinal est donc l'illustration magistrale d'un désir migrateur
qui voyage sur un corps-espace, passant d'une zone à
l'autre, de la bouche au pénis ou au clitoris, en passant par
l'anus, jusqu'à la fixation génitale normalisée. Seule cette
dernière est reconnue. Le clitoris est un pénis qui n'est
guère procréateur, subversif aux yeux d'un ordre patriarcal
qui va parfois jusqu'à l'excision. Le pénis, condition physique d'un phallus à conquérir à travers une initiation
ardue, érige le devant du corps en corporème distinctif, dé-
finitionnel de l'identité sexuelle.

Il n'est donc pas étrange que l'humanisation de l'univers se fasse à partir du modèle du corps. Celui-ci est le
lieu premier de la production du sens. Vivant en symbiose
avec le macrocosme, et le considérant comme son image
(animisme et anthropomorphisme), l'homme commence
par se projeter sur l'univers, par prêter à l'univers l'ordre du
corps (humain, propre). C'est là une projection intégrante
du microcosme et du macrocosme, une projection positive,
non-conflictuelle. Cette projection prend deux formes,
symbolique et lexicale. La première divise les objets
spatiaux en objets masculins et féminins, tandis que la

seconde consiste à donner à une partie de l'espace le même nom que celui d'une partie du corps (emprunt lexical projectif). Mais avant de rentrer dans le détail de ces formes, ne convient-il pas de s'interroger sur la légitimité d'appliquer une telle approche à l'urbanisme islamique médiéval ?

Un universalisme spécifique

Dans quelle mesure cette projection positive de l'ordre du corps se retrouve-t-elle au niveau de la médina arabo-islamique ? Dans quelle mesure cette logique primitive, tribale, peut-elle se concrétiser dans un espace citadin universaliste ? La médina arabo-islamique garde-t-elle en elle des caractéristiques tribales au point d'être également l'espace d'une projection positive de l'ordre du corps ? Tel est l'enjeu théorique de ce questionnement.

Une médina dialectique. Négation et conservation

La médina arabo-islamique est en, effet, dans son projet constitutif, une volonté de dépasser les divisions tribales. Elle est un espace d'intégration des différentes identités segmentaires, au nom d'une même foi islamique, dans une même identité religieuse, universaliste. Mais au début de leur fondation, il faut admettre que la plupart des cités islamiques ont maintenu les clivages tribaux, laissant au temps et à l'espace la mission d'en venir à bout. Vivre dans une seule ville n'implique pas le melting-pot dès le départ. L'identité tribale, est très résistante. Pour cette raison, la plupart des fondateurs des premières villes arabo-islamiques ont respecté, dans leur acte urbaniste, les identités tribales, au point de consacrer un quartier à chaque tribu. La cité est donc au début un lieu de rassemblement inter-tribal définitif. G. Zaidane écrit à ce sujet : "Au début de l'Islam, les chefs militaires ont construit des villes plus comparables à des forteresses et à des campements militaires, comme Bassorah, Koufa et Al Fustat... Il est possible que la tribu (y) immigre en entier, et s'y installe dans des campements, des rues et des quartiers selon les divisions internes de la tribu" [19]. Le même phénomène est observé lors de la fondation de Fès, lorsque Idriss II "imposa une excellente organisation quant à l'habitat, aux souqs et à l'exercice des métiers propres à la médina... Il établit chaque groupe ethnique avec ce qui lui convenait dans un emplacement voisin du métier qui lui convenait, et lui donna licence de s'y adonner" [20]. La cité islamique est ainsi respectueuse des origines généalogiques, si chères à la mentalité tribale, mais elle est un "condensateur social" [21] dans la mesure où, en imposant à différentes tribus la nécessité de vivre ensemble dans un espace circonscrit et limité, de dépasser leurs conflits, elle accélère un processus d'intégration, et conduit à l'émergence d'une identité nouvelle. La cité est la maison (dar) de l'Islam, l'espace de tous les musulmans, sans distinction, n'appartenant à aucune tribu en propre. Mais les tribus, tout en embrassant l'Islam, tentent de résister à son effet assimilateur par le biais de différents mécanismes fiqhiques, tels que le habous et le mariage endogamique. Ce sont des procédés qui, au nom du Chraa', de la Loi islamique elle-même, permettent à l'unité tribo-familiale de sauvegarder l'unité du patrimoine, la base infra-structurelle de la survie. Musulman certes, mais avec encore une logique segmentaire coloriée et assimilée par le fiqh. Les identités tribo-familiales étaient, malgré la conversion à la foi islamique, toujours hantées par la pureté de la lignée, laquelle est un justificatif idéologique de la volonté de maintenir le patrimoine indivis. Le mariage endogamique préférentiel, déjà existant à l'époque

de la Jahiliya [22], fut consolidé malgré l'injonction islamique (hadith) de choisir le conjoint parmi une lignée
étrangère (l'ightirab). La raison généalogique continua
donc d'imposer sa loi, et d'adapter l'architecture de la cité
naissante à son vouloir-vivre, voire à sa volonté de puissance. Car l'architecture, organisatrice de la consommation
de l'espace, est un enjeu majeur, un instrument privilégié
qui peut être exploité par la raison généalogique à ses
propres fins. Le primat de l'endogamie, l'idéologie de la lignée (racisme tribal) ne pouvaient que produire une architecture introvertie, qui consolide les phénomènes du voile
et de la claustration des femmes. L'architecture des maisons devait également participer à la marginalisation de la
femme, car celle-ci est désormais susceptible, en tant
qu'héritière, de saper l'unité du patrimoine familial.
L'absence de balcon et de fenêtres donnant sur l'extérieur,
l'entrée en coude, l'impasse sont des mécanismes architecturaux qui écrivent la raison généalogique dans sa tentative
de "garder toutes les filles de la famille pour les garçons de
la famille" [23].

De la sorte, il y a une adéquation entre les mécanismes
matrimoniaux, juridiques et architecturaux pour exprimer
la résistance de la raison généalogique à l'effet islamique.
Le "moi" patriarcal ne se résigne pas à être refoulé dans le
"ça" de l'Islam. La proposition freudienne "là où est le ça,
doit advenir le moi" est ici à inverser, mais c'est une inversion qui a connu également beaucoup de résistance. Ne
pouvant, en tant que "dar al Islam", récuser le droit de la
femme à l'héritage, la cité ne pouvait que se résoudre à
contrôler la consommation féminine de l'espace. Cette circulation dans un espace mélangé, ne pouvait être laissée
libre, car elle comportait le risque d'un mariage exoga-
mique indésiré, parce que responsable de l'éclatement du
patrimoine familial. La circulation des femmes (entre les

lignées) entraîne désormais, eu égard à l'institution de l'héritage féminin, la circulation des biens. Pour empêcher cet éclatement, la cité islamique elle-même se devait de limiter la consommation féminine de l'espace, de la contrôler, d'ériger ainsi des stratagèmes divers pour maintenir en vie un moi tribal encore vivace. La cité islamique a certes produit la femme en tant qu'être juridique, en tant que personne de droit (droit à l'héritage, à la propriété, à la transmission des biens...), mais grosse de ses bases tribales virulentes et primitives, elle ne pouvait que souscrire à l'impératif de la répression de la femme. Destin paradoxal de cette cité naissante.

A la base donc de la cité islamique, une volonté de rupture certes, mais aussi une continuation de la logique tribale qui imprime à l'acte urbaniste et architectural un mouvement de sexualisation de l'espace. Les lieux de la médina (quartiers, mosquées, tombeaux de saints, impasses, maisons...) sont les corps seconds d'un moi tribal divisé, segmenté. [24]

Il est en conséquence légitime de rechercher les manifestations spécifiques de la sexualisation de l'espace de la médina arabe à travers les modes lexical et symbolique.

DU MODE LEXICAL

On peut en trouver un fondement dans la formule de Lévi-Strauss "l'espace est une société de lieux-dits" [25]. Nommer les lieux de l'espace, les dire, c'est construire socialement l'espace, c'est se l'approprier. Dans notre propre optique, le mode lexical consiste à considérer certains lieux de l'espace comme si elles étaient des parties sexuées du corps, et cela en les nommant par des termes, des appellations empruntées au corps. C'est le corps qui prête certains de ses termes-organes à l'espace, comme si le vocabulaire spatial souffrait d'une pénurie et n'arrivait pas à se nommer indépendamment du corps.

Quelles sont les illustrations de cet emprunt lexical projectif? Quelle en est l'explication?

La cité, bouche et vagin

La projection du corps sur l'espace ne concerne pas uniquement des parties de la maison ou de la médina. Elle peut concerner la médina en entier. Pour illustrer ce propos, la typologie des cités islamiques établie par Taha El Wali est pertinente. L'auteur de "La ville en Islam"[26] distingue en effet deux grands types: les villes administratives et les villes militaires. Ces dernières se divisent à leur tour en quatre sous-types: le taghr (ville-frontière), le ribat (lieu de rassemblement), la a'ssima (capitale), et le aa'skar (campement militaire).

La légitimité de la typologie de Wali peut être discutée et remise en question, mais ce qui nous importe ici, c'est l'existence de ces "villes-thoughour", signalées d'ailleurs par d'autres auteurs et historiens, et que consacre tout un chapitre de la poésie arabe, intitulé justement "attaghriate". L'enseignement majeur pour notre problématique réside ici dans l'appellation de certaines villes arabo-islamiques par le terme "bouche". Taghr signifie en effet bouche en arabe littéraire. Des villes entières sont donc considérées comme des bouches, elles sont les bouches d'un territoire considéré lui-même comme un corps. Nous sommes devant un emprunt lexical incontestable dans le sens "corps vers la ville". C'est le corps qui prête le terme bouche à la ville, et non l'inverse. Certes, il est difficile de faire l'histoire d'un mot et de ses différentes acceptions; le renoncement à l'approche diachronique a été même une condition de la naissance de la linguistique. Mais il nous semble que, dans notre cas du moins, il est possible d'attester l'antériorité chronologique du sens corporel du terme "bouche" par rapport à son sens spatial. Bien avant l'apparition des villes thougour islamiques, Antar ibn Chaddad, le poète de la jahiliya et l'auteur de l'une des dix grandes odes, avait employé le mot "thaghr" à propos de la bouche de sa bienaimée Abla dans le vers suivant:

"Et j'ai voulu embrasser les épées parce qu'elles brillent comme ta bouche (thaghriki) souriante".

Plus que cela, l'emploi du terme "bouche" à propos de la ville-frontière semble être postérieur à l'an 17 de l'hégire (639). Car en parlant de ce type de villes aux gens du Cham (Grande Syrie), Omar ibn al Khattab emploie le terme "farj". Il leur dit, selon Tabari: "Et nous avons armé les soldats pour vous, et nous vous avons préparé les fourouj"[27]. Commentant cette phrase de Omar, El Wali écrit: "Il apparaît de ce que dit Tabari que Omar Ibn El Khattab a utilisé le mot "fourouj" à propos de ce qui fut connu après lui par le mot "thoughour". Les deux noms sont noms du même objet, eu égard à ce que l'on trouve dans le "Lissan al Arab": al farj, attaghr qui fait peur, l'objet de la peur... Le pluriel en est fourouj; il a été appelé farj en raison de sa non fermeture"[28].

Non seulement, la citation de Omar prouve la postérité du sens spatial du terme bouche par rapport au sens corporel, plus que cela, elle permet de découvrir un autre emprunt du même genre, antérieur. En effet, avant d'être appelées thougour, les villes-frontières ont été désignées comme des "fourouj". Or le farj est l'appellation étymologique arabe du sexe, appellation qui a fini par désigner le sexe féminin en particulier[29]. Le sens terminologique de "farj" est réducteur, il désigne uniquement le vagin. Certes, il est indéniable que le sens étymologique qui fait de "farj" l'équivalent d'ouverture, de fente et de trou justifie à lui seul son utilisation à propos de ces villes ouvertes sur l'étranger. Dieu lui-même, en parlant du ciel, emploie le terme farj : "Et nous l'avons embellie, et nous ne lui avons pas fait de trous (fourouj)".

Az-Zoubeidi, l'auteur de "Taj al Arouss", à l'image d'Ibn Mandour dans le "Lissan", donne plusieurs acceptions au mot "thaghr". Il le définit ainsi : "parmi les meilleures herbes, toute partie intime ('awra) ouverte, la bouche ou la dentititon entière, ce qui vient après le lieu de la guerre, le lieu de la peur à la sortie des pays, une frontière de séparation entre le pays des musulmans et celui des infidèles". Ainsi, il établit à son tour la synonymie entre thaghr et farj. Cependant, il donne ces différentes acceptions comme contemporaines les unes des autres, sans essayer de les ordonner chronologiquement.

Malgré cette justification terminologique de la légitimité sémantique de l'emploi des termes "thagr" et "farj" à l'encontre de quelques villes arabo-islamiques, il reste la possibilité de s'interroger sur l'inconscient des associations ville-farj et ville-thaghr. La polysémie n'est pas arbitraire, l'association d'acceptions différentes dans un même vocable n'est pas libre, elle obéit à une logique inconsciente. Plus que cela, il est également possible de s'atteler à la tâche d'identifier le pourquoi du passage de l'association ville-farj à l'association ville-thaghr. Cette piste de recherche, quoique heuristique, ne sera pas explorée ici. Elle nécessite d'établir l'effectivité de ce passage, à peine signalé par El Wali, avant d'en avancer les hypothèses explicatives.

La distinction entre sens propre et sens figuré (métaphore) peut aider à sonder l'inconscient de l'association "Farj-ville-Thaghr". Peut-on en effet considérer que le sens spatial des termes "farj/thaghr" est une métaphore, un sens second, une interprétation en un mot ? Qu'est-ce que l'interprétation ? Selon Averroès, "interpréter veut dire faire passer la signification d'une expression du sens propre au sens figuré – sans déroger à l'usage de la langue des Arabes – en donnant métaphoriquement à une chose le nom d'une chose semblable, ou celui de sa cause, ou de sa conséquence, ou d'une chose concomitante, ou [en usant d'une] métaphore couramment indiquée parmi les figures du langage" [30]. Cette définition de l'interprétation (qui impose, dans notre cas, de conclure à l'antériorité du sens corporel par rapport au sens spatial, ce dernier étant un sens figuré) met en devoir de rechercher les similitudes entre le "farj-thaghr" et la ville-frontière. Selon la définition de l'interprétation évoquée ci-dessus, il doit être possible de comparer entre le le farj-vagin, le thaghr-bouche et le farj-thaghr-ville ; il est même nécessaire, pour l'élaboration du mode lexical, de leur trouver des points communs. L'association entre les trois n'est pas fortuite : tous trois servent à communiquer avec l'autre, par eux arrive le danger, les trois sont ouverts et incarnent une limite entre l'intérieur et l'extérieur, un trou, une béance. C'est par eux que l'on sort de soi : grâce au vagin, l'orgasme est une sortie, une folie momentanée, de même que parler, c'est aussi sortir de soi, être à l'extérieur, s'extérioriser. Parallèlement, être dans une ville-farj ou thaghr, c'est être aussi un peu à l'extérieur, dans des régions incertaines, dans des territoires à l'identité fluctuante et floue. C'est également par le biais du binôme farj-thaghr, qu'il s'applique au corps ou à l'espace, qu'on fait rentrer des choses en soi : pénétration, assimilation de la nourriture, baiser, assimilation de l'autre, de sa présence, de ses valeurs. Ces différents aspects confirment la synonymie étymologique (arabe) de la bouche et du vagin, une synonymie que Sartre n'a pas

manqué de souligner à son tour. Il écrit : "l'obscénité du
sexe féminin est celle de toute chose béante : c'est un appel
d'être, comme d'ailleurs tous les trous ; en soi la femme appelle une chair étrangère qui doive la transformer en pléni-
tude par pénétration et dilution. Et inversement, la femme
sent sa condition comme un appel, précisément parce
qu'elle est trouée (...) Sans doute le sexe est bouche, et
bouche vorace qui avale le pénis (...) c'est avant tout que le
sexe est trou"[31]. Le vagin est donc une sorte de bouche inférieure, de fente ouverte. A l'image du "farj-thaghr", la
ville- thaghr et / ou la ville-farj sont également un appel
d'être. Situées aux extrêmités de l'empire, elles semblent
comme abandonnées, "colonisables"[32], avalées par l'autre,
mais également avaleuses de l'autre, au point parfois de
perdre leur identité et appartenance premières. C'est par
ces villes que l'on succombe, tout comme on succombe par
les plaisirs de la bouche (nourriture, belle parole, baiser...)
ou les délices du sexe. C'est par là que rentre l'autre, qu'il
s'immisce en nous, au point de nous habiter.

Les organes de l'espace

L'emprunt lexical, relevé jusqu'ici, concerne d'une part
la ville en entier, et se retrouve d'autre part dans l'arabe
écrit, savant. Mais il ne s'arrête pas à ce niveau, car on le
retrouve à propos de certaines parties de l'espace seulement, comme on le relève également dans l'arabe oral. Plus
que cela, comme cet emprunt lexical est une projection inconsciente du corps sur l'espace, il nous semble qu'il doit
être plus fréquent de le rencontrer dans l'arabe dialectal.
Celui-ci est plus adéquat, il est le lieu et l'instrument des
projections premières, le réceptacle de l'inconscient collectif par excellence, il est la langue maternelle, la seule dans
laquelle on puisse pleurer (J. Amrouche). Le dialecte

n'obéit pas au contrôle politique et savant aussi facilement que la langue écrite ; il est une expression quasi-naturelle, spontanée, qui sort des entrailles de l'acteur social, de ses tripes. Le dialecte est l'expression d'une culture politiquement dominée et méprisée, dite populaire, orale dans le meilleur des cas ; il est une langue en puissance, un pouvoir en chambre d'attente. Pour ces différentes raisons, il permet mieux à la logique de l'inconscient, à sa "systématicité en gros" de s'exprimer, d'être.

Dans "la représentation de l'espace chez le marocain illettré"[33], M. Boughali recense trois expressions qui illustrent l'appellation de certaines parties de l'espace de la ville par les noms de certaines parties du corps. Les trois expressions sont : "sder el beit" (poitrine de la pièce), "foum eddar" (bouche de la maison) et "rass edderb" (tête du quartier ou de la rue). Ces expressions montrent que le marocain illettré, ne parlant que le dialectal, considère la chambre, la maison, et le quartier comme des corps, dotés d'organes. Quelques unités spatiales sont ainsi transformées en corps par la logique de l'inconscient. Mais cette transformation, de l'espace n'est pas totale : les espaces "corpoéisés" ne forment pas des corps complets, ils ne sont pas dotés de tous les organes. Plus que cela, ces lieux "corpoéisés" ne le sont, en général, que par les organes qui leur sont associés dans les expressions précitées. Ainsi, la pièce n'est "corpoéisée" que par la poitrine, la maison par la bouche, et le quartier par la tête. On ne parle pas par exemple de "foum edderb" pour signifier l'entrée du quartier. Celle-ci est connotée plutôt par le "rass" (tête), comme si le quartier, espace de résistance de la raison patriarco-généalogique, était d'essence masculine, et ne peut en conséquence être pénétré dans une bouche-fente : il n'est pas femme. Le quartier, étant de sexe masculin, est coiffé par une tête, par un organe noble qui signifie contrôle et sagesse. L'entrée dans le quartier, par sa tête, est donc une entrée contrôlée dans un espace mâle. La maison par contre, en étant monde des femmes et elle-même féminine, peut avoir une bouche à travers laquelle elle est pénétrée. Les associations bouche-maison et quartier-tête ne sont donc pas arbitraires, elles sont fondées sur le mode symbolique de la relation sexe-espace sur lequel nous reviendrons plus en détail. Pour le moment, grâce à ces deux associations, nous nous trouvons devant deux illustrations de ce mode : la maison est symbole du féminin, le quartier est symbole du masculin. Face à cette "corpoéisation" partielle et sélective des objets spatiaux, ceux-ci n'étant pas dotés de tous les organes du corps, il s'agit alors de se demander pourquoi le dialectal s'arrête à ce niveau. Mais il faut reconnaître aussi que M. Boughali n'a pas poussé la recherche plus loin pour voir s'il existe, dans les différents dialectes marocains, d'autres expressions de "corpoéisation" de l'espace citadin, voire une expression commune à tous les lieux. Autrement dit, y a-t-il un organe corporel commun à tous les espaces, un nom d'une partie du corps qui s'appliquerait à tous les lieux ? Si oui, lequel ?

Une autre question, absente de la recherche de Boughali, réside dans le pourquoi du choix de la poitrine, de la bouche et de la tête pour concevoir l'espace à l'image du corps. Le caractère partiel de la projection se double-t-il d'un caractère partial ? Pourquoi ces organes, et ces organes seulement ? Pourquoi le marocain illettré ne parle-t-il pas du pied de la maison, de l'épaule de la pièce, ou du bras du quartier ? Quelles sont les raisons du choix de certains organes du corps pour nommer l'espace ? Notre hypothèse à ce propos consiste à dire que l'inconscient collectif, à travers son expression dialectale, ne nomme par le corps que des lieux importants, nobles ou tabous. Il nomme les lieux d'apparat (poitrine), de passage (bouche), et de contrôle (tête), il nomme également ceux de la centralité (cœur de la ville par exemple), et ceux qui renvoient aux parties intimes, cachées. Pour cette raison, les parties du corps projetées sur l'espace sont sexuées ou sexuables, et ce trait consolide leur importance, leur noblesse, c'est-à-dire leur caractère sacré et tabou. Considérer l'espace selon le modèle du sexe, comme sexe, c'est le retirer du monde des choses, des échanges et du profane, c'est une manière de le rendre sacré.

En effet, si on tente une approche ethno-psychanalytique des trois associations recensées par Boughali, on est obligé de reconnaître que tête, bouche et poitrine sont des zones sexuées ou sexuables, écrivant une trajectoire qui va du masculin au féminin, de l'extérieur à l'intérieur, et du supérieur à l'inférieur. La saisie de cette sexualité de l'espace nécessite de considérer l'ensemble du quartier comme un seul corps, à la définition patriarcale, coiffé d'une tête (mâle en conséquence) qui en surveille l'entrée. "Rass edderb" est donc un lieu de contrôle, le lieu de passage où l'étranger est repéré, il est le lieu de bifurcation entre les voies d'accès aux habitations[34] et le derb, antenne de desserte en impasse. Le derb-quartier n'est pas un lieu de passage, il est un lieu fermé, le territoire d'une identité primaire résistante, on en sort par où on y entre. Une fois passé ce lieu d'essence masculine et patriarcale qu'est le "rass edderb", on s'oriente vers la bouche de la maison (foum eddar), vers le monde des femmes, vers la femme. La bouche de la maison, elle-même femme, s'ouvre : bouche première, ouverture première, augurant la parole de la séduction[35], et du baiser. Mais comme la bouche de la femme, celle de la maison ne s'ouvre que sur autorisation de l'homme, du pouvoir. Dans le secret de l'homme, de ses richesses et de sa vérité, femme et maison doivent avoir la bouche fermée, baillonnée. Ouvrir la bouche de l'une

et/ou de l'autre, c'est déclencher un processus de destruc-
turation de l'homme, du travail et de l'apparat, c'est entrer
dans une temporalité autre, ludique. La bouche est le préliminaire du plaisir, elle est une propédeutique à l'enlisement dans la matière (bonne chair), une préparation à
l'épreuve de vérité, dans sa nudité radicale et originelle.
Une fois avalé par cette bouche première de la femme, la
synonymie entre la femme et la maison étant déjà établie,
l'homme se dirige vers la poitrine, descend vers elle, pour
préparer l'enlisement dernier. La poitrine-sein est lieu de
réception et d'offrande (symbolique du sein). En effet, of-
frant son sein, son sder (poitrine), la pièce se veut appel à
l'intimité. Mais a-t-elle un lieu autre à offrir, qui serait
l'équivalent du sexe, et dans lequel l'homme s'enfouirait,
comme dans une femme ? Car la femme offre plus que la
poitrine, celle-ci n'est qu'une zone érogène périphérique,
servant à susciter le désir. Qu'offre donc la maison, en plus
de la bouche et de la poitrine ? La maison peut-elle offrir,
tout comme la femme dont elle est la réplique spatiale, un
lieu-organe de plaisir ? La maison a-t-elle un sexe à offrir ?

Le recensement de Boughali n'apporte pas de réponse
à cette interrogation. La recherche de la "systématicité en
gros" est une problématique absente dans les enjeux de recherche de Boughali. Celui-ci ne s'est pas interrogé sur
l'éventualité d'un ordonnancement sexo-sémiotique entre
les parties-organes de la maison. Sa question centrale
tourne autour de la causalité de l'emprunt lexical, elle est
un examen des facteurs qui conduisent à l'emprunt des
noms des organes corporels par l'espace. Dès le départ,
l'hypothèse de la pénurie lexicale est écartée. A juste titre
d'ailleurs, car ce n'est pas le manque de mots qui pousse
vers la nomination par le corps. Il ne s'agit pas uniquement
de dénoter, froidement pourrait-on dire, une entrée de
quartier ou de maison. Comme l'objet architectural à

nommer est chargé de valeur, il est comparé à des "objets" de valeur, et vivants en plus, les organes du corps. L'emprunt lexical illustre ainsi, plus qu'une pensée anthropomorphiste en général, une pensée qui choisit de ne "corpoéiser" dans l'espace que ce qui est important et sacralisable. La moi patriarco-généalogique sera alors amenée à "corpoéiser", c'est-à-dire à sacraliser, les fondements spatiaux les plus sensibles de son identité, les lieux les plus significatifs de sa souveraineté. Le derb est le corps de ce moi, au même titre que la maison, tous deux sont en conséquence aussi inviolables que le corps. "C'est en quelque sorte, écrit Boughali, l'autonomie et l'inviolabilité de l'espace domestique, et même de l'impasse, qui a appelé la correspondance avec certaines parties du corps"[36]. Le territoire du moi patriarcal, en étant aussi inviolable que certaines parties du corps, peut donc comparé à elles, et être désigné par leur nom. Le concept d'inviolabilité est le fondement commun du corps et de l'espace patriarcaux. Par là, il explique et justifie l'emprunt lexical.

Cependant, tout en sachant, avec K. Abraham qu'il cite, que "l'homme ne se limite pas à animer, il sexualise aussi"[37], Boughali ne va jamais jusqu'à débusquer d'une manière franche la sexualité qui est tapie derrière le concept d'inviolabilité, et n'a pas voulu voir que les parties du corps les plus inviolables sont justement les parties sexuelles. C'est ce "mal de voir" qui nous a conduits à l'approche ethno-psychanalytique pour dégager la dimension sexuelle des organes communs au corps et à l'espace.

La tête, organe noble, siège de la raison, est une quasi-propriété exclusive de l'homme. Selon la construction sociale arabo-islamique dominante du sexe, les femmes n'ont pas de raison, en tout cas, elles en ont moins que les hommes [38]. En conséquence, la tête-raison, d'essence

masculine, est plus adéquate pour rendre compte de la signification patriarcale de l'entrée du quartier. La tête est
le siège d'une raison auquel la racine étymologique (aql)
elle-même confère le sens d'attachement, de contrôle et
de limite. Le aql s'oppose à la poésie, à l'imaginaire, à
leur liberté. Mettre à l'entrée du quartier une tête, c'est y
mettre symboliquement un homme, gardien de l'honneur,
et de la Loi. Nous sommes ici devant une métonymie,
une manière de désigner le tout (l'homme) par la partie
(tête).

Par contre, la poitrine et la bouche, zones érogènes périphériques, sont projetées sur la maison, espace de la
femme. Elles doivent être considérées, de par leur forme
(rondeur) et leurs fonctions, comme des organes d'essence
féminine.

Certes, Boughali reconnaît que l'emprunt lexical projectif respecte la différence sexuelle, mais il ne va pas
jusqu'à une analyse appropriée et sélective des organes de
la distinction. Il se contente d'écrire qu' "il ne serait guère
abusif d'avancer que le corps humain projeté sur la maison, même partiellement, est avant tout celui de la
femme, comme celui de l'homme l'est sur le monde extra-
domestique..." [39]. Cette reconnaissance ne débouche pas
chez lui sur une étude systématique de la sexualité de l'espace, et plus spécifiquement sur une recherche du sexe de
l'espace.

Comme un corps donc, la maison est dotée d'une
bouche, et d'une poitrine. Mais ces deux organes, tout en
connotant son inviolabilité, ne conduisent pas l'homme à
un coït véritable avec sa propriété, sa maison. Celle-ci ne
semble pas offrir une zone équivalente au sexe de la
femme. La "systématicité en gros" devrait-elle s'arrêter là ?
N'y a-t-il pas dans la maison un lieu qui évoquerait l'organe
féminin du coït ?

Le qae', cet inviolable

L'écoute du parler fassi nous a conduit à relever le terme "qae'". Ce terme s'applique à la fois au corps et à l'espace. Au niveau du corps, il renvoie au "derrière" (cul), au niveau de l'espace, il renvoie au fond. C'est donc un terme bi-sémique, lieu d'un emprunt lexical entre le corps et l'espace. Il s'applique indistinctement au derrière de l'homme et de la femme, comme on le retrouve à propos de la pièce, de la maison, du quartier et de la médina en entier. Dire de quelqu'un qu'il est de "qae' el mdina", c'est reconnaître son origine citadine, contrairement au néo-citadin qui ne pouvait accéder dès son arrivée au fond de la cité. A. Adam souligne cette différence en affirmant à raison que "les quelques centaines de candidats annuels à l'urbanisation s'installaient d'abord aux alentours des portes et des faubourgs comme Fès-Jdid ou les Kasbahs des tribus militaires. Ils n'étaient admis à une véritable citoyenneté, reconnus enfin comme non-étrangers qu'au bout de plusieurs générations, encore fallait-il une certaine réussite sociale et les glissements vers les quartiers seuls considérés comme véritablement citadins"[40]. Le qa'e de la médina se définit donc d'abord par son inaccessibilité immédiate. Pour l'atteindre, il faut subir une sorte d'initiation civique, dont la fiqhisation (l'apprentissage de la Charia) n'est pas absente. Cette initiation prend le temps, parfois, d'une biographie.

Il en est de même du qae' de la maison ou de la chambre. En définissant à juste titre la maison comme un espace social, Pezeu-Massabuau[41] distingue le devant, le derrière et le fond de la maison. Le devant est la partie qui donne sur la rue, il est l'image de soi présentée à autrui. Rappelons ici que ce devant de la maison est, en médina arabo-islamique, identique à lui-même, il n'est pas l'instrument architectural de la distinction. L'arrière est le lieu des cuisines, de l'écurie, du magasin de rangement. Il donne sur les rues étroites, tertiaires, par lesquelles on sort les déchets. L'existence de cet "arrière" n'est pas systématique dans la maison arabe. Quant au fond, il est le lieu des retrouvailles familiales, l'espace des activités ludiques conjugales, "c'est la portion d'espace sanctuarisée qui abrite la vie profonde de la famille". Ce sont les parties intimes, et inviolables de l'espace, les parties cachées qui constituent le fond-qae. L'étranger n'y a pas accès.

Le qae' est donc le lieu-organe commun à des espaces citadins précis pour signifier l'inaccessibilité de certaines de leurs parties, et privilégier ainsi leur caractère privé par excellence.

Au niveau du corps, le qae' désigne la partie la plus interdite, la plus tabou. Homosexualité masculine et sodomisation de l'épouse et / ou de la concubine sont fortement prohibées par de nombreux hadiths [42]. Le qae'-derrière n'est pas un trait distinctif de l'identité sexuelle, destin anatomique écrit sur le corps par la présence de la verge ou celle du vagin. Contrairement à ces deux organes, le qae' ne permet pas de distinguer l'homme de la femme, il est l'instrument d'une transgression possible des frontières de Dieu, il est fitna et désordre. Le derrière de l'homme risque de le transformer en femme, en être pervers ; à son tour, celui de la femme est le lieu possible d'une déperdition gratuite de la semence mâle, et à ce titre, il est un instrument de perversion de la maternité. Pour ces raisons, le qae'-derrière est l'interdit suprême.

La découverte du terme qae' comme terme bi-sémique, spatio-sexuel, débouche cependant sur une révolution du mode lexical. En effet, l'approche étymologique du mot "qae'" semble inverser le sens de l'emprunt lexical projectif. Ce serait l'espace qui prêterait ici un de ses termes à une partie du corps pour la désigner comme une partie privée. Le sens corporel de "qae'" (le qae'/postérieur) a davantage de chances d'être un sens dérivé, un sens second et figuré. Il est le résultat d'une herméneutique collective inconsciente. Le mot est passé de l'arabe savant à l'arabe dialectal, et ce passage lui a permis d'acquérir le sens corporel figuré. Les différents qae' de l'espace citadin, domestique et public, sont une expression défensive de l'inviolabilité territoriale, d'une inviolabilité profane, d'origine patriarcale extra-religieuse. Construit socialement comme un espace par l'acteur social fassi, le corps se voit doté inconsciemment d'un qae', d'une zone intouchable, incarnant le tabou par excellence, d'origine religieuse, en un mot, le haram suprême. De cette manière, on voit comment l'espace patriarcal informe le corps et le tatoue. Le corps apparaît alors comme une construction sociale, irréductible aux seules données de l'anatomie. Ces données sont presque silencieuses par elles-mêmes, flexibles à souhait, orientables selon les volontés de toute formation socio-sexuelle.

On pourrait donc conclure, sans difficulté aucune, que la maison, comme la femme, a aussi un qae'. Plus que cela, c'est la maison qui a prêté cette désignation au corps. L'absence d'une chambre à coucher spécialisée dans les maisons traditionnelles de la médina produisait, par la force des choses, un lieu-qae', un fond, où le couple pouvait se retirer pour coïter. La femme, être fragile et tabou, couchait même au fin fond du fond, dans le qae' du qae'. Selon T. Zannad, "les pratiques sexuelles, de sommeil et de repos, se déroulent dans des lits situés toujours dans les coins des beits (chambres)... La femme occupe généralement la place du lit, située entre le mur et le mari"[43]. La femme, dénudée, awra totale, ne doit courir aucun risque d'être aperçue par une tierce personne, dans cet état, elle est qae', le qae' par exellence, "l'objet" à cacher,

à soustraire aux convoitises de l'autre. Elle est "l'objet" le
plus chargé de valeur : d'usage (plaisir et procréation),
d'échange (marché matrimonial), de symbole (objet qui
parle). La femme est le meilleur des biens que l'homme patriarcal puisse posséder. C'est à ce titre qu'elle doit être protégée du regard public : n'est-elle pas le qae' de la famille,
de la maison et de la médina en général ?

En considération de cette vision, le qae' ne peut être
que le lieu de la grande jouissance, d'une jouissance polymorphe, sexuelle et religieuse, perverse et libertine à la
fois. Au niveau, de l'espace, il renvoie au lieu de l'amour,
et aux lieux sanctuarisés de la ville. Au niveau du corps, il
est la zone tabou qui, une fois conquise contre l'interdit,
procure un plaisir inhabituel pervers. Au niveau des sexes
enfin, le qae' revoie au harem, au monde des femmes, à la
femme elle-même. Le qae' est une métonymie de la
femme.

DU MODE SYMBOLIQUE

C'est le mode qui consiste à répartir les objets spatiaux
en objets masculins et féminins. L'objet spatial serait ici un
signifiant, tandis que l'objet sexuel serait un signifié. La
construction de ce mode repose sur l'accumulation conver-
gente de quelques exemples ethnographiques empruntés à
différents auteurs, et sur une sémio-analyse de quelques
objets architecturaux de la cité arabo-islamique.

Une des illustrations les plus directes de ce mode se
trouve chez Bourdieu, dans sa description de la maison
kabyle :

"C'est au centre du mur de séparation, entre la "maison
des humains" et la "maison des bêtes" que se trouve dressé
le pilier principal, soutenant la poutre maîtresse (asalas,

alemmas, terme masculin) et toute la charpente de la maison. Or, la poutre maîtresse, qui étend sa protection de la partie masculine à la partie féminine de la maison, est identifiée de façon explicite au maître de la maison, protecteur de l'honneur familial, tandis que le pilier principal, tronc d'arbre fourchu (thigejdith, terme féminin) sur lequel il repose, est identifié à l'épouse... leur emboîtement figurant l'accouplement"[44].

On voit donc, à partir de cette description ethnographique, comment les différents éléments spatiaux constitutifs de la maison kabyle connotent un signifié sexuel. D'abord, la maison est divisée en deux parties, l'une masculine et l'autre féminine ; la première étant plus élevée, plus grande et plus propre (les bêtes n'y ont pas accès). Ensuite, la poutre-alemmas est un symbole de l'homme, dans son rôle de mâle protecteur, alors que le pilier-tighejdith symbolise la femme qui supporte le poids de l'homme-alemmas. Enfin, l'emboîtement de la poutre et du pilier fourchu (les deux jambes de tighejdith-la femme en l'air) figure la copulation. La symbolique est ici grossière, visible à l'œil nu pourrait-on dire. Elle est même consciente selon Bourdieu, dans la mesure où l'identification du couple poutre-pilier au couple conjugal est explicite, franche. La symbolique sexuelle de l'espace domestique kabyle n'est pas le fruit d'une "décision d'interpréter", d'un acte herméneutique inhérent au privilège épistémologique de l'observateur. L'acteur social lui-même confère une signification sexuelle à son habitat. Nul besoin donc d'un arsenal conceptuel savant pour mettre à nu cette symbolique rurale.

La symbolique citadine arabo-islamique est plus élaborée, elle nécessite l'engagement d'un appareil conceptuel sophistiqué. Prenons, pour commencer, l'exemple de l'arabesque, cette expression privilégiée et caractéristique de l'art islamique, iconoclaste, non figuratif :

"On peut y discerner, selon F. Bichr, deux éléments fixes ; d'un côté, l'interprétation de la flore, feuille et tige surtout, de l'autre, l'exploitation idéale de la ligne. Deux principes, le premier d'apparente fantaisie, le deuxième de stricte géométrie. D'où deux procédés : al ramy et al khayt, le jet et le lacet"[45]. Là encore, on est tenté de saisir un accouplement entre le principe masculin du jet, et celui féminin du lacet. La création artistique ne consiste-t-elle pas à bi-socier, selon Koestler, entre des éléments hétérogènes : le masculin et le féminin par exemple ?

Le sexe de la médina

Au niveau de l'habitat, revenons à la distinction entre maison et médina. Nous avons vu, avec Boughali, que la première est le lieu de projection du corps féminin, tandis que la seconde est celui du corps masculin. Chacune des deux a une identité sexuelle : la première est symbole de la femme, la seconde de l'homme. Cependant, l'approfondissement de la recherche conduit à découvrir des éléments qui, d'une part, féminisent la médina et, d'autre part, masculinisent la maison.

La médina, en étant considérée comme "dar al islam" (maison de l'Islam), l'est d'abord dans le sens où c'est le lieu du respect de la Loi, de la Charia, par opposition au monde rural, champ de la coutume tribale. Ensuite, elle est "dar", dans le sens où elle est construite sur le modèle architectural de la maison. Sur l'étymologie de "dar", G. Marçais écrit :

"Ce mot proviendrait de "dara", entourer, et désigne à l'origine un espace qu'entourent des murs, ou des constructions, ou des tentes de nomades"[46]. Tout ce qui est entouré de murailles peut donc être appelé "dar", et en ce sens, la médina l'est. Le modèle-analogon de la médina est donc la maison, la "dar", c'est-à-dire une unité, une cellule refermée sur elle-même, close, entourée par des murs. C'est ce modèle que perpétue la médina, que la ville entière répète dans ses différentes cellules constitutives. On le retrouve dans le quartier, cette autre cellule, dans le souq (marché), le foundouq, et même dans les lieux sanctuaires (mosquée, zaouia et madrassa). Par rapport aux cellules linéaires [47] (suite de boutiques par exemple, maisons de moindre importance situées sur le réseau principal), les cellules circulaires dominent de par leur modèle tous les lieux d'importance (maisons des grandes familles, quartier, bain maure, mosquée...). Les maisons des grandes familles ne se suivent pas dans une série linéaire et rectiligne, elles ne sont pas réunies sur un même boulevard. Au contraire, elles sont souvent isolées au fond d'une impasse, afin de leur préserver la plus grande intimité. Elles sont ouvertes sur une cour intérieure, et sur le ciel. Les cellules linéaires sont par contre plus accessibles, leur pénétration par l'étranger, par l'autre en général, ne pose pas de problème particulier à la réglementation de la consommation de l'espace. L'importance symbolique du circulaire conduit à la nécessité de définir la médina comme une femme, plus précisément comme une mère. L'expression "ould el mdina" (enfant de la médina) est à cet égard significative. Elle s'applique à toute personne née dans la médina, et descendant d'une famille citadine de longue date. "Ould el mdina" s'oppose à "l'arroubi", (campagnard), il en est le dépassement idéologique, et la négation historique. Ainsi, la médina est l'ensemble des lieux ronds, la somme des matrices spatiales porteuses des musulmans. Elle est un lieu que l'on pénètre, comme une femme, un lieu où l'on entre, un intérieur où l'on conquiert la sakina, cette paix de l'âme,

procurée dans un premier temps par l'observance de la Loi.
Telle semble être, à ses propres yeux, la destinée historique
de la médina, sa logique interne. Cette définition de la médina par une forme circulaire féminine, par une Loi englo-
bante qui institue la femme comme personne juridique
(enfin), en fait la maison de l'Islam, le lieu où se réfugie
l'Islam des menaces de la Jahiliya. Celle-ci n'est pas uniquement un concept chronologique qui renvoie à l'époque
de l'ignorance, antérieure à l'Islam, elle est également un
concept spatial. Le monde rural, au-delà des murailles de
la cité, reste encore le champ de la coutume tribale anté-is-
lamique par excellence. En ce sens, il est une Jahiliya qui
continue de résister. La campagne est sous-fiqhisée, la
femme rurale continue par exemple d'être déshéritée, voire
d'être elle-même un objet d'héritage au sein de la phratrie
patriarcale.

"Dans la conception musulmane, écrit Berque [48], la
cité, malgré ses vices, est le lieu de la foi, le lieu de la
loi". Et plus loin, il ajoute que "dans le souq bédouin, la
coutume, réglementant les relations individuelles ou collectives s'avère illégale, ou du moins extra-légale. La ville
est droit comme la badiya est poésie" [49]. La médina se
présente en conséquence comme une féminité naissante,
face à la jahiliya patriarcale de la ruralité. Mais c'est une
féminité prosélyte, agressive, mâle en quelque sorte.
Dans ce rôle fondateur, de lutte contre les jahiliya hori-
zontales, celles de l'espace, la médina se trouve être, objectivement, une épée conquérante, et une plume législa-
trice. Dans son combat contre des campagnes segmentaires, la médina, épée et plume, se pose comme un phallus fécondeur, comme un pouvoir central unificateur.
Avec l'Islam, le phallus arabe, dispersé jusque-là, devient
citadin. A ce phallus naissant dans la cité, par la cité, une
expression architecturale est nécessaire. La puissance de

l'Etat islamique, dans ses villes, ne peut rester indifférente à l'écriture architecturale comme mode d'expression.

La muraille mâle

La première manifestation du phallus arabo-islamique lié à la ville, c'est la haute muraille, l'enceinte. En effet, les murailles font de la ville une forteresse, une unité définie dans l'espace, inextensible à volonté. La ville meurt au pied de ses murailles, de ses frontières, afin que commence le monde de la Jahiliya. Mais cela ne signifie point que la campagne ne connaît pas la notion de frontière et d'identité. Au contraire, l'identité tribale, généalogique, se définit aussi par une inscription dans le sol. Le douar, en tant qu'incarnation concrète de cette identité, n'ignore ni les frontières de l'intégrité, ni les mécanismes défensifs de l'identité. A ce sujet, écrit G. Tillion, "rien de plus révélateur que l'aspect physique du douar... Autour du village, toutes les défenses naturelles, les fossés, les figuiers de barbarie, autour de la tente, une horde de chiens à demi-sauvages"[50]. Le trait le plus saillant de ces mécanismes de défense, c'est leur naturalité, leur horizontalité, en un mot leur féminité. A l'opposé, la construction des murailles, hautes, est significative d'une volonté de puissance, d'un désir de devenir maître de la nature. La verticalité est la caractéristique principale de la muraille, c'est un prédicat contenu dans le sujet, une qualité intrinsèque. La verticalité renvoie aussi à un phallus en érection constante[51], qui en impose à la campagne horizontale; elle est une incarnation du pouvoir, celui de la cité, celui de la Loi, celui de l'Islam. De par la verticalité, les murailles écrivent la précellence de la cité. Elles sont comme un phallus protecteur, veillant à son ihçan. Elles écrivent donc la masculinité de la cité. Les fonctions de la muraille et du phallus sont unes

et identiques, elles consistent à protéger ces biens su-
prêmes que sont la Loi et la femme. Grâce à la muraille
donc, la médina se définit comme un phallus fécondeur de
la campagne environnante.

Le minaret

Un autre signe architectural du caractère phallique de
la médina réside dans le minaret. L'apparition du minaret
en ville d'Islam ne relève pas d'une prescription charaique.
A ce sujet, Michel Cuypers, s'appuyant sur Creswell (dans
l'Encyclopédie de l'Islam) écrit : "la mosquée n'est en son
essence qu'une enceinte sacrée orientée... La Kibla constitue en somme le seul élément vraiment essentiel de la mosquée. Cela est si vrai que, lorsque les Arabes fondèrent de
toutes pièces de nouvelles villes et se trouvèrent dans
l'obligation de concevoir eux-mêmes leurs mosquées, ils
ne firent dans les débuts que tracer sur le sol un emplacement "orienté". Ainsi la première mosquée de Basra, fondée vers 635... Cette réduction de la mosquée à sa plus
simple expression n'eût certes pas été désavouée par le
Prophète auquel on prête la tradition suivante : "l'activité la
moins profitable pour un croyant, et celle qui dévore sa fortune, c'est de construire"[52]. L'orientation vers la Kibla est
donc la seule condition canonique de la mosquée. Le mih-
rab, qui indique cette orientation sacrée, est "le centre
(sadr / poitrine) du beit (mosquée / maison de Dieu), l'endroit le plus noble dans la mosquée" (Lissan al Arab).

Dans le même sens, le dépouillement du Dictionnaire
répertorié des termes du Coran (de Mohammed Fouad
Abdelbaqi) et du Dictionnaire répertorié des termes du
Hadith (de Winsienk) nous a conduits à constater que le
terme "manara" n'est cité que dans le Hadith (à trois re-
prises seulement), tandis que le terme "saoumaa'" ne l'est

qu'une seule fois par le Coran (Sourate al Hajj, 37). Le terme "mi'idana" est totalement absent. Le Prophète Sidna Mohammed utilise le terme "manara" dans un hadith[53] où il parle de l'antéchrist. De même, dans le "Lissan al Arab", Ibn Mandhur, en définissant la "saoumaa'" comme "la tour du prêtre", la dissocie de l'Islam et situe sa sacralité dans le contexte chrétien. Qobaa', la première mosquée islamique, selon certains biographes du Prophète, ne disposait pas d'un minaret. La mosquée du Prophète à Médine fut construite en palmier, et n'avait pas de minaret à son tour.

Mieux que cela, l'association "appel à la prière-minaret" n'est pas nécessaire. Le minaret n'est pas une condition nécessaire pour appeler les gens à la prière. Le ada'n se faisait, du temps du Prophète, à partir du toit de la maison la plus haute, à proximité de la mosquée. Il pouvait également avoir lieu dans la rue, ou à l'intérieur de la mosquée.

Pour ces différentes raisons, Maqdissi estime que l'apparition du minaret en Islam ne résulte pas d'une nécessité religieuse. Il la rattache à deux Califes omeyyades, Abdelmalek ibn Marouane et son fils Al Walid ibn Abdelmalek surtout (86 – 96 de l'hégire). C'est le désir d'imiter les chrétiens, voire de dépasser la beauté architecturale des églises qui a poussé ce dernier à la construction des minarets. Derrière les projets de grandeur d'El Walid, se profile un Etat islamique omeyyade puissant et riche, en train de s'éloigner de l'austérité de l'Islam primitif du temps du Prophète et des Califes éclairés. Cette attitude de Maqdissi, proche de l'attitude islamiste contemporaine qui consiste à accuser de non-islamité tous les Etats islamiques à partir des Omeyyades, trouve une confirmation chez Ibn Hanbal, le fondateur de l'une des quatre grandes doctrines sunnites. C'est pour éviter la fitna, le désordre, que les œuvres architecturales d'El Walid furent tolérées. Ces œuvres ne visaient pas une finalité religieuse, légale, selon

Ibn Hanbal. Cette attitude rigoriste, islamiste avant la lettre, peut-elle s'expliquer par les origines sociales du hanbalisme, par ses assises dans un hedjaz austère et pauvre ?

Cette esquisse de l'histoire du minaret révèle que celui-ci n'est pas apparu, au fond, pour remplir la fonction de l'ada'n. Certes, le minaret permet à la voix du muezzin de porter plus loin, mais malgré cette utilité fonctionnelle, le minaret n'a jamais été une réponse à une prescription islamique canonique primitive. La construction des minarets poursuit d'autres finalités. La première finalité est défensive ; elle transparaît par exemple dans les quatre tours que Maslama ibn el Mukhallad a construites, en 53 de l'hégire, à chaque angle de la mosquée d'Amr ibn el A's à Foustat. La deuxième finalité est d'ordre esthétique : après la transformation de la cathédrale Saint-Jean en mosquée et son agrandissement par El Walid, celui-ci fit construire le minaret nord, pour faire symétrie avec les tours déjà présentes, mais surtout pour tenter de dépasser le savoir-faire architectural chrétien. La troisième finalité est religieuse. Le minaret permet l'élévation spirituelle : plus on monte, plus on a un regard d'ensemble sur le bas, plus on renonce aux séductions de la vie matérielle, et plus on se rapproche de Dieu. Ghazali et Ibn Toumert sont parmi les plus célèbres "retraités" (mou'taqkifine) au sommet d'un minaret.

Les deux premières finalités démontrent le caractère non sacral du minaret. En effet, l'érection des tours répond aussi à des objectifs profanes, économiques (signaux dans le désert de Chine, phares dans les ports...), ou militaires (tours de garde dans les châteaux féodaux, obélisques de triomphe...). La troisième finalité, de nature religieuse, dépasse le seul cadre de l'Islam. Le phénomène des Ziggurat, de ces tours où les moines mystiques se réfugiaient au dernier étage, est antérieur à l'Islam. La tour symbolise l'ascension spirituelle vers Dieu (la tour-porte vers Dieu, échelle à l'image de la Tour de Babel). D'autres aspects de la finalité religieuse de la tour sont perceptibles dans l'emploi des tours soit pour symboliser les différentes divinités (illustration du polythéisme), soit pour recevoir les influences bienheureuses des Cieux.

Quelles sont alors les considérations qui permettent de percevoir le minaret comme le phallus de la cité islamique? L'imaginaire populaire offre des pistes à une telle comparaison. Mais si la verticalité suffit à l'imaginaire du peuple pour faire le rapprochement, il ne saurait être question de s'y arrêter. L'imaginaire représente un témoignage à prendre en considération, une indication à approfondir, une piste de recherche.

La tour, de par sa hauteur gigantesque, exprime le désir de puissance. L'exemple de la Tour de Babel est patent. Rien qu'à ce titre déjà, la tour symbolise le principe masculin, la tension du mâle vers la domination et la grandeur.

A titre d'instrument de communication, la tour permet le rapprochement entre l'homme et Dieu, entre la cité et l'au-delà. Car la vie de la personne humaine peut être symbolisée par une tour, c'est une marche ascensionnelle, une tentative d'élévation vers le meilleur de soi, vers l'idéal, vers ce Dieu à la fois présent et impossible en nous. La tour permet de monter, de s'éloigner du bas, de l'animalité. Elle rend possible d'atteindre une station mystique (maqam) élevée, symbolisée par le dernier étage, le plus loin de l'inférieur. C'est donc un instrument qui exprime l'incomplétude de l'homme, sa nécessaire communication avec Dieu, et sa nécessaire montée vers cet Autre absolu, radical.

Sans peine, on retrouve une fonctionnalité pareille au niveau du phallus. C'est également un instrument de communication entre l'homme et la femme, entre l'homme et la ville (échange matrimonial), et entre l'homme et Dieu.

L'élévation religieuse non maladive vers Dieu repose, en
Islam, sur une symbiose entre Eros et Logos (H. Corbin),
elle part de la satisfaction, et non du refoulement du désir
sexuel. Celui-ci est un tremplin vers l'amour et la connaissance. L'investissement du phallus dans les rapports sociaux permet donc le rapprochement entre les êtres, et
fonde le lien social sur une donnée irréductible. A l'image
du minaret, qui appelle à l'union des musulmans au moment de la prière collective, entre l'homme et Dieu, le phallus est également un appel à l'union, à la paix, à la sakina.
Il en est l'instrument par excellence. Le "wissal" (coït) a la
même racine étymologique que la "salat" (prière), une racine qui signifie la communication, voire l'union. Wissal et
salat sont tous les deux associés au parfum (attib) dans un
hadith célèbre. Ibn Arabi et Suyuti ont d'ailleurs clairement
perçu cet avant-goût de l'union avec Dieu, plaisir suprême,
que procure l'orgasme charnel. De son côté, Warraq n'a pas
manqué de souligner que le désir sexuel, à la différence des
autres désirs, est le moyen de purifier le cœur, l'instrument
par lequel l'individu apprend à renoncer à soi, afin de servir l'autre et se fondre en lui. Comme un phallus qui régule
le rythme des unions sexuelles, le minaret régule le rythme
des unions de la cité, celles des croyants entre eux, celles
des croyants avec Dieu. Que ce soit l'appel du phallus ou
l'appel du minaret, dans les deux cas, c'est un processus
unique qui s'enclenche, d'union, de purification, et d'ascension. Aucun de ces trois mouvements n'est concevable sans
l'autre. Par le phallus ou par le minaret, le croyant sort de
sa solitude et va vers l'autre, la prière collective étant
meilleure et l'onanisme condamné. Dans les deux cas, on
assiste au passage d'un état de tension à un état de soula-
gement et de purification, de quiétude intérieure. Dans les
deux cas, c'est une ascension vers le meilleur de soi qui
s'opère. Le minaret est donc en quelque sorte le phallus

sacré de la cité qui rythme sa jouissance, au même titre que le pénis de l'homme qui, aussi sacré dans la géographie du corps, invite, lors de chaque érection, à l'abandon de soi dans les mains du bien-aimé. Le passage de l'amour charnel à l'amour spirituel se fait sans heurt, spontanément et sans coupure, dans la tradition islamique. Point d'antinomie entre les deux[55]. Le minaret est le phallus qui aide la cité à aller vers Dieu, à s'élever vers l'Absolu, vers l'Un. L'éthique citadine ne se résume-t-elle pas, comme dit si bien Berque, "dans un symbole social d'une impressionnante puissance : le minaret d'où résonne l'appel du Vendredi"?[56]

La médina-utérus

Approcher la médina à travers la symbolique de la muraille et du minaret en fait, comme on le constate, un espace urbain de nature phallique, érigé pour conquérir et convertir le monde de la coutume et de la ruralité. Mais comme il a été dit auparavant, à propos de la présence du circulaire comme forme privilégiée par l'architecture islamique, la médina peut être également perçue comme un espace féminin, comme une matrice par excellence. La question qui se pose est alors de savoir si cette médina féminine peut assurer à son tour la défense des valeurs islamiques de l'ascension, au même titre que la muraille et le minaret?

Notre réponse à cette question est affirmative. En effet, la symbolique ascensionnelle peut revêtir une forme horizontale. Aller des périphéries vers le centre est également une initiation ascensionnelle, c'est passer des apparences de la cité à sa vérité profonde, intérieure. La forme labyrinthique de la médina assure, à notre avis, cette ascension horizontale vers Allah. L'idéologie coloniale ne croyait pas si bien faire en comparant la médina à un labyrinthe. Certes, de celui-ci, elle retenait surtout l'idée d'incohérence[57], de confusion et d'irrationalité. A. Khatibi et M. Martensson ont vu dans cette comparaison un mécanisme de méconnaissance, une volonté colonialiste de nier l'ordre autre, l'ordre de l'autre. En un mot, la sociologie coloniale a voulu, par l'investissement de la notion du labyrinthe, être aveugle à l'ordre de la médina. Elle s'est arrêtée au niveau du désordre apparent lié à cette notion. Jamais elle n'a écouté le sens initiatique du labyrinthe.

La cité arabo-islamique se présente en effet comme le lieu d'un secret intérieur, caché et protégé. Sa forme labyrinthique doit être considérée comme un mécanisme de défense, destinée à dérouter l'autre, à se préserver de son regard impie ou insuffisamment islamisé. C'est une manière de tenir l'autre, l'étranger, à l'écart des vérités de la cité. Parcourir la médina-labyrinthe sans se perdre, c'est-à-dire sans faillir à la Loi et à la qaida (savoir-vivre oral), accéder aux lieux importants, arriver au centre de la décision et de la connaissance, tout cela ne peut être que le résultat d'une longue et pénible initiation à la ville. L'urbanisation n'est pas réductible à la résidence dans l'enceinte de la cité. De par sa forme labyrinthique, la médina protège ses lieux secrets, les lieux des femmes, son qae'. Le féminin est une valeur centrale protégée par l'impasse, les passages secrets, le mur aveugle, l'entrée en coude... Le labyrinthe est justement, selon la perspective psychanalytique, une forme de l'utérus, c'est-à-dire une forme de cette médina-mère, qui couve jalousement ses petits, les croyants. Dans cet utérus, se meurent les contradictions pré-islamiques pour laisser place à une identité nouvelle, unitaire. L'utérus n'est-il pas ce passage obligé vers la vie, vers la lumière ?

Tiraillée entre ses signes phalliques et ses formes féminines, entre le vertical et le rond, la cité arabo-islamique fait preuve d'une bisexualité originelle, à l'image du corps dont elle est la transposition architecturale et urbanistique.

Conclusion

Les conclusions centrales de cette étude peuvent être résumées dans les points suivants :

1 – Considérer la sexualité et l'espace comme deux systèmes d'écriture du social conduit à les aborder à travers une double dualité, celle de l'inconscient-conscient, et celle de la synchronie-diachronie.

2 – Cette étude a dégagé l'existence de quatre modes de relation entre la sexualité et l'espace. Ce sont les modes territorial, fonctionnel, lexical et symbolique. Mais elle s'est limitée à l'ébauche seulement des deux derniers modes.

3 – Les modes lexical et symbolique reposent sur le rôle que joue le corps, en tant que modèle d'organisation. C'est à partir de ce modèle que la pensée traditionnelle a construit une "systématicité" en gros, qui ordonne les choses à partir des mêmes schèmes.

4 – Que ce soit dans le mode lexical ou dans le mode symbolique, le spatial peut être considéré en général comme le signifiant du sexuel, comme l'une de ses expressions principales.

5 – La langue arabe, dialectale ou savante, par les emprunts qu'elle permet, illustre de façon magistrale la projection du corps humain sur l'espace.

6 – Les objets architecturaux sont sexués par la pensée traditionnelle, ils se répartissent entre le féminin et le masculin. Plus que cela, la bisexualité originelle de l'être humain se retrouve également au niveau de l'architecture citadine arabo-islamique.

Le passage de la médina à la ville représente une coupure profonde, il est passage à une autre logique, à une
autre vision du monde, et de l'espace. En n'étant plus un labyrinthe initiatique, la ville (moderne, capitaliste) se définit davantage comme un outil de travail et de production.
Fille de l'industrialisation ou de l'exode rural, la ville est indifférente à la problématique du sens. Car la vision qui la
fonde, fonctionnaliste et a-religieuse, ne se réfère pas à un
au-delà fondateur de l'être du monde. Ainsi, par exemple,
la verticalité du gratte-ciel. C'est une verticalité qui ne traduit ni le désir de transcendance et de dépassement, ni le
primat du phallus. Elle renvoie tout simplement à un souci
économique majeur : loger le plus de gens dans le minimum d'espace. "Brutale réduction de sens", selon F.
Choay [58], prix à payer d'une réification de l'espace, de son
passage à l'état de marchandise.

Cette ville nouvelle, profane, ne peut à son tour que
produire une sexualité elle-même profane, et comptable.
La laïcisation occidentale de la sexualité est corrélée en fin
de compte au souci démographique, à la fréquence de l'orgasme et, dernièrement, à la mort par le sida, c'est-à-dire
par la sexualité. La mort de la sexualité, comme "usage des
plaisirs", comme natalisme expansionniste et comme tremplin vers le spirituel, débouche, étrangement, sur une
sexualité au service de la maladie et de la mort. Force est
d'être alors à l'écoute de l'irrationnel, de cet irrationnel in-
dépassable, et de s'ouvrir à une "critique de la modernité"
(A. Touraine). Une critique de la raison sexuelle est à
écrire.

PROBLÉMATIQUE DE LA RECHERCHE

Quatre modes de relation existent, à notre avis, entre l'espace et la sexualité. Ce sont les modes fonctionnel, territorial, lexical et symbolique [1]. Le premier consiste à lier la pratique du coït des lieux précis de l'espace (au logement, dans la ville), le deuxième divise l'espace en territoires masculin, féminin et mixte, le troisième découvre l'existence de termes bi-sémiques désignant à la fois des objets spatiaux et des objets sexuels ; le quatrième enfin révèle l'ordonnancement des objets spatiaux selon la dichotomie masculin / féminin.

Dans cette étude, nous tenterons de concentrer notre attention sur les modes fonctionnel et territorial, en raison de leur rapport direct à la problématique du pouvoir dans le monde arabe contemporain. En effet, ces deux modes-ci permettent d'étudier la relation entre trois variables fondamentales : l'espace, la sexualité et l'islamisme. L'hypothèse que nous avançons pour relier ces trois champs de la praxis sociale consiste à postuler le rôle relationnel de l'insatisfaction sexuelle entre l'organisation moderne de l'espace urbain et l'idéologie islamiste. Avec beaucoup de schématisme, on peut alléguer que la structure arabo-moderne de l'espace provoque un refoulement sexuel artificiel, qui conduit à l'adoption d'un islamisme réactionnel défensif. Le rapport de causalité entre les trois variables étudiées n'est pas univoque et linéaire, mais le concept

de corrélation permettra peut-être d'affirmer que l'islamisme est également l'expression de l'insatisfaction
sexuelle des masses citadines arabes.

Le rapport entre les champs du logement, de la sexualité et de l'islamisme doit être approché à travers deux
sous-hypothèses : celle d'une corrélation entre l'organisation de l'espace et l'insatisfaction orgastique, celle d'une
corrélation entre l'insatisfaction orgastique et l'idéologie islamiste. L'élaboration théorique de ces deux corrélations
est une tâche initiale à entreprendre.

ESPACE ET SEXUALITE

Selon W. Reich, "la vie sexuelle des masses dans les
grandes agglomérations est caractérisée par l'opposition
aiguë entre d'intenses besoins sexuels et des chances mi-
nimes, au plan matériel et structurel, de les satisfaire"[2]. En
effet, la ville moderne, d'origine capitaliste, se présente
comme le lieu privilégié de l'offre et des séductions
sexuelles, elle est par conséquent l'espace générateur d'une
forte demande sexuelle. Plusieurs raisons concourent à la
transformation de la ville en marché sexuel.

En premier lieu, l'urbanisation signifie le passage à un
espace "détribalisé", fondé et, en même temps, porteur de
valeurs nouvelles, toutes centrées sur l'individu, et sur la liberté. En étant espace de l'anonymat, l'espace urbain
semble non codifié, il est le lieu où s'exercent la liberté de
mouvement, la liberté de regard et la liberté d'expression.
L'individu y est comme un étranger, en rupture avec la logique de tout groupe primaire, libéré du regard censeur et
inhibiteur de l'autre. Dans cet espace nouveau, l'agression
sexuelle "symbolique" (drague, harcèlement…) devient
courante, car non sanctionnée par la morale de la foule

(celle-ci n'en a point). Ce n'est donc pas sans raison que Simmel définit la drague comme un phénomène urbain spécifique, car elle est inscrite dans la logique sociale de la ville. Le dragueur est l'homme de la ville moderne qui aborde des femmes inconnues afin de les consommer sexuellement. Il est celui qui tente sa chance avec le maximum des femmes. Plus de place pour la traditionnelle "hachouma" (pudeur). "Figure moderne de l'homme du regard", tel est le dragueur avec son "regard de plein face... insistant, inquisiteur, pénétrant"[3]. Un tel comportement est inconcevable dans l'espace rural ou dans la cité traditionnelle (médina arabe par exemple) où chacun est un peu le parent de l'autre, où chacun vit par et sous le regard de l'autre, et peut donc en mourir (mort sociale, voire physique). Parmi les femmes de la ville moderne, il y a des étrangères, des inconnues, susceptibles d'être un objet de consommation sexuelle immédiate, brève, sans porter atteinte à l'honneur du groupe de référence. F. Mrabet affirme que "les femmes se répartissent donc, pour les hommes, en trois groupes : ce sont des femelles, des épouses (réelles ou possibles), des parentes... L'espèce qu'on chasse, qu'on désire et qu'on méprise, c'est évidemment celle des femelles... toute femme qui n'est ni parente, ni épouse" (*in "La femme algérienne"*, Maspero, 1969, p. 28).

Dans une enquête réalisée par Pascon et Bentahar sur les jeunes marocains, du milieu rural, 78 % parmi ceux-ci rêvent de vivre en ville pour des raisons sexuelles. Quelques déclarations en témoignent : "en ville, on peut trouver des femmes comme on veut", "les bordels ne se trouvent qu'en ville", "en ville, les femmes sortent nues, habillées court, et si tu veux tenter ta chance, tu peux le faire"[4]. A la campagne, les deux chercheurs ont trouvé que 14 % des jeunes se masturbent ou ont des relations

homosexuelles, et que 20 % sont homosexuels ou zoo-
philes.

Toute femme, dans l'espace public urbain, est considérée par l'homme arabe comme une femme accessible. Car
comment une femme qu'on peut voir nue à la plage, contre
laquelle on peut se coller dans un bus, pourrait-elle être inaccessible ? Pire, comment éviter d'être sans cesse excité
par une si grande proximité des corps non encore banali-
sée, loin d'être normalisée ? L'excitation des masses néo-ci-
tadines sera donc chronique et diffuse, par la faute d'une
absence de préparation psycho-historique à la mixité
sexuelle dans la ville. Ce face à face des hommes et des
femmes aura été d'autant plus rapide et brutal dans le
monde arabe qu'il ne s'accompagne pas d'une conviction
individualiste civique. La liberté de l'homme ne s'arrête
pas là où commence la liberté de la femme.

En deuxième lieu, le sexe lui-même est touché par la
réalité industrielle de la ville. Le plaisir est produit, vendu,
d'une manière quasiment industrielle, dans des lieux spécifiques (bordels, boîtes de nuit, bars, plages et piscines), par
des procédés divers (techniques audiovisuelles, affiches de
films pornographiques, affiches publicitaires exploitant le
corps de la femme). Cette panoplie des instruments de séduction transforme la ville arabe en Cheval de Troie qui
permet d'introduire les normes et les pratiques d'une sexualité civile en l'absence d'une société civile. Celle-ci commence par le simulacre d'un libéralisme sexuel. Selon
Bessis et Belhassan, les islamistes désignent "les plages et
les bars des hôtels comme l'excroissance en terre d'Islam
de la dépravation occidentale"[5].

La ville moderne, marché sexuel par excellence, crée
donc sans arrêt un besoin de consommation sexuelle, intense et chronique, essentiellement cérébral. Il ne s'agit

plus de satisfaire l'instinct sexuel basique, de s'arrêter au niveau de la demande naturelle. C'est l'offre qui suscite la demande, une demande à amplifier constamment. Pour cela, le sexe doit être transformé en loisir, en jeu. Le sexe est, sous cet angle, un "pur produit du capitalisme" [6]. Soumis donc à une sollicitation à la fois intense et illusoire, l'homme urbain, l'homme de la foule, peut-il satisfaire les "besoins" sexuels que la ville engendre en lui ? Les masses citadines ont-elles les moyens d'une satisfaction orgastique exhaustive, érigée par le savoir positiviste comme la voie de l'équilibre de l'homme moderne ?

Dans le monde arabe, le célibat est prolongé pour des raisons matérielles. Le mariage, tout en restant la norme et l'idéal, est de plus en plus inaccessible, car la jeunesse n'arrive plus à trouver ni emploi ni logement. En conséquence, la ville arabe, définie par la contraction croissante du logement, est de plus en plus incapable d'offrir un lieu de détente sexuelle, au moment même où elle crée d'intenses besoins sexuels chez la jeunesse. Où "s'abandonner au flux de l'énergie biologique sans aucune inhibition", où "décharger complètement toute l'excitation sexuelle contenue, au moyen de contractions involontaires agréables au corps ?" [7]. Nul doute que la puissance érective et éjaculative ne fait pas défaut ; ce qui est mis en cause, ce sont les structures spatiales qui ne permettent pas à cette puissance d'aboutir à sa réalisation. L'enjeu de la recherche est donc d'interroger les possibilités qu'offre l'espace arabe à la puissance sexuelle de se satisfaire.

Beaucoup d'indices imposent d'anticiper une réponse négative. Le logement conjugal lui-même peut être soupçonné de ne pas être sexuellement fonctionnel. Au Maroc, l'urbanisation signifie la contraction du logement, sans que cette contraction s'accompagne d'une contraction parallèle conséquente de la taille de la famille. Le "Recensement

Général de la Population et de l'Habitat" de 1982 (que nous appellerons par la suite RGPH) révèle que les ménages de "10 personnes et plus" viennent en tête du classement des ménages selon la taille. Ils représentent 12,8 % de l'ensemble des ménages. En ville, où le problème de la contraction des logements se pose avec acuité, les ménages de plus de cinq personnes sont en progression, tandis que les ménages de petite taille (moins de 5 personnes) sont en régression :

Tab. 1 : Evolution de la taille des ménages en milieu urbain (%).

Taille \ Année	1960	1971	1982
5 personnes et moins	61	49,5	42,5
Plus de 5 personnes	39	50,5	57,5
Total	100	100	100

Cette évolution est paradoxale dans la mesure où elle contredit la logique du concept d'urbanisation. Elle implique au moins de spécifier la loi de contraction de la famille, énoncée par Durkheim, en dissociant famille nucléaire et famille de petite taille. Au Maroc, les familles urbaines, tout en étant nucléaires, ne sont pas pour autant des familles de petite taille. Le taux synthétique de fécondité est encore élevé (autour de 5 enfants par femme), mais ce n'est pas le seul facteur responsable du regonflement des ménages. L'exode rural, la crise du logement et de l'emploi, et la baisse du pouvoir d'achat ont conduit à un retour forcé à la famille étendue. La taille des ménages est passée de 5,6 personnes en 1971 à 5,9 personnes en 1982, et cela explique le surpeuplement de logements déjà exigus au départ. Le taux d'occupation est de 2,3 personnes par pièce.

C'est le taux officiel que veulent bien admettre les pouvoirs publics.

Selon M. J. Chombard de Lauwe, ce taux représenterait, au regard de la norme occidentale, un seuil critique. Elle affirme que "lorsqu'on dépasse le chiffre de 2 à 2,5 personnes par pièce, l'enfant est plus facilement violent et nerveux. Les relations parents-enfants sont plus tendues"[8]. La notion de seuil est certes variable d'une société à l'autre, ce qui est critique en France ou au Danemark ne l'est pas nécessairement au Maroc. Il faudra donc s'atteler à la tâche de définir les seuils de tolérance spécifiques de la société marocaine. Pezeu-Massabuau, s'inspirant de Hall ("La dimension cachée"), estime que les Arabes tolèrent davantage d'être serrés dans la rue ou les endroits publics, mais n'acceptent pas aisément de vivre dans des logements surpeuplés[9]. C'est pourtant ce qui semble être le lot des masses citadines arabes. A ce propos, il faut reconnaître que le taux d'occupation officiel (2,3 personnes par pièce en milieu urbain marocain), déjà élevé par rapport à la norme européenne, serait l'expression d'un maquillage statistique de la réalité, selon beaucoup d'observateurs. Le taux réel serait plus élevé. Par exemple, dans un dossier de presse consacré à la question du logement, on peut relever le témoignage suivant : "dans cet appartement de trois pièces vivent trois familles composées de 17 personnes. Imaginez 17 personnes faisant la queue chaque matin devant les W.-C.: une course entre la mère et ses fils, entre le père et ses filles"[10].

La question du taux d'occupation acquiert une autre signification lorsqu'elle est rattachée à la question sexuelle. Le taux d'occupation de 2,3 personnes par pièce, critique le jour, ne risque-t-il pas de devenir pathologique la nuit ? Il est temps de poser, en milieu arabe, les questions suivantes : quel est le taux d'occupation nocturne des pièces ?

Plus que cela, quel est le mode d'occupation nocturne des pièces ? En termes plus simples, la question est de savoir qui dort avec qui ? Ce sont des interrogations plus adaptées à notre hypothèse relationnelle, car il faut savoir si la nuit permet de contourner le surpeuplement du logement en favorisant l'abandon des époux au plaisir. Le surpeuplement, la trop grande proximité des autres du moins, empêchent-ils au contraire tout abandon véritable, toute intimité gratifiante?.

Pezeu-Massabuau distingue judicieusement le coucher "régulier" du coucher "irrégulier". Le coucher régulier consiste à faire dormir dans la même pièce soit un couple et un enfant en bas âge, soit deux enfants, soit deux adultes de même sexe. Le coucher irrégulier se trouve lorsque, dans une même pièce, on fait dormir soit un couple et un adulte, soit deux adultes de sexe différent, soit deux couples. A partir de ces définitions, doit-on nécessairement conclure à l'irrégularité du coucher dans le cas du surpeuplement du logement ? Dans le dossier de presse évoqué plus haut, les témoignages vont dans ce sens. Tel jeune déclare: "à l'intérieur de la chambre, nous entendons le bruit du sommier (de nos parents)" [11], tel autre raconte que "le mari dort d'un côté de la chambre, la femme de l'autre et, entre eux, une douzaine d'enfants. Quand le mari s'assure que les enfants dorment tous, il prend un long roseau, réveille sa femme avec pour qu'elle vienne à lui" [12]. Le coucher est-il donc souvent irrégulier car souvent collectif ?

La proximité nocturne des corps favorise, sans aucun doute, l'éveil précoce à la sexualité, pire, elle pourrait même favoriser l'inceste. "Par la compression des distances entre individus et le relâchement du code vestimentaire, l'espace de la maison semble favoriser la naissance du désir sexuel, fût-ce de façon inconsciente, tout en lui opposant, conclut Pezeu-Massabuau, maints obstacles" [13].

Cela est plus vrai en milieu islamique, ajouterons-nous, où la frontière des sexes, comme principe organisationnel, se double d'une frontière intergénérationnelle. Comment, dans un logement exigu, une famille arabo-islamique, soumise de plus en plus à la cœrcition d'une mode vestimentaire érotiste, peut-elle exercer la séparation sexuelle et générationnelle ? L'apparition du voile dans une telle famille, et dans un tel logement, serait une réaction de défense contre une situation anxiogène, ingérable et insoutenable. Dans un tel cadre, ni les parents ni les enfants ne peuvent ressentir la paix. Pour les premiers, il est impensable de se laisser aller, la présence, voire la surveillance du groupe rend difficile la privatisation de la sexualité conjugale ; pour les seconds, il est difficile de rompre, même chez soi, avec l'excitation sexuelle diffusée par l'espace public. Au contraire, la proximité des frères et sœurs devient dangereuse, et l'islamisme séparateur s'avère être ici un garde-fou automatique et facile. C'est un islamisme sécuritaire.

Le surpeuplement du logement le rend donc incapable de satisfaire la fonction sexuelle et de concourir, par là, à réaliser l'équilibre et l'épanouissement de l'individu et de la famille. Le logement se transformerait en facteur de frustration. Car pour satisfaire la fonction sexuelle, le logement doit être organisé selon un espace insécable de type moderne. M. Bentahar remarque avec justesse que "la désintégration de la famille patriarcale, l'autonomie de plus en plus grande des individus exigent un nombre de pièces plus élevé et un confort moderne"[14]. Mais le besoin en logements, sans cesse grandissant, conduit plutôt à la contraction de l'espace individuel, voire de l'espace du couple conjugal lui-même. Beaucoup de ménages ne disposent pas d'une chambre à coucher autonome, distincte et isolée. Les impératifs de la Charia, les interdits sociaux n'arrivent plus à trouver leurs conditions de réalisation.

Fiqh et coutume sociale imposent tous deux, en effet, au couple de s'isoler lors de leurs ébats sexuels [15]. La naissance du couple est ainsi retardée par l'absence d'un espace exclusif et autonome. Les époux ne peuvent que ressentir une frustration face à la difficulté de s'isoler, car toute étreinte se fera à l'insu des enfants, des autres en général, un peu à la sauvette. La chambre à coucher est, en tant que condition de la liberté sexuelle du couple, une condition de sa naissance. Elle en objective et en indique l'existence.

L'absence de la chambre à coucher conduit à s'interroger sur le degré de satisfaction sexuelle des masses. Certes, la chambre à coucher n'est pas le facteur principal de la satisfaction orgastique, mais son rôle devient plus important eu égard à la contraction de l'habitat. Le logement est-il, pour les masses, un lieu fonctionnel de régulation de la vie sexuelle ? Selon Rainwater, "plus le statut social est bas, moins les couples trouvent intérêt et plaisir dans leurs rapports sexuels conjugaux" [16]. Ce moins de satisfaction n'est pas dû à une déficience génitale. Au contraire, pour W. Reich, le caractère génital se rencontre davantage dans les milieux populaires. L'insatisfaction sexuelle des masses serait due à l'impossibilité de pratiquer des techniques sexuelles subtiles et diversifiées. Celles-ci exigent la nudité totale qui, à son tour, s'avère impossible faute d'un espace réservé au couple. La sexualité conjugale des masses se réduit à une activité plus hygiénique que ludique, plus procréative qu'érotique. C'est une sexualité insatisfaisante, n'ayant aucun lien avec l'effacement de la raison, si nécessaire à la subversion du temps de la production, bourgeois par excellence. Elle s'inscrit dans ce temps ennemi, contraire à l'abandon de soi, à l'orgasme en dernière analyse.

Comment concilier cette sexualité de (la) misère, principalement surpopulative, et l'obsession de la virilité "harémique" et ludique, si caractéristique des Arabes selon M. Seklani. Celui-ci affirme que "les Arabes ont l'obsession de la puissance sexuelle. Les rapports sexuels réguliers et fréquents qu'ils croient être tenus d'avoir avec les femmes relèvent moins de leur tempérament que de la crainte de voir leur virilité mise en cause" [17]. Cette virilité, institutionnelle et cérébrale à la fois, se heurte aux obstacles de la densité et du surpeuplement des logements arabes. Ceux-ci sont confrontés au défi d'assurer l'équilibre psychologique de leurs habitants. Car plus les logements sont vétustes, insalubres ou surpeuplés, plus la mortalité infantile, la délinquance juvénile et les troubles psycho-sociaux sont fréquents. Chombard de Lauwe en a établi la corrélation dans l'article déjà cité sur la "dégradation du logement et ses conséquences". Le logement urbain, au plafond bas et aux pièces étroites, économe de l'espace, ne peut qu'accentuer le choc de la ville. Pire, il est lui-même un élément central du choc urbain et ne peut, par la suite, jouer pleinement son rôle de refuge contre les agressions de la ville (surpopulation, pollutions diverses, longues distances, anonymat…). Il n'offre d'espace adéquat ni à une sexualité ludique, ni à une sexualité nataliste. C'est combien dire le rôle qu'il joue dans la production d'un homme déshumanisé, robotisé, tourné essentiellement vers le travail et la production. Dans ces conditions, Freud a raison de dire que le bonheur n'est pas une valeur civilisationnelle.

Le plaisir est alors projeté sur un ailleurs du logement conjugal : dans d'autres lieux, avec d'autres partenaires. La prostitution s'avère être ici l'ailleurs principal de la sexualité conjugale, un espace autre où "la prostituée doit accumuler en elle toutes les frustrations sociales de l'homme. Elle le sert et le divertit quand il en a envie, elle lui fournit les jeux érotiques qu'il ne trouve pas à l'intérieur de l'institution familiale et de la sexualité permise par l'Etat"[18]. Pour l'homo-islamicus, les solutions esclavagiste et concubinale sont devenues impossibles dans un Islam moderne ; quant à la solution polygamique, elle se heurte, en plus de la résistance féministe, aux difficultés matérielles de l'entretien et du logement. L'homme arabe est ainsi obligé de moderniser son "anti-épouse", et nécessairement, il rencontre les figures de l'amante et de la prostituée. Mais ce sont deux figures qui, en incarnant le plaisir, l'associent en même temps à l'ailleurs du logement conjugal. Seulement, combien d'hommes arabes des couches populaires et moyennes ont-ils la possibilité matérielle de réaliser la satisfaction orgastique hors du foyer conjugal ?

De cette analyse, il ressort que le logement (le milieu) ne manque pas de déterminer la sexualité (attitude et comportement). L'enjeu de notre recherche est donc de fournir des indices spatiaux, de définir des seuils, et de déduire des types d'habitat spécifiques, propres au monde arabe, susceptibles de provoquer des troubles de comportement sexuel, ou des attitudes sexuelles collectives régressives du moins. Dans le monde arabe, l'enjeu du logement a, selon C. Liauzu, très peu suscité de mouvements sociaux, contestataires[19]. Peut-être est-ce dû au fait que l'insatisfaction "habitationnelle" provoque indirectement l'islamisme, par le biais de l'insatisfaction orgastique. Or, l'islamisme est un mouvement social spécifiquement urbain, donc lié quelque part à la problématique de l'espace urbain. N'est-il pas revendicateur d'un droit de structuration de l'espace selon le mode territorial ? L'islamisme n'est-il pas l'expression de la volonté de retour à la frontière spatiale des sexes ? Cette volonté de retour à la ségrégation sexuelle n'est-elle pas l'indice d'une insatisfaction sexuelle presque inconsciente, méconnue ?

Sexualite et islamisme

L'irruption de la femme et du sexe dans l'espace public arabe, fruit d'une évolution forcée et bloquée, débouche sur une absence d'organisation caractérisée : dévaluation de la ségrégation sexuelle socio-religieuse traditionnelle sans accès réel et définitif à l'éthique de la mixité. Longtemps après les indépendances, après l'échec du développement, les rapports publics entre les sexes se font désormais sur le mode de la violence : drague, harcèlement, viol... La sociologie spontanée désigne la femme comme le responsable de la désorganisation car elle n'a pas su garder ses limites, et n'est pas restée à l'intérieur de ses frontières. Selon Reuben Hill, "la prédisposition aux crises s'accroît au fur et à mesure que l'intégration familiale décroît" [20]. Récemment, un duo de comédiens marocains, parlant au nom des droits de l'Homme, et des hommes tout court, dit à l'adresse des femmes : "soit vous remettez vos djellabas, soit nous enlevons nos pantalons" ! Ce sont pourtant deux comédiens qui sont loin d'être islamistes. Mais il faut, à notre sens, représenter le concept "d'islamisme latent", afin de pouvoir comprendre tout un ensemble d'attitudes et de comportements.

La réaction islamiste actuelle devant l'étalage du sexe, devant la mixité, ne manque pas de rappeler le Maroc du XVIᵉ siècle. C'est, selon nombre d'historiens sociaux, un siècle caractérisé à la fois par une économie sexuelle licencieuse et par une réaction puriste. La corrélation entre la licence sexuelle et l'intégrisme religieux est ainsi établie. Dans sa "Alfia", El Habti décrit la dégénérescence des mœurs dans les termes suivants : "les femmes se baignent nues avec les hommes et jouent avec eux dans l'eau... la mariée se fait tatouer par un homme, et se laisse embrasser par les amis du mari... Des femmes tatouées se découvrent, posent nues devant le tatoueur pour que celui-ci recopie leurs dessins sur le corps de la mariée, du front aux jambes... La femme fidèle et pieuse est tournée en dérision, la femme adultère est comblée d'éloges" [21]. La séduction et le rapt des femmes sont devenus un phénomène si fréquent que les juristes, afin de l'endiguer, ont pérennisé l'interdiction de mariage entre les deux fuyards. La déviance sexuelle, par rapport aux normes canoniques, trouve une autre illustration dans les pratiques de la confrérie des "Akakiza" qui alla jusqu'à légitimer l'inceste : "l'homme peut avoir des relations intimes avec sa mère ou sa sœur. Les femmes sont un bien commun, chacun peut faire de la femme de son ami ce qui lui plaît" [22]. Les femmes sont possédées par le Cheikh (maître) de la confrérie et par les murids (disciples) devant les maris afin que ceux-ci acquièrent le contrôle de soi et tuent en eux tout sentiment d'amour propre. Cette épreuve est nécessaire dans le scénario initiatique akkazi, elle procède du principe que "la femme est un tapis de prière, prie et donne (le tapis) à ton frère pour qu'il prie à son tour". De nombreuses tribus s'étaient affiliées à cette confrérie, notamment dans le nord-est et le Tadla.

Dans cette ambiance de déroute et de désordre, la misogynie va être promue, tant par les moralistes que par les juristes (foqaha), en théorie explicative de l'histoire. La femme est désignée comme la cause principale du mal et de la dégénérescence. Mejdoub, le sarcastique, a, dans ses quatrains, exprimé de manière éclatante le courant misogyne. Il a chargé la femme de tous les défauts majeurs : perfidie, cupidité, hypocrisie, traîtrise, perversion et infidélité. Le juriste suit un raisonnement analogue et pense que : 1) les rapports entre les sexes se dégradent, 2) les hommes sont dans le besoin de la science religieuse pour pouvoir se guider et guider les femmes dans le droit chemin, 3) la rédaction d'un traité de mariage qui indique la voie de la Sunna, de l'orthodoxie, est nécessaire. Ibn Ardun est un faqih qui, en raisonnant justement de cette manière, a rédigé son livre intitulé "Ce qui satisfait celui qui en a besoin en matière de mariage"[23]. Ibn Ardun est donc un intégriste avant la lettre, il est le chantre d'une sociothérapie religieuse régressive, prescrivant le retour au modèle de l'Islam primitif.

L'attitude "islamiste" du XVIe siècle ne s'est pas hissée au niveau d'une analyse socio-historique de la situation générale du pays ; elle n'a pas vu que la dégénérescence des mœurs ne peut être imputée à la femme qu'au prix d'une interprétation sexuelle phallocratique de l'histoire. Rappelons que la crise sociale de la première moitié du XVIe siècle s'explique essentiellement par la défaillance du pouvoir central Wattasside, la montée des pouvoirs locaux (tribus et confréries) et les menaces étrangères, ottomane et portugaise.

L'attitude islamiste contemporaine ne peut-elle se comprendre de la même manière ? Exclues de la modernité, ou n'ayant de la modernité que le sous-développement, les classes défavorisées ne peuvent que rejeter une modernité sexuelle dont elles ne jouissent pas. Leurs conditions de vie les rend socialement inaptes à vivre la libéralisation sexuelle, et psychologiquement incapables de concevoir, et encore moins d'assimiler, son éthique. En parlant des hommes de ces classes, Bessis et Belhassan écrivent : "la vue de ces femmes fardées qui peuvent rire et parler à haute voix dans la rue, qui ne sont pas accompagnées, qui ressemblent à celles de la télévision que les hommes embrassent avec tant de facilité, est pour eux un terrible tourment... Faute de pouvoir les aborder vraiment, on les insulte en des termes vulgaires qui crient le poids des frustrations accumulées"[24]. Excitation chronique,

provocation anxiogène, la modernité sexuelle est assimilée
à la luxure et à la dégénérescence. Dans ce contexte de
"Jahiliya", la tâche de l'Islam est de libérer les masses de
l'intoxication sexuelle, en purifiant leur mode de vie, leur
quotidien, d'une mixité pathologique et pathogène, selon
les islamistes. Pour El Kattani, "progrès et libération ne signifient pas découvrir les mollets, dénuder les épaules,
montrer les cuisses, consommer le mariage avant sa conclusion"[25]. Pourtant, El Kattani n'est pas islamiste ; son titre
d'alem lui impose justement d'arbitrer entre les extrémistes,
d'adopter une position médiane, de juste milieu, conforme
à l'esprit de l'Islam sunnite. Mais comme on le voit, cet arbitrage définit la femme comme la cause réelle du mal.

A. Lamrani confirme cette insuffisance de l'analyse
lorsqu'il affirme que "seul le retour de la femme à la religion est la solution du problème"[26]. Cette position n'est
pas sans rappeler le juriste-faqih du XVIe siècle, et sans an-
noncer la nécessité du retour au port du voile. Le voile est
désormais défini comme "l'arme de combat actuel" contre
les différentes manifestations de la modernité sexuelle. La
femme elle-même est partie prenante de ce combat, et se
perçoit parfois comme la source du désordre social. Une
ouvrière de Casablanca, interrogée par S. Bessis et S.
Belhassan, déclare : "la femme est cause de fitna. Pour ne
pas provoquer le désordre, nous devons porter le hijab jusqu'au tombeau. Mais il ne doit empêcher ni de s'instruire,
ni de travailler, car la société a changé"[27]. Cette position
féminine est en conformité avec le principe islamiste relatif au voile : "le voile, assure Abbassi Madani, est le protecteur de la femme lorsqu'elle se déplace, il protège sa
beauté"[28].

L'islamisme ne peut donc rester silencieux ou indifférent face à la problématique de l'espace, et de la consommation de l'espace public par la femme en particulier. Mais

peut-il encore, malgré l'avancée de la modernité, revendiquer la ségrégation sexuelle comme principe fondamental dans l'organisation sociale de l'espace ? Selon Bessis et Belhassan, "les islamistes ne prônent pas la réclusion des femmes, mais leur évitement... les femmes peuvent se déplacer et travailler à condition de cacher leur féminité, source de fitna"[29]. La mixité, dorénavant incontournable, sera déjouée par le voile et par l'organisation de l'évitement des sexes, à l'université, dans les plages, dans le bus... Ramadan Rajala estime que "le Front Islamique du Salut (FIS) veut des bus monosexuels, des femmes salariées à domicile, la lapidation de l'adultère, la potence pour les pervers sexuels, la main coupée au voleur"[30].

L'élaboration du mode territorial (défini, nous l'avons vu, comme la division de l'espace en territoires masculin, féminin et mixte) de la relation espace/sexualité permet de constater que la ville maghrébine a produit le voile, comme nécessité sociale, à deux moments différents de son évolution historique.

D'abord, lors de son apparition, la cité musulmane a été le lieu d'un melting-pot, l'espace où plusieurs identités segmentaires sont réunies pour se nier et se réaliser à la fois dans une identité supérieure, universaliste. Dans cet espace citadin où la raison généalogique résiste à l'impératif de l'unité islamique, la femme va jouer un rôle capital, elle sera doublement exploitée, par la tribu d'un côté, par l'Islam de l'autre. En devenant, grâce à l'institution de l'héritage féminin par l'Islam, un chaînon dans la circulation des biens entre les différentes tribus ou ethnies à l'intérieur même de la cité islamique, la femme va tantôt aider la tribu à se maintenir, tantôt saper son assise économique en faveur de l'intégration islamique. Dans ce contexte, le voile et la claustration des femmes sont apparus comme une ruse de la raison tribale pour se maintenir et se continuer. "Le

voile et le harem, écrit G. Tillion, sont les succédanés édul-
corés... grâce auxquels le bourgeois citadin cherche à re-
constituer une noble solitude, monde imaginaire où l'on vit
entre parents... Pour esquiver l'inévitable conflit (à cause
de femmes), il a élevé un véritable rideau de fer entre la société des hommes et des femmes, entre la cité et la famille"[31]. Grâce au voile et à la claustration des femmes,
les filles de la famille sont réservées aux garçons de la famille. De cette manière, le mariage endogamique préserve
l'unité du patrimoine familial. La concordance entre la cité
et le voile, établie par Tillion, exprime certes le respect de
la charia dans l'espace citadin, mais traduit également le
vouloir-vivre, ainsi que la volonté de puissance d'un
groupe primaire, c'est-à-dire l'infiltration de l'Islam par la
raison tribale.

Ensuite, au moment où la cité islamique se désintègre
dans la ville dans une logique : "l'urbanification" (Bardet),
la ville, qui symbolise une modernité inaccessible à la majorité de ses habitants, produit une deuxième fois le besoin
social du voile, le besoin de vivre entre musulmans, empê-
chés qu'ils sont de jouir d'une ville qu'ils découvrent libertine et mécréante. Il s'agit alors pour le musulman, exclu de
la ville tout en y étant, de se révolter et de rejeter le principe de base de cette ville impie, la modernité. Il condamne
le dévoilement, urbain, du corps féminin surtout, source
d'un désir voué à l'échec et créateur d'angoisse. Le néo-citadin, n'ayant pas les moyens de consommer la modernité,
est conduit à rejeter cette modernité, à la fois prometteuse
et décevante, universaliste et régionale. Dans un mouvement de dépit orgueilleux, le musulman tente de voiler sa
misère moderne par le retour à des valeurs islamiques
compensatoires, susceptibles de panser les "blessures
narcissiques" du Moi. Le voile est désormais un signe de
reconnaissance, de retrouvailles, il est un "marqueur

d'identité"[32]. Celle-ci est retrouvée, sécurisante, et devient une arme contre le désordre de la séduction, contre l'Autre, Occident cette fois.

Le voile réislamise l'espace en le purifiant du désir, il est un moyen de "reterritorialisation" sexuelle de l'espace. Pour cela, on peut le soupçonner d'être également l'expression d'une insatisfaction sexuelle d'origine sociale. Selon Reich, il existe une corrélation étroite entre la sensibilité mystique et la perturbation de l'expérience orgastique. Cette corrélation pousse Reich à définir le mysticisme comme "une nostalgie inconsciente de l'orgasme"[33]. Dans quelle mesure peut-on considérer l'islamisme comme une nostalgie inconsciente de l'orgasme à son tour ? L'orgasme n'est-il pas, dans les villes arabes et islamiques, de plus en plus difficile à atteindre, en raison du surpeuplement d'une part, et de la conscience sexuelle féminine naissante d'autre part ? Espace et femmes ne sont plus inconditionnellement disponibles pour l'exercice d'une sexualité mâle et inégalitaire. Une impuissance sociale caractérise de plus en plus l'homme arabo-islamique, au point de supposer que "l'islamisme est, pour les hommes, le dernier rempart contre une perte, à terme inéluctable, de leur pouvoir"[34], et de leur jouissance unilatérale, ajouterons-nous. L'islamisme pourrait donc être l'expression d'une insatisfaction orgastique collective, et urbaine. Il est la revendication d'une économie sexuelle exaltant la maternité au détriment de la séduction et de la polygamie, au détriment du couple. La séduction et le couple sont justement deux valeurs centrales de la modernité sexuelle. Elles sont deux valeurs étroitement liées à la conscience sexuelle.

Cependant, l'hypothèse qui tend à voir dans l'islamisme l'expression d'une nostalgie inconsciente de l'orgasme assimile l'islamisme au mysticisme. Or, cela ne va pas de soi. L'islamisme est-il un mysticisme ? En n'étant ni renoncement au sexe, ni renoncement au pouvoir, l'islamisme reste, à la différence du mysticisme, un projet de société éminemment politique. De plus, l'insatisfaction orgastique que Reich postule à l'origine du mysticisme est due à une impuissance sexuelle primaire (congénitale) ou secondaire (survenue au cours de la vie sexuelle adulte). Or, la perturbation de l'expérience orgastique supposée être aussi à l'origine de l'islamisme est différente, elle est moins due à l'individu qu'aux conditions sociales, elle est de nature extrinsèque, conséquence en partie de l'habitat. Le caractère externe de la causalité sexuelle dans l'islamisme explique son positionnement dans le champ politique, et sa course au pouvoir. C'est la conquête du pouvoir qui, seule, permettrait à l'islamisme d'organiser l'habitat de manière à le rendre sexuellement fonctionnel. L'islamisme promet, en tant que projet politique, de réhabiliter une praxis sexuelle basée sur la précellence de l'homme. Mais dans l'attente de l'instauration de l'Etat islamique, la continence sexuelle est indiquée comme la voie à suivre par la jeunesse musulmane. D'une part, la continence est une résistance à l'intoxication sexuelle de l'espace occidentalisé, d'autre part, elle est une technique de sublimation de l'énergie sexuelle vers le "jihad", contre l'Autre, et contre soi. Dans sa lutte contre le règne du désir, dans sa tentative de dominer le Soi à des fins de pouvoir, l'islamisme se pose un peu comme une expression politique du mysticisme.

A présent que les sous-hypothèses sont élaborées au niveau de la théorie, il s'agit d'affronter le problème de leur validation empirique. Pour mesurer les relations entre habitat et sexualité et entre sexualité et islamisme, il faut poser la question de la méthode.

Questions de methode

Comment mesurer la corrélation entre les variables du logement, de la sexualité et de l'islamisme ? Une telle question implique de mesurer d'abord chaque variable séparément, avant de pouvoir calculer les corrélations susceptibles de valider les hypothèses. Mais on est forcé de reconnaître que la mesure de variables sensibles, telles que la sexualité et la religion surtout, n'est pas une tâche aisée en milieu arabo-islamique.

Dans le domaine de l'habitat et du logement, les études se sont accumulées au point de prouver que la quantification de ce champ ne pose pas de difficultés particulières. En France, le Groupe d'Ethnologie Sociale par exemple, sous la direction de Chombard de Lauwe, fournit une excellente illustration à ce sujet. Au Maroc, "l'obsession foncière" et immobilière est telle que l'on assiste à une inflation discursive, étatique, universitaire et médiatique sur le problème du logement. Mais il faut dire que le besoin obsédant de produire des logements urbains pour satisfaire une demande obsédante a quasiment occulté l'aspect psychosociologique dans l'étude de la production sociale de l'espace. Les notions de schéma directeur de la ville, de plan d'aménagement urbain, de zoning, de parc foncier et immobilier… ne laissent pratiquement aucune place à la question de la satisfaction de l'individu face au logement. La question de l'impact du logement (emplacement, superficie, type, plan…) sur le bien-être de l'individu et de la famille est une question absente.

C'est un peu pour remédier à cette lacune de la sociologie urbaine au Maroc, soit l'absence d'étude sur la satisfaction à l'égard du logement, que nous nous proposons dans cette recherche de voir dans quelle mesure l'usage du logement est susceptible d'influencer des champs aussi

vitaux que la sexualité et la religion. Notre hypothèse est
que, de la satisfaction au logement, dépendent les attitudes
et les comportements sexuels et religieux des individus et
des groupes.

La mesure de la satisfaction par rapport au logement
ne posera aucune difficulté, car c'est une préoccupation dominante et une question qui ne fait l'objet d'aucun tabou
particulier.

Il en va autrement de la sexualité. Il est en effet difficile d'établir une ligne de démarcation qui permettrait de
distinguer de manière absolue la satisfaction de l'insatisfaction sexuelles. Cette distinction pose en premier lieu la
question de la conciliation entre le point de vue subjectif et
le point de vue objectif. La satisfaction est-elle uniquement
un sentiment vécu et déclaré par l'individu ? La déclaration
de l'individu, sujette à la déformation, est-elle à suspecter
et par conséquent à remplacer par une série de questions où
le terme de satisfaction n'est pas mentionné ? En deuxième
lieu, la dépendance du champ sexuel fait que l'opposition
entre satisfaction et insatisfaction relèverait de la morale,
de la religion et des traditions socioculturelles. Les oppositions banal / rare, normal / anormal, légal / illégal, ne peuvent plus être déterminantes, après Freud et Kinsey, pour
définir la satisfaction sexuelle. Les moyens d'obtention de
l'orgasme sont divers, mais cette diversité ne peut plus,
scientifiquement, se transformer en hiérarchie. Postuler
l'équivalence des voies de l'orgasme, c'est postuler l'équivalence des satisfactions. Celle-ci signifie que l'orgasme
est promu au rang d'unité de mesure de la satisfaction
sexuelle, quelles que soient les conditions de son obtention. C'est donc promouvoir l'orgasme comme fondement
d'une sexologie positive de type kinseyéen. En conséquence, il devient possible, en théorie et dans les pays dé-
veloppés, de classer les individus sur un continuum allant

du moins satisfait au plus satisfait, sur la base d'une échelle de satisfaction. Mais est-il concevable, au sein d'une société arabo-islamique, d'interroger les gens sur le nombre et les modes d'obtention de l'orgasme ? Nous ne le pensons pas. Dans un travail antérieur [35], nous avons relevé les différents obstacles à la recherche sociologique en matière de sexualité. Pour cette raison, et à défaut d'une échelle de satisfaction, établie sur la base des descriptions des comportements sexuels, nous nous arrêterons au stade d'une échelle d'attitude révélatrice du degré d'acceptation de la sexualité.

L'enquête sur la sexualité ne rencontre donc pas uniquement des difficultés théoriques et méthodologiques. L'enquête de Kinsey sur le comportement sexuel a été possible aux U. S. A. grâce au soutien du Centre National de la Recherche et de la Fondation Rockefeller contre le puritanisme de l'Américain moyen. Par ailleurs, la vulgarisation des théories freudiennes et l'émancipation de la femme ont également aidé Kinsey dans son entreprise gigantesque. Ces conditions faisant défaut au Maroc, il ne peut donc être question pour nous, actuellement du moins, de procéder à des milliers d'entretiens en vue de constituer des dossiers biographiques. Eu égard au niveau intellectuel et culturel d'une population sous-développée, au caractère tabou de la sexualité dans la recherche sociale arabe, il est nécessaire de s'arrêter au niveau des attitudes. La montée actuelle des courants de pensée conservateurs et la dégradation du niveau de vie rendent plus difficile la discussion avec les gens sur un problème qui, selon eux, peut attendre. Rares sont ceux qui soupçonnent, ou qui reconnaissent, l'effet pervers d'une sexualité frustrée sur les rapports sociaux. Mais l'étude des attitudes sexuelles n'est pas sans importance, mieux que cela, elle n'est pas en rupture avec les comportements : l'attitude est un comportement virtuel, elle en est le principe ou l'illustration. L'attitude à l'égard de la sexualité est susceptible d'être un excellent indicateur du degré de satisfaction sexuelle.

Au sujet de l'islamisme, il existe des signes de cette identité nouvelle, comme la barbe, le voile, l'observance stricte des heures de prière, le discours censeur et le prosélytisme. A partir de ces signes, il est facile de distinguer l'islamiste du non-islamiste. Pour le sociologue, l'idéal serait de mener une enquête sur un sous-échantillon islamiste, afin d'en connaître les conditions de logement et le degré de satisfaction sexuelle. Cette enquête est difficile à réaliser car l'acte sociologique est, pour les milieux islamistes, une technique de production d'une connaissance positive et impie ; il est surtout une technique intelligente que l'Etat emploie pour identifier l'origine sociale des islamismes, pour élaborer une stratégie de lutte contre eux, voire une politique religieuse opposée. Refuser de coopérer avec le sociologue, c'est donc une manière de refuser la sociologie comme ruse scientifique de l'Etat. La sociologie a beau se présenter comme "une science qui dérange" l'Etat, rien n'y fait tant qu'elle ne se mue pas en théorie sociale musulmane, et ne se pose pas explicitement comme une sociologie islamique.

Cependant, l'islamisme ne se limite pas à l'intégrisme religieux manifeste et manifestant. Il est en effet possible de parler d'un islamisme latent, potentiel, à travers lequel l'individu condamne l'Etat et la société au silence, au nom d'un Islam culturel, enraciné dans la sensibilité et l'imaginaire. Cet intégrisme potentiel, doux, serait la caractéristique d'une large partie de la population. Tout musulman est un islamiste en puissance, c'est-à-dire un croyant habilité à prononcer la Loi, d'où la force de l'ancrage psychosocial de l'islamisme. Cet islamisme latent est une prédisposition mentale à adopter le point de vue islamique, à la conversion intégriste politique. En étant musulman, même non pratiquant, le non-islamiste se situe donc sur un même continuum d'attitudes que l'islamiste ; la coupure entre les deux n'est ni totale, ni définitive. De la sorte, il est aisé de concevoir une échelle d'islamisme qui permettrait de classer tous les membres de la société, allant de l'athée à l'islamiste le plus convaincu, en passant par l'islamiste latent. Il serait intéressant de voir à quel score de l'échelle on passe de l'islamisme latent à l'islamisme manifeste.

Nous voudrions, par ailleurs, que cette échelle d'attitude islamiste se situe dans le cadre de "l'étude objective des comportements religieux des foules... dans une démarche qui va, selon l'expression de Le Bras, d'une sociographie morphologique de la pratique à une typologie"[36]. La distinction entre les islamismes manifeste et latent participe à la construction d'une typologie relative à l'Islam d'aujourd'hui.

En conclusion, la mesure de la corrélation entre le logement, la sexualité et l'islamisme se fera à partir des échelles suivantes :

1 – Echelle de satisfaction à l'égard du logement.

2 – Echelle d'attitude sexualiste.

3 – Echelle d'attitude islamiste.

A présent que la problématique théorique et méthodologique est définie, son analyse, qui se fera en cinq parties, peut débuter.

La première partie traitera de l'enquête (lieu, protocole et population), la seconde s'occupera de la question de savoir dans quelle mesure le logement remplit sa fonction de lieu de satisfaction sexuelle (mode fonctionnel). La troisième partie s'attachera à décrire, à défaut des pratiques sexuelles, les attitudes de la population à l'égard de quelques comportements sexuels, tels que la sexualité pré-conjugale, le coït hétérosexuel et les perversions sexuelles.

La quatrième partie affrontera la question de la territorialité sexuelle et les dimensions de son retour.

Ces quatre premières parties procéderont à une approche sociologique des différentes variables. Pour préparer la mesure de la corrélation, la cinquième partie, psychosociologique, exposera les résultats des trois échelles investies dans la mesure des attitudes habitationnelle, sexualiste et islamiste.

L'exploitation des questions-variables est en conséquence double : la question-variable est analysée d'abord à titre individuel et autonome (parties II, III et IV), elle est ensuite approchée en tant qu'item d'une échelle d'attitude (partie V).

Enfin, dans une conclusion générale, nous exposerons les mesures de la corrélation et les conclusions finales de l'enquête.

PREMIERE PARTIE

L'ENQUETE

Chapitre I
Lieu de l'enquete

La mesure de la corrélation entre l'insatisfaction habita-tionnelle, l'insatisfaction sexuelle et l'islamisme peut, en théorie, s'effectuer dans la plupart des grandes villes arabes. De plus, l'hypothèse de cette relation mérite d'être testée dans différents lieux du monde arabe, afin d'établir sa validité sur une base citadine représentative.

Mais dans un premier temps, l'enquête va se limiter à la ville de Fès (Maroc), pour des raisons de commodité de recherche. Mais cela n'enlève rien à la représentativité symbolique de Fès dans le monde arabe, et au poids de ses caractéristiques socio-démographiques qui font de Fès un terrain privilégié pour la vérification empirique de notre hypothèse. Quelles sont ces caractéristiques?

La ville de Fès se compose de quatre sous-ensembles : Médina-Fès Jdid, la Ville Nouvelle, Aïn Qadous et les quartiers périphériques.

L'ensemble Médina-Fès Jdid constitue le noyau histo-rique de la ville. La médina remonte à la fin du IIe / VIIIe siècle, Fès Jdid à la fin du VIIe / XIIIe. Jusqu'au début du pro-tectorat français (1912), cet ensemble historique qui, ar-chitecturalement, n'en est pas un, était bicéphale. La mé-dina était le centre économique (artisanat et commerce) et culturel (tombeau d'Idriss II le fondateur de la ville, et la mosquée-université de la Qaraouiyine), tandis que Fès Jdid représentait le centre politique et administratif.

Le poids démographique de l'ensemble est en baisse. En 1936, la population de Médina-Fès Jdid représentait 78 % de la population totale de la ville. En 1960, ce taux descend à 66 %, et descend encore à 46,5 % en 1982 (soit 174 866 habitants). Cet espace est donc un espace de dé-croissance démographique [37], il est d'ailleurs le seul à l'être dans la ville entière, pour des raisons de dédensification spontanée ou volontaire.

La Ville Nouvelle, appelée Dar Dbibagh, constitue la partie moderne de la ville, celle qui a fait face à l'ensemble traditionnel, tant pour illustrer la supériorité de l'urbanisme occidental que pour loger les colons et servir de siège à l'administration coloniale, à partir de 1916. La population de la Ville Nouvelle est passée de 49 978 habitants en 1971 à 95 131 habitants en 1982. Les quartiers de la Ville Nouvelle connaissent soit une croissance démographique faible (2 %), comme les quartiers de l'Agdal et de l'Atlas, soit une croissance soutenue (4 %), comme à Dokkarat, Sidi Brahim, et Lidou.

A Fès, Aïn Qadous, construit en 1950 par l'administra-tion protectorale, est le premier quartier d'extension extra-muros de l'habitat des Marocains musulmans [38]. L'ensemble ne cesse de s'étendre et de se gonfler. En 1971, il comptait 63 917 habitants, en 1958, il atteint 116 082 ha-bitants. C'est là où les quartiers connaissent un taux de croissance rapide : de 7 à 25 %, comme à Benzakour, Bendebbab et Aïn Haroun.

Quant aux quartiers périphériques (bidonvilles), les premiers apparurent aussi en 1950. En 1971, leur popula-tion s'élève à 17 873 habitants pour atteindre 83 644 habi-tants en 1982. Le taux de croissance y est également ra-pide : de 7 à 25 %, comme à Jnanate.

Ces quatre sous-entités urbaines distinctes, séparées par des vides en certains endroits, forment une ville morcelée où la médina est spatialement marginalisée, se trouvant à l'extrême Est.

Sur le plan des superficies, la médina n'occupe que 15 % du périmètre urbain malgré son poids démographique, ce qui occasionne des densités très fortes. La Ville Nouvelle s'étend sur 66 % du périmètre urbain, l'ensemble Aïn Qadous sur 6 % et les quartiers périphériques sur 13 %. Sous le Protectorat, la médina accueillit de nombreux ménages ruraux. En 1971, 56,4 % des chefs de ménages de la médina étaient nés à la campagne. Au milieu des années 1970, 57 % des immigrants ruraux vont en médina, 12 % en Ville Nouvelle, 25 % à Aïn Qadous et 6 % vers les bidonvilles [39]. C'est combien dire l'importance de la ruralisation de la médina. Mais celle-ci est inégalement ruralisée. On peut y distinguer les quartiers à forte proportion de ruraux (comme Blida, Sagha et tous les quartiers de la rive droite à l'exception de Makhfia), des quartiers en voie de ruralisation (comme Talaa et Zqaq Rommane) et des quartiers à moindre proportion de ruraux, à proximité du centre commercial [40]. Chaque Fassi qui quittait la médina était remplacé par trois ruraux ; ceux-ci y arrivaient directement de la campagne, sans passer par le relais d'une ville moyenne, c'est-à-dire sans aucune expérience de la ville.

Le surpeuplement de la médina a conduit à transformer les zones vertes intra-muros en lotissements d'habitation et à l'occupation des maisons par plusieurs ménages, étrangers les uns aux autres. D'où la nécessité de subdiviser les maisons, d'ajouter des étages, de transformer les cours intérieures en chambres. L'équilibre architectural et social est ainsi rompu. Des groupes importants de population sont entassés dans des espaces ayant atteint leur seuil maximal d'extension.

De son côté, la taille des ménages à Fès complique la situation, elle ne cesse pas de croître.

Tab. 2 : Evolution de la taille moyenne des ménages à Fès.

Années	1960	1971	1982	1990
Taille du ménage	4,03	5,0	5,39	5,21

De 1960 à 1982, les trois recensements nationaux enregistrent, en effet, une hausse de 1,36. C'est en 1990 que l'enquête effectuée sur la famille à Fès enregistre une baisse de 0,18 personne par ménage [41]. Cette baisse moyenne est insignifiante devant l'augmentation des ménages de grande taille, en raison de la cohabitation des adultes.

Tab. 3 : Evolution des tailles des ménages à Fès [42].

Taille / Année	1 à 3 pers.	4 à 6 pers.	7 pers. et plus	Total
1960	45,1 %	35,9 %	19,0 %	100
1971	35,9	32,1	32,0	100
1982	29,2	37,7	32,4	100
1990	27,2	40,8	32,0	100

Devant une telle évolution, la nucléarisation de la famille n'a plus grand sens à Fès. Certes, 70 % des familles sont de type nucléaire, mais cela ne signifie pas une diminution de leur taille. Plus de 50 % des personnes vivent dans des ménages nucléaires de grande taille.

L'évolution des ménages de 7 personnes et plus est paradoxale : en 1960, au moment où la famille étendue était un modèle dominant, ils ne représentaient que 19 % ; en 1990, quand la famille nucléaire est promue en modèle, la représentation de ces ménages atteint 32 %.

En 1990, les familles de type étendu connaissent donc une sorte de renaissance. Ces familles représentent 30 % et comprennent en moyenne 2,5 noyaux. La cohabitation des adultes est soit une cohabitation de couples mariés, soit une cohabitation de couple marié et de jeunes de plus de 15 ans, soit les deux en même temps. Prolongement de la scolarité, chômage et crise de logement obligent les ménages à se gonfler. C'est un retour à la solidarité familiale, mécanique, au secours de la défaillance de l'Etat et du patronat.

Le phénomène de la cohabitation des adultes est d'autant plus important que 47,1 % de gens ont moins de 30 ans, et que 72,6 % ont moins de 35 ans. C'est dire combien la population de Fès est jeune. De son côté, l'âge moyen au premier mariage ne cesse de s'élever [43]. En 1990, il est de 29,4 ans chez les hommes (26,6 en 1971), et de 25 ans chez les femmes (21,4 en 1971). Cette élévation de l'âge moyen au premier mariage se traduit par une hausse du taux de célibat.

Tab. 4 : Evolution du taux de célibat [44].

Année Sexe	1971	1982
Masculin	38,7 %	45,2 %
Féminin	25,6	31,1
Ensemble	31,9	38,1

Qu'en est-il au niveau du logement ? Selon le Schéma Directeur de la ville de Fès, le "déficit logement" par rapport au nombre de ménages est de 12 756 unités en 1990. Ce manque de logements, accessibles au pouvoir d'achat de la population, est un facteur de poids dans la fréquence de cohabitation des ménages, c'est-à-dire dans le surpeuplement des logements. Le statut d'occupation reste encore dominé par la location, malgré la campagne étatique en faveur de l'accès à la propriété. Certes, selon la Direction de la Statistique, "le nombre de pièces par ménage est passé de 2,0 pièces en 1971 à 2,13 pièces en 1982" à Fès[45]. Mais malgré cette évolution, ce taux reste inférieur à la moyenne nationale en milieu urbain qui est de 2,6 pièces par ménage. Si l'on envisage le taux d'occupation, "une personne est à peine mieux logée en 1982 qu'en 1971 : 0,44 pièce par personne en 1982 contre 0,40 en 1971"[46]. Cela débouche sur un taux d'occupation de 2,8 personnes par pièce en 1982.

Déjà élevé, en soi et par rapport au taux national (2,6), le taux fassi nous paraît inférieur à la réalité. Il renvoie à une amélioration statistique, c'est-à-dire à une manipulation des chiffres[47]. Mais le taux d'occupation n'est en fait qu'un indicateur général qui ne renseigne ni sur la dimension des pièces, ni sur l'âge, ni sur le sexe des occupants. C'est donc un indicateur grossier à affiner, en y introduisant des informations susceptibles de renseigner sur la densité réelle, et par là sur la qualité de vie à l'intérieur du logement.

A Fès, le nombre des adultes (15 ans et plus) à l'intérieur du ménage est passé de 2,80 en 1971 à 2,85 en 1982. Cette cohabitation des adultes, accrue, n'est pas prise en compte dans la détermination du taux d'occupation. Car deux enfants de moins de 10 ans dans une pièce ne donneront pas un taux d'occupation égal à celui de deux adultes de sexe différent dans une pièce de même dimension, à condition de ne pas s'arrêter au niveau d'une définition abstraite de la personne. La cohabitation de deux adultes de sexes différents liés par des liens de sang (frère et sœur par exemple) procurera aux deux un sentiment d'étroitesse plus grand, en raison de l'âge et du sexe à la fois. Pour Chombard de Lauwe, "2 personnes par pièce" est un surpeuplement temporairement admissible. A Fès, on approche les trois personnes par pièce, ce qui représente un surpeuplement critique, même si la personnalité de base y est moins individualiste.

Le gonflement des ménages, la cohabitation des mariés, des célibataires et l'exiguïté des logements vont nécessairement poser la question du coucher. Comment couche-t-on la nuit à Fès ? Quel est le nombre moyen de mètres carrés dont dispose le couple pour son intimité ? Dans quelle mesure les logements offrent-ils la possibilité d'avoir une chambre à coucher au moins ? Quel est le nombre moyen de mètres carrés dont dispose l'individu ? Jusqu'à présent, ces questions ont été occultées par la recherche sociologique et urbanistique. Il est temps de les poser et de les affronter. Déjà, les indications officielles relatives à l'équipement des logements en 1982 sont alarmantes [48]. Les pourcentages des ménages qui ne disposent pas d'équipements de base sont :

— électricité	24 %
— eau courante	37 %
— bain	80 %
— toilettes	13 %
— cuisine	40 %

Pour compléter ces données relatives au ménage-logement, mentionnons les points suivants :

1 – En 1982 [49], le taux d'analphabétisme est de 48,1 %, il est supérieur à la moyenne nationale en milieu urbain. L'analphabétisme féminin est de 61,1 % (contre 34,5 % chez les hommes).

2 – En 1982, le taux d'activité est de 72,8 % chez les hommes, contre 24,3 % chez les femmes. Le taux de chômage est identique dans les deux catégories, il est de 8,8 %.

3 – 40 % d'actifs sont dans l'industrie. Les professions les plus répandues sont celles appartenant au secteur des "ouvriers et manœuvres non-agricoles" (51 % des hommes et 57 % des femmes occupés).

4 – Jusqu'en 1980, 65 % des activités et des emplois sont concentrés en Médina [50].

5 – Les revenus les plus élevés sont perçus par les habitants de la Ville Nouvelle. Ceux de la médina viennent en deuxième position, et précèdent ceux de Aïn Qadous. Les revenus des quartiers périphériques ferment la marche.

6 – Le système sous-capitalisé, informel, emploie la moitié de la population active dans 75 % des entreprises de la ville.

Voilà donc Fès, le lieu de l'enquête, brièvement présentée du point de vue socio-démographique. A partir de cette description, il apparaît que Fès peut représenter un lieu approprié pour tester la validité de l'hypothèse médiationnelle. Son passé islamique encore présent, d'une part, son problème actuel de logement et d'habitat, d'autre part, constituent des points de départ indéniables et adéquats à la vérification empirique de la corrélation triangulaire entre l'insatisfaction habitationnelle, l'insatisfaction sexuelle et l'islamisme.

Mais quelle population interroger dans la ville ? Eu égard à l'importance de la variable "espace", et eu égard à sa quantification avancée dans des travaux antérieurs, il est préférable de constituer l'échantillon à partir de la population des quartiers, telle qu'elle a été relevée dans le RGPH de 1982. Pour cela, deux critères nous semblent devoir être pris en considération, le degré de densité et le degré de modernité du quartier.

Le premier critère nous a conduits à choisir au hasard, dans chacun des quatre ensembles de la ville, un quartier dense. Les quatre quartiers denses tirés au hasard sont :

— en médina, Oued Zitoune   (6130 habitants),
— en Ville Nouvelle, le Lidou   (10310 hab.)
— à Aïn Qadous, Aïn Qadous   (10390 hab.)
— en périphérie, Aouinet Hajjaj   (6063 hab.).

Dans chaque quartier, nous avons prélevé un pourcentage de 2 %, ce qui donne un sous-échantillon de 657,8 individus.

Le deuxième critère nous a conduits à choisir deux quartiers, l'un moderne, l'autre traditionnel, tous deux de faible densité, afin de pouvoir comparer et mesurer l'impact de la densité sur la sexualité et la religion. Ces deux quartiers sont :

— en médina, Douh   (8300 hab.)
— en Ville Nouvelle, Triq Imouzzer   (7239 hab.)

Le prélèvement de 2 % de la population de ces deux derniers quartiers donne un autre sous-échantillon de 310,7 individus.

L'échantillon global s'élève donc à 968 individus.

Après le choix de ces six quartiers, et faute d'une base de sondage, il nous semble nécessaire de renoncer à tirer un échantillon aléatoire. La méthode des quotas est ici indiquée. La répartition de la population selon le sexe et l'état matrimonial débouche à Fès sur les proportions suivantes :

— 49 % d'hommes et 51 % de femmes
— 53,1 % de mariés, 38,1 % de célibataires, 2,6 % de divorcés et 6,2 % de veufs.

Etant la moins contestable dans les statistiques officielles, cette répartition est, en outre, la plus appropriée à notre problématique. Pour cette raison, nous avons croisé ces deux variables pour obtenir l'échantillon suivant :

Tab. 5 : Echantillon initial de l'enquête

Sexe / Statut matrimonial	Hommes	Femmes	Total
Mariés	251	262	513
Célibataires	181	188	369
Divorcés	14	15	29
Veufs	28	29	57
Total	474	498	968

A-t-il été possible, pendant les quatre mois impartis à l'enquête, d'interroger 968 individus. Quelles sont les difficultés rencontrées ? Quelles sont les caractéristiques socio-démographiques des personnes interrogées ? Le protocole de l'enquête (Chapitre suivant) donnera une réponse à ces interrogations.

CHAPITRE II
PROTOCOLE DE L'ENQUETE

Avant d'exposer les caractéristiques socio-démographiques de l'échantillon final, et les résultats de l'enquête, il convient de décrire le protocole de l'enquête. Le respect des règles de la méthode sociologique est indéniablement une condition de la fiabilité des résultats.

ELABORATION DU QUESTIONNAIRE

Le mois de Juin 1993 a été consacré à l'élaboration de la forme finale du questionnaire. En effet, une première version a été auparavant testée sur un échantillon de 80 personnes, appartenant aux quartiers de Aïn Qadous et du Lidou. Cette première version comportait 7 questions sur les caractéristiques socio-démographiques des enquêtés, 6 questions sur le logement, 20 questions sur l'attitude religieuse et 20 questions sur l'attitude sexuelle.

Il nous est alors apparu que sept questions ne suffisaient pas à définir l'identité de l'enquêté. En plus des variables classiques (âge, sexe, lieu de naissance, profession…), nous avons donc ajouté des questions relatives au nombre d'enfants, au niveau d'instruction, au nombre de personnes dans le logement, au revenu mensuel etc. Mais nous avons surtout demandé aux enquêteurs de signaler si l'enquêté est islamiste, en se basant uniquement sur son apparence extérieure (barbe islamique et voile essentiellement). Cette variable de l'engagement religieux, distinguant le non-islamiste de l'islamiste, constitue l'objet de la question 65. L'ensemble des questions sur le profil sociologique de l'enquêté atteint le nombre de 15.

Pour mieux vérifier notre hypothèse de l'impact du logement sur la sexualité et la religion, nous avons décidé, au niveau de la version finale du questionnaire, de construire une échelle d'attitude propre à mesurer la satisfaction au logement. Cette échelle prend en considération des paramètres tels que le nombre de pièces, la superficie, et le plan du logement par exemple. Cependant, pour ne pas alourdir le questionnaire, nous avons jugé préférable de limiter cette échelle à 10 items. Le quartier de résidence de l'enquêté, connu à l'avance en raison de l'échantillonnage, constitue en lui-même un indice majeur du degré de satisfaction. Les notes varient de 1 à 5, allant de l'insatisfaction totale à la satisfaction totale.

L'échelle de l'attitude religieuse a subi, elle aussi, quelques modifications, comme la suppression des questions relatives à la cohabitation des co-épouses, à la séparation des frères et des sœurs et au port des vêtements féminins transparents à la maison. Parmi les questions nouvelles, figure au premier plan celle qui traite de la salarisation de la femme au foyer, solution prônée par quelques islamistes radicaux, pour empêcher la femme de concurrencer l'homme sur le marché du travail. Nous avons également introduit deux items qui traitent de la répudiation unilatérale et du tuteur matrimonial. L'importance de ces questions provient de la réforme du Code du Statut Personnel (Moudawana), survenue le 10 Septembre 1993. Cette révision a en effet touché ces deux points, dans le sens d'une responsabilisation de la femme. Désormais, le mari ne peut plus répudier son épouse sans que celle-ci soit présente. De même, la femme, dans un cas précis, peut se marier sans tuteur. L'analyse des réponses à ces deux questions permettra de juger du degré d'acceptation des modifications de la Moudawana.

Bien entendu, le souci de cohérence entre les items a été présent lors de la construction de l'échelle pour mesurer la même attitude.

L'association entre le multi-partenariat et la grande fréquence du coït n'a pas été retenue comme item. C'est un impensé. La question "le sexe est une énergie à vider en totalité ?" n'a pas été comprise non plus, elle fut remplacée par l'item "des gens passent beaucoup de temps à faire l'amour". La pratique de la fellation-cunnilingus entre époux a été également abandonnée, car elle scandaliserait "officiellement" l'échantillon-test : cela ne saurait se concevoir dans le cadre d'une sexualité conjugale, c'est-à-dire sérieuse, respectueuse et sacrée. Les items de l'homosexualité (masculine et féminine) et de la masturbation ont été reformulés dans des expressions mitigées qui passent bien en arabe dialectal marocain. Une analyse linguistique du questionnaire est au fond nécessaire, la formulation étant parfois un élément déterminant de la non-réponse. La meilleure illustration en a été l'attitude de refus de beaucoup d'hommes du quartier Route d'Imouzzer qui auraient accepté de participer à l'enquête si le questionnaire avait été rédigé en français. Parler de la sexualité dans une langue autre que le dialectal (la langue maternelle) est plus concevable, dans la mesure où l'association, d'origine infantile, entre dialectal et sexualité se conçoit dans le paradigme de l'obscénité, d'une manière spontanée et automatique : "la langue française amoindrit le choc des questions", selon une personne contactée. La communication sociologique sur la sexualité, à finalité scientifique, cherchant à être froide et neutre, se doit de dépasser l'obscénité de l'association expression verbale-sexualité. Pour cela, un questionnaire en arabe classique ou en français aurait été plus adéquat. Mais devant un taux élevé d'analphabétisme, un tel questionnaire ne peut être compris que par une minorité non représentative. Il fallait donc relever le défi de dissocier l'expression dialectale du sexe et de l'obscénité en amenant lettrés et analphabètes à vivre la première expérience d'un questionnaire dialectal sur la sexualité.

A l'image de l'échelle religieuse, l'échelle sexuelle comprend 20 items, notés chacun de 1 à 5, en allant du désaccord total à l'accord total.

CHOIX ET FORMATION DES ENQUETEURS

Nous avons donc commencé, dès le début Juillet 1993, à constituer une équipe d'enquêteurs. Des étudiants de sociologie et de psychologie, des élèves de l'Ecole Spéciale des Arts et Métiers, des fonctionnaires de l'Université ont accepté de travailler dans le cadre de notre enquête. Trois motivations essentielles sont, en plus de la rémunération, à la source de cette participation : se former à la pratique sociologique de terrain, jouir du prestige de la recherche et du plaisir du questionnement, servir une enquête originale et scientifique portant sur des thèmes tabous et par là séduisants. En fait, il faut saluer le grand courage de cette "équipe", qui a osé affronter la situation d'enquête sur des thèmes délicats, car elle-même fait partie d'une population encore résistante à la modernisation de la sexualité, et à la recherche sur ce thème.

Le mois de Juillet 1993 a été consacré à la formation des enquêteurs. Dans un premier temps, il était nécessaire d'impliquer les enquêteurs dans la problématique de la recherche, en exposant le questionnaire, item par item, afin de les expliciter. Dans un deuxième temps, il fallait réviser toutes les notions acquises à propos de la technique du questionnaire, présenter pour la première fois la technique de l'échelle d'attitude. Dans un troisième temps enfin, il fallait préparer le passage à l'acte. Comment se présenter ? Comment introduire l'enquête ? Comment réagir en cas de refus ? Comment recueillir les réponses ? Comment rester neutre et ne pas s'impliquer ? Tels furent les points étudiés et débattus.

LA METHODE DE COLLECTE DES DONNEES

Devant le taux élevé d'analphabétisme, la méthode du questionnaire auto-administré ne peut être appliquée. Certes, elle permet d'éviter tous les aléas émotionnels de la relation d'enquête, surtout dans le cas des thématiques sensibles, telle que la nôtre (sexualité et religion).

Rares sont les enquêtés qui ont invité l'enquêteur chez eux pour répondre au questionnaire. En général, les interviews ont eu lieu dans des endroits publics. Les hommes ont été interrogés pour la plupart dans des cafés, hauts lieux de la sociabilité masculine, alors que les femmes l'ont été dans des jardins publics, dans les stations de bus, au seuil de leur maison, dans la rue. Les cafés sont encore peu accessibles aux femmes non accompagnées, à l'exception de ceux du quartier Lidou, à proximité de l'Université,

fréquentés par les étudiantes. Celles-ci peuvent se permettre d'y aller seules et sont en conséquent assimilées aux
filles de joie par un grand nombre de personnes. Toute
femme au café non accompagnée est supposée "draguer".
Le bain maure (hammam) a été aussi un lieu de rencontre,
intelligemment exploité par une enquêtrice, il est l'équivalent féminin du café, c'est-à-dire un lieu de sociabilité,
d'ouverture et de détente.

L'administration de chaque questionnaire a pris trente
minutes en moyenne, allant de vingt à soixante minutes au
maximum. Mais eu égard à la sensibilité de l'enquête, les
enquêteurs ont mis environ quatre mois pour recueillir 815
questionnaires valides. La période de l'enquête va donc du
1er Août au 30 Novembre 1993.

TAUX D'ACCEPTATION

Malgré la thématique sexuelle, l'enquête a été bien acceptée par la population. Des évaluations ponctuelles ont
été faites par quelques enquêteurs ; elles peuvent être résumées dans les résultats suivants :

Tab. 6 : Taux de refus du questionnaire

Personnes \ Quartiers	Contactées	Refusantes	Refus %
Douh	129	15	11,6
Aouinet Hajjaj	116	30	25,8
Lidou	100	40	40,0
T. Imouzzer	60	14	23,3
Total	405	99	24,4

A partir de ce tableau, il apparaît qu'une personne sur quatre aurait refusé de participer à l'enquête. En fait, cette estimation ne concerne ni l'ensemble des quartiers, ni l'ensemble des enquêteurs. Elle est par conséquent à prendre avec beaucoup de précaution d'autant que la méthode des quotas ne permet jamais de déterminer avec précision le nombre des refus. Mais cela n'empêche pas de s'interroger sur les différents motifs qui ont poussé certaines des personnes contactées au refus. Quels sont ces motifs? Peut-on les classer?

On peut dissocier trois sortes de motifs, responsables du refus: les motifs liés à la perception sociale de l'enquête sociologique en général, les motifs liés à la perception de soi, à la compétence propre à la participation, et les motifs liés au thème de la sexualité:

La perception sociale de l'enquête :

— Le refus par principe qui est en fait un refus non justifié, car l'enquêté ne définit jamais ce principe ni ne l'explicite.

— Le manque de temps et la longueur du questionnaire.

— L'apparence extérieure de l'enquêteur : ce motif a joué essentiellement pour les jeunes filles du quartier de la "Route d'Imouzzer" qui ont reproché à un enquêteur d'être mal habillé et mal rasé. Le hiatus de classe a donc joué un rôle déterminant dans le refus, d'autant qu'il a été renforcé par la différence de sexe entre les protagonistes de la relation d'enquête.

— L'enquête comme prétexte de "drague": ce motif se retrouve surtout chez les femmes et les jeunes filles qui ont assimilé la prise de contact sociologique à une manière détournée de les aborder

— La saturation : beaucoup de personnes contactées ont déclaré, non sans colère, avoir été l'objet de plusieurs enquêtes, et n'être plus disposées à y participer de nouveau pour le moment.

— L'inutilité : ce motif est lié au précédent, il en est le prolongement et l'explication. Une personne contactée à Oued Zitoune a ouvertement déclaré : "L'enquête ne nous apporte rien". En effet, la plupart des gens pensent que les enquêtes ne servent à rien. Dans la mesure où leur condition sociale n'a pas été améliorée, la participation est désormais inutile.

— La non-indemnisation : des enquêteurs ont été accusés de profiter de l'enquête, soit pour gagner de l'argent, soit pour préparer un diplôme, soit pour devenir célèbre. Ne voulant pas être en reste, ils ont demandé une contrepartie financière à leur participation.

— La vengeance : certains de nos enquêteurs-étudiants ont payé pour l'ensemble des étudiants, car ceux-ci sont accusés de vouloir garder les étudiantes pour eux, en empêchant tout étranger au campus universitaire d'y "draguer". "Les étudiantes aux étudiants", est un slogan défendu par les étudiants à coup de pierre.

Perception de soi et compétence à la participation :

— L'âge : plus une personne est âgée, plus elle refuse de participer. L'âge avancé crée une sorte de respectabilité, mais aussi une plus grande méfiance.

— L'analphabétisme : la non-instruction a empêché beaucoup de personnes contactées de participer, croyant que le savoir seul permet d'exprimer une opinion, et que l'enquêteur est à la recherche d'opinions savantes. Ces gens se sont déclarés "ignorants", en politique surtout. C'est combien dire la confusion qui règne encore dans la mentalité marocaine entre l'enquête sociologique et l'enquête politico-policière.

— La honte : la condition misérable des gens les pousse parfois au silence, par dignité. Au lieu de saisir l'occasion pour crier leur misère et leur colère à un sociologue qui incarne plus ou moins l'Etat, certaines personnes n'assument pas cette misère et préfèrent ne pas l'exhiber. La pauvreté est souvent perçue comme une malédiction divine, ou comme un destin à assumer en silence.

—L'état de mariage : C'est un frein puissant qui a joué surtout au niveau des hommes. L'homme marié ne parle pas de sa sexualité, surtout conjugale. La confidence elle-même, fut-ce à un ami intime, n'atteint jamais ce domaine, inviolable par excellence. La sexualité dicible est donc toujours la sexualité extra ou pré-conjugale. L'état de mariage a également freiné les femmes, mais dans une optique différente. Les épouses marocaines parlent volontiers de sexualité, de la leur en particulier, à condition que cela se fasse à l'insu du mari, entre femmes de préférence. En effet, il est facile de prévoir la réaction d'un mari marocain moyen (voire "élevé") devant l'interview de son épouse sur la sexualité par un enquêteur mâle.

—L'état de fiançailles : nombre de jeunes filles ont, en effet, refusé l'enquête sous prétexte qu'elles sont fiancées. Comme si la jeune fiancée avait peur d'être surprise par son fiancé en flagrant délit de discussion avec un homme étranger. Les fiançailles représentent une phase transitoire, une épreuve initiatique que la jeune fiancée se doit de traverser sans faute, de réussir, afin de rentrer dans l'état de mariage.

Le thème de la sexualité :

C'est un motif de refus, même chez les lettrés. Des personnes contactées ont demandé à lire le questionnaire avant d'y répondre, et certaines parmi elles se sont excusées en invoquant la "hachouma", la pudeur : "nous ne révélons pas notre vie privée aux étrangers" a déclaré sans ambages un homme de Oued Zitoune. Quant à ceux qui n'ont pas demandé à lire le questionnaire, et ceux qui ne savent pas lire, des cas d'abandons ont été enregistrés lors des items sexuels. Le cas d'une femme qui s'est arrêtée de répondre parce qu'elle jeûnait est à signaler, tant il est significatif et révélateur. Pour beaucoup d'enquêtés, toute communication sur le sexe reste grivoise et érogène par elle-même, d'où l'impossibilité de concilier jeûne et discours sur le sexe : des cas d'islamistes sont à signaler aussi qui, ne se contentant pas du droit de refus, ont insulté quelques enquêteurs, l'enquête et le thème propre de la sexualité.

En général, l'enquête s'est déroulée dans des conditions normales, sans heurts. Elle a été bien acceptée, par les célibataires, les divorcées. Le refus ou l'abandon des femmes mariées n'a jamais été de principe. Il est plus le signe de la prudence, du désir d'avoir des conditions propices de communication et d'échange : lieu, moment, enquêteur recommandé par une connaissance, une voisine, une amie ou une parente, enquêteur de même sexe... Cette dernière condition est d'une importance capitale. Il ressort, en effet, que l'enquêteur peut, auprès des femmes, essuyer des refus ou provoquer des abandons, plus que ne le risque une enquêtrice auprès des hommes. Une telle constatation conforte la thèse de Devereux[51]. L'interview sociologique sur la sexualité reste une forme d'interaction sexuelle, elle est surdéterminée par le sexe des protagonistes de la situation d'enquête. Par exemple, devant une enquêtrice, une femme mariée sera sincère sans difficulté majeure ; en revanche, face à un enquêteur, elle aura tendance à réduire sa vie sexuelle, à la minimiser. A l'inverse, un homme sera davantage enclin à "gonfler" sa sexualité, mais peut-être davantage devant une enquêtrice. Comme l'exprime si bien H. Lagrange, "l'enquêteur n'est pas seulement un fragment de la société, mais un témoin, à l'égard duquel peut jouer une volonté de séduction, de démonstration, de provocation. On peut supposer que les hommes amplifient leurs conquêtes devant les femmes, du moins les jeunes femmes. Pour les répondantes, il est moins facile de proposer une hypothèse simple" [52]. De telles considérations nous ont poussés à charger les enquêtrices de questionner les femmes mariées en particulier afin d'éviter tout heurt gratuit et afin d'obtenir surtout des réponses sincères et crédibles.

CHAPITRE III
LA POPULATION DE L'ENQUETE

ECHANTILLON OBTENU ET ECHANTILLON RETENU

L'échantillon de départ compte 968 individus, soit 2 % de la population (RGPH de 1982) des six quartiers de Fès ciblés par l'enquête : Oued Zitoune, Douh, Aïn Qadous, Aouinet el Hajjaj, Lidou et Triq Imouzzer. Rappelons que le choix de ces quartiers se base sur deux critères : le degré de densité et le degré de modernité. Les quartiers Oued Zitoune, Aïn Qadous, Aouinet el Hajjaj et Lidou ont été choisis pour leur haute densité. De plus, chacun d'eux incarne l'un des quatre sous-ensembles constitutifs de la ville de Fès, à savoir, respectivement, la médina, Aïn Qadous, les bidonvilles et Dar Dbibagh (ou Ville Nouvelle). Quant aux quartiers Douh et Triq Imouzzer, ils se caractérisent par leur faible densité et illustrent, chacun, un degré de modernité spécifique. Ce critère (de modernité) permet de classer les six quartiers en trois types :

— le traditionnel modernisé qui comprend Oued Zitoune et Douh,

— le moderne honteux qui s'incarne dans Aouinet el Hajjaj, bidonville dans son ensemble, un peu dans Aïn Qadous et au Lidou,

— le moderne modèle au quartier Triq Imouzzer.

Grâce aux efforts déployés par les enquêteurs pendant trois mois pour venir à bout des obstacles que nous avons définis, l'échantillon obtenu représente 84,1 % de l'échantillon initial : 815 personnes ont été interrogées. Les contraintes de temps ont imposé de ne pas aller plus loin (du 1-08 au 30-11-1993).

Cependant, la structure de l'échantillon initial n'a pas été reflétée avec fidélité par l'échantillon obtenu en vertu de la résistance de la population, résumée dans l'analyse des motivations des refus et des abandons. Chaque enquêteur a été poussé à ne pas rater d'interroger toute personne acceptante, quitte à ne pas respecter les quotas. Il a donc été nécessaire de retrouver la structure de l'échantillon initial, en redressant l'échantillon obtenu. L'échantillon final retenu diffère donc de l'échantillon initial, il se compose de 667 individus. Comment ce nombre a-t-il déterminé ?

L'échantillon obtenu se caractérise par une perte des effectifs, mais surtout par une inversion de la représentation hommes / femmes et mariés / célibataires. Le nombre des personnes interrogées a atteint 815, soit 153 individus de moins, soit une perte de 15,8 %. Cette perte concerne davantage les femmes, car les 2/3 des individus qui n'ont pu être interrogés sont de sexe féminin. L'échantillon obtenu comporte en conséquence plus d'hommes que de femmes (422 contre 393), et cela trahit notre souci de représentativité. Ces chiffres montrent que l'acceptation de l'enquête a été plus forte chez les hommes. Cela n'est pas dû à une quelconque ouverture des hommes en la matière, mais doit plutôt être imputé à l'état de célibat. Si l'échantillon initial ne cible que 179 célibataires-hommes, les enquêteurs ont pu en interroger 232. C'est la catégorie la moins gênée par le questionnaire, contrairement aux gens mariés et aux jeunes filles. Ces deux catégories ont plus d'intimité à préserver. Le nombre des jeunes filles ciblées (189) n'a pas pu être atteint malgré leur célibat. En conséquence, c'est encore la forte participation des célibataires-hommes qui a créé le deuxième biais, à savoir la représentation gonflée des célibataires (des deux sexes) dans l'échantillon obtenu. Globalement, ceux-ci représentent 49,3 %, alors que leur quota dans l'échantillon initial ne dépasse pas 38 %. En revanche, la représentation des mariés descend de 53 % (éch. initial) à 43,5 % seulement (éch. obtenu). Malgré toutes les présomptions relatives à l'augmentation du taux de célibat, on ne peut retenir un tel échantillon. Les mariés, plus circonspects, n'ont pas permis aux enquêteurs d'atteindre, en quatre mois, le nombre escompté. Sur 513 mariés ciblés, 355 ont été interrogés, soit un taux de réalisation de 69,2 %. Dans la catégorie "Autres" (divorcés et veufs), ce taux a été de 67,4 %. Il a donc été nécessaire d'éliminer 148 questionnaires de célibataires-hommes afin d'avoir à peu près le même taux de réalisation et surtout afin de retrouver leur quota dans l'échantillon (38 %). C'est cette opération qui a déterminé l'échantillon retenu, final, composé de 667 individus répartis de la manière suivante.

Tab. 7 : Sexe et situation matrimoniale

Sit. Mat. Sexe	Marié	Célibataire	Autre Div. + Veuf	Total
Hommes	169	124	21	314
Femmes	186	130	37	353
Total	355	254	58	667

CARACTERISTIQUES DE L'ECHANTILLON FINAL

L'échantillon sera décrit selon trois variables, le sexe, l'âge et le lieu de naissance, le statut matrimonial et le nombre d'enfants, enfin le niveau d'instruction, la profession et le revenu.

Sexe, âge et lieu de naissance :

L'échantillon se compose de 52,9 % de femmes et de 47,1 % d'hommes. Les femmes sont plus jeunes que les hommes : elles sont 56,3 % à avoir entre 15 et 29 ans contre 47,4 % d'hommes. De même, dans la catégorie des 60 ans et plus, on ne trouve que 1,1 % de femmes. Il est vrai cependant que cette dernière catégorie ne concerne que 2,1 % de la population enquêtée (voir Tableau). Les femmes sont aussi plus nombreuses à être citadines. En effet, 74,7 % d'entre elles sont nées en ville, contre 71,9 % d'hommes.

Statut matrimonial et nombre d'enfants :

Le statut matrimonial des enquêtés a été, comme on l'a vu, déterminant dans la constitution de l'échantillon final. Rappelons que les mariés constituent 53,2 %, les célibataires 38 %, les "autres"(divorcés et veufs) 8,6 %, lesquels quotas respectent la distribution réelle de la population selon le RGPH de 1982. Les célibataires déclarent sans exception ne pas avoir d'enfants. Le phénomène de la mère-célibataire n'est reconnu ni par la loi, ni par la société, ni par les statistiques (malgré son existence signalée par les enfants abandonnés). Le phénomène du père-célibataire l'est encore moins, la paternité étant plus malaisée à établir, dans le cadre extra-conjugal surtout. Les "sans-enfants" constituent plus de la moitié de la population (53,07 %), car en plus des célibataires, 24,2 % des mariés et 24,1 % des divorcés-veufs n'ont pas d'enfants. Il faut dire que l'échantillon étudié se caractérise par son peu de propension à la natalité. En effet, plus le nombre d'enfants est élevé, moins on trouve d'individus concernés.

Tab. 8 : Nombre d'enfants

Nb. enfant % effectif	sans 53,0	1 – 2 19,9	3 – 4 14,8	5 – 6 7,9	7 et plus 4,1

Le nombre des enfants varie d'une manière significative avec le niveau intellectuel. En effet, seuls 9,8 % des "sans-enfants" sont analphabètes, alors que 33,6 % d'entre eux ont un niveau supérieur. Cette constatation va dans le sens de la loi générale régulant le rapport entre le nombre d'enfants et le niveau scolaire : plus on est analphabète, plus on a d'enfants, et plus on est instruit, moins on a d'enfants. L'échantillon confirme cette loi, lors de la comparaison par exemple entre la catégorie des 1 – 2 enfants et celle des 7 enfants et plus. Dans la première, plus le niveau scolaire est élevé, plus l'effectif est grand, alors que dans la seconde, plus l'effectif est grand, plus le niveau scolaire est bas :

Tab. 9 : Nombre d'enfants selon le niveau intellectuel (%).

Nb. enf. Niv. sco	1 – 2	7 et plus
Analphabète	15,7	60,7
Primaire	24,8	21,4
Secondaire	29,3	17,8
Supérieur	30,0	00
Total	100	100

Ces résultats montrent qu'aucun enquêté de niveau universitaire ne se permet d'avoir 7 enfants ou plus, tandis que 60,7 % des analphabètes réalisent ce chiffre. Ceux-ci sont par contre peu nombreux (15,7 %) à se contenter d'avoir 1 – 2 enfants. L'instruction, partie intégrante du développement, est une pilule essentielle contre la fécondité maximale.

Niveau socio-économique :

Qu'en est-il donc de l'instruction ? Quel est le niveau scolaire de la population enquêtée ? Celle-ci se compose de 19 % d'analphabètes, de 20 % de "primaires", de 35 % de "secondaires" et de 26 % de "supérieurs". Dans les catégories "primaire" et "secondaire" les hommes sont plus nombreux, dans les catégories "analphabètes" et "supérieurs", ce sont les femmes qui le sont. Si la supériorité numérique des femmes parmi les analphabètes est malheureusement conforme à la réalité, il n'en est pas de même au niveau du supérieur. Cela crée donc un biais dans l'échantillon, car les statistiques officielles tendent à donner un net avantage aux hommes à ce niveau : le rapport est de un à trois, les filles représentant 35 % seulement des effectifs universitaires actuels. Ce rapport n'est pas respecté puisque 55,1 % des "universitaires" interrogés sont de sexe féminin.

Le rapport études-profession débouche sur les constatations suivantes : 42,8 % des analphabètes (interrogés) sont inactifs alors que les actifs se concentrent essentiellement dans la catégorie socioprofessionnelle "ouvriers" (23 %). Mais ce qui reste frappant sans être surprenant, c'est le pourcentage élevé des inactifs parmi les "supérieurs" eux-mêmes : 47,1 %. Les supérieurs actifs appartiennent à la catégorie socio-professionnelle (CSP) "cadres moyens" dans une proportion de 20,7 % et à la CSP "employés" dans une proportion de 17,8 %. Pour les primaires, les actifs sont "ouvriers" (33,1 %) et dans les "services" (18,8 %), tandis que les inactifs en représentent 26,3 %. Les secondaires actifs se retrouvent aussi dans la catégorie des ouvriers (19,7 %), et dans celle des employés (17,6 %), alors que les inactifs en constituent 33,9 %. L'échantillon se caractérise donc par un taux relativement élevé d'inactivité (37,4 %) auquel il faut ajouter 6,6 % de chômeurs. L'inactivité est prégnante : elle renvoie aux femmes au foyer, aux retraités, aux élèves et étudiants.

La question des revenus, malgré sa sensibilité particulière, n'a donné lieu qu'à 3,1 % de non-réponses. On est tenté, en expliquant la non-réponse par la crainte du mauvais œil et la discrétion, d'intégrer les non réponses aux revenus élevés qui constituent 7,6 % de l'échantillon. Il faut signaler cependant que le quartier "Triq Imouzzer", c'est-à-dire là où se concentrent en principe les grosses fortunes, n'offre aucune non-réponse à ce sujet. Parallèlement à cela, 38 % d'individus ont déclaré un revenu faible et 51,2 % un revenu moyen. Tous les enquêtés sans revenu propre ont déclaré le revenu du chef de ménage d'appartenance. Le ménage, unité de résidence et de consommation, a été traité en conséquence comme une unité de rang égal, dans le sens où tous ses membres jouissent du même statut socio-économique. Bien entendu, cette manière de procéder ne garantit en rien l'objectivité de la déclaration, étant donné que le questionnaire n'a présenté aucun éventail de revenus, et par conséquent aucun critère de classification. Notre but principal a été de saisir la perception propre du sujet à l'encontre d'une question sensible et délicate, entourée de tabous. Mais cela a conduit à une sorte de normalisation, dans la mesure où plus de la moitié des enquêtés a déclaré un revenu moyen, soit par dignité, soit par discrétion, soit par évaluation erronée. Or, cette tendance vers la moyenne n'est pas conforme à la hiérarchie objective des revenus, car ce sont malheureusement les revenus faibles qui viennent largement en tête.

En conclusion, la description de la population enquêtée permet de dégager la prédominance des caractéristiques socio-démographiques suivantes :

— La jeunesse : 89,5 % ont moins de 45 ans,
— La citadinité : 73,4 % sont nés en ville,
— La fécondité limitée : 53 % n'ont pas d'enfant, 20 % ont 1 – 2 enfants,
— L'instruction : seuls 18,8 % sont analphabètes,
— L'inactivité et le chômage qui touchent 44 %.

LE GROUPE ISLAMISTE

Dans la population enquêtée, 31 personnes sont islamistes et constituent un petit groupe distinct, soit par le voile de ses femmes, soit par la barbe de ses hommes. De par sa taille, ce groupe ne constitue que 4,6 % de l'échantillon retenu. Son analyse est donc limitée par la réduction de sa taille, car celle-ci ne l'habilite pas à être représentatif. Cet écueil de taille rend malaisée la tâche de dégager les caractéristiques socio-démographiques des islamistes, leurs origines sociales. La comparaison entre deux groupes d'inégale importance statistique risque de ne pas être fondée. C'est donc avec réserve et circonspection que nous exposons les résultats suivants.

La variable "sexe" donne une répartition favorable aux hommes qui constituent 51,6 % des islamistes interrogés. Les hommes sont-ils plus nombreux à être islamistes ? Cela semble aller dans le sens d'une image sociale dominante, dans laquelle l'islamisme est considéré (aussi) comme l'expression de la résistance du pouvoir mâle, en perte de vitesse.

Tab. 10 : Sexe et engagement religieux

	Hommes	Femmes
Non Islamiste	46,9	53,1
Islamiste	51,6	48,4

La variable de l'âge permet de constater que les islamistes se concentrent davantage dans la tranche des 30–44 ans avec un pourcentage de 51,6 %, alors que les non-islamistes se répartissent davantage dans la tranche des 15–29 ans (52,8 %).

L'état matrimonial des islamistes se caractérise par la prédominance des "mariés"(64,5 %), contre 52,6 % seulement chez les non-islamistes, tandis que la fréquence des célibataires est inversée : 22,5 % chez les premiers, et 38,8 % chez les seconds.

La variable instruction donne 9,6 % d'analphabètes et 42 % de "supérieurs" parmi les islamistes. Les non-islamistes se concentrent plutôt dans la catégorie des "secondaires" (35,2 %). On enregistre parmi eux 19,3 % d'analphabètes et seulement 25,3 % de "supérieurs".

La variable "catégorie socio-professionnelle" révèle presque autant d'inactifs chez les non-islamistes (37,5 %) que chez les islamistes (35,4 %), et plus de chômeurs chez les premiers (6,7 %) que chez les seconds (3,2 %). Les islamistes actifs se concentrent dans la catégorie "cadres moyens et petits commerçants" (19,3 %), alors que les non-islamistes se concentrent dans la catégorie "ouvriers" (18,5 %).

L'inégalité statistique des musulmans et des islamistes dans la population enquêtée, mais surtout la non-représentativité des islamistes interrogés, rend toute déduction illégitime. Les résultats exposés ci-dessus ne peuvent être généralisés. Ils servent à donner un aperçu sommaire sur l'identité sociale des islamistes interrogés car, au cours de l'analyse des résultats, nous nous permettrons de temps en temps d'investir la variable "engagement religieux". Elle permettra peut-être de dégager des interrogations nouvelles, des pistes de recherche inédites. De cette manière, l'insuffisance statistique du sous-groupe islamiste sera remplacée par sa puissance heuristique.

DEUXIEME PARTIE

DU MODE FONCTIONNEL

INTRODUCTION

Un des quatre modes du rapport espace/sexualité, le mode fonctionnel, traite des questions suivantes : où a lieu le sexe ? Le sexe est-il lié à la chambre à coucher ? Les ménages disposent-ils tous d'une chambre à coucher ? En cas de surdensité du logement, les rapports sexuels peuvent-ils avoir lieu dans des conditions satisfaisantes ? La question est donc de savoir à quel degré le logement permet la satisfaction de la fonction sexuelle, et dans quelle mesure il peut se transformer en obstacle à la sexualité. Le logement procure-t-il de la satisfaction en général ? Comment définir la satisfaction ? Comment la mesurer ?

Pour répondre à ces interrogations, nous commencerons par décrire les conditions de logement (de la population enquêtée), et nous traiterons ensuite du rapport spécifique logement/sexualité.

CHAPITRE IV

LES CONDITIONS DE LOGEMENT

Les conditions de logement peuvent être analysées à partir des facteurs suivants : le statut d'occupation, la superficie, le taux d'occupation et le nombre de pièces.

LE STATUT D'OCCUPATION

Le statut d'occupation a été recherché à travers la question suivante :

"Votre logement est-il : (1) un loyer cher, (2) un loyer bas, (3) une propriété à crédit, (4) une copropriété, (5) une propriété privée ?".

La tendance à la propriété est dominante, le pourcentage des locataires étant de 37,6 % seulement. Les propriétaires de leur logement représentent 47,7 %. On voit là en effet que "le discours sur la propriété individuelle développé par le pouvoir (à des fins de dépolitisation) a eu ses effets au sein de la population", comme le relève Ameur[53]. A cette catégorie, il faut ajouter les copropriétaires et les propriétaires à crédit qui représentent respectivement 8,5 % et 5,7 %.

Où enregistre-t-on le taux le plus élevé de propriétaires ? Dans quels quartiers ? Le tableau suivant résume la situation.

Tab. 11 : Statut d'occupation selon les quartiers (%).

	Propriété privée	Co-propriété	Propriété à crédit	Loyer bas	Loyer élevé	Sans réponse	Total
O. Zitou.	43,5	07,0	00,9	31,7	16,8	00	100
Douh	27,1	09,0	06,7	45,8	11,2	00	100
Aïn Qad.	51,4	09,3	04,6	22,4	12,1	00	100
A. Hajjaj	66,0	03,8	03,8	09,7	16,5	00	100
Lidou	36,8	15,2	03,2	20	22,4	02,4	100
T. Imouz.	70,4	05,1	15,3	03,0	06,1	00	100

C'est donc dans le quartier le plus riche, Triq Imouzzer, que la propriété privée du logement (habité) se remarque le plus avec 70,4 %. Le constat ne contredit pas les impressions premières de la sociologie spontanée. En revanche, quand, derrière ce quartier huppé, on trouve Aouinet El Hajjaj (66 % de propriétaires) et Aïn Qadous (51,4 %), on ne manque pas de s'étonner. Car on se demande comment les habitants de ces quartiers, aux revenus modestes selon Escallier[54], peuvent être propriétaires avec une fréquence aussi grande. La ville fascine. Elle est prise d'assaut malgré la non-assistance de l'Etat aux classes insolvables. Les facilités de paiement, l'émergence d'un marché foncier et immobilier "clandestin" expliquent la prépondérance de la propriété dans les quartiers populaires. Le clandestin, toléré par l'Etat, serait un moyen d'apaiser la tension sociale, bien plus, "un moyen privilégié de maintien de l'ordre et de production de l'obéissance"[55].

Triq Imouzzer, Aïn Qadous et Aouinet El Hajjaj, malgré la différence de leur statut socio-économique, appartiennent à la zone moderne de la ville. L'accès à la propriété y est facilité. En médina, par contre, la location est plus fréquente. En effet, les locataires représentent 67 % des habitants du Douh, et 48 % de ceux de Oued Zitoune. La description de l'habitat populaire par Adam, rapportée par Bentahar, s'applique sans conteste au cas de la médina de Fès : "le propriétaire, qui a acheté la maison pour une bouchée de pain, puisque l'offre dépassait la demande, la louait par étage. Le locataire sous-loue par pièce, car les familles les plus pauvres n'ont pas les moyens de s'offrir un espace étendu. Nous avons même des maisons où chacune des longues pièces donnant sur le patio était coupée en deux par une cloison qui divisait également la porte et chaque partie était occupée par une famille différente. Il arrivait même qu'une famille louât la pièce et en sous-louât la moitié à une autre" [56].

La distinction non-islamiste/islamiste permet-elle de dégager des différences pertinentes relatives au statut d'occupation ? Selon J. F. Clément, "leur (les islamises) rapport à l'espace est très particulier car leur habitat est précaire ou clandestin. Faute de possession de maison, ils vivent dans l'insécurité, et ont une autre relation au corps que le reste de la population" [57]. En effet, si 48,7 % des non-islamistes sont propriétaires de leur logement, seuls 35,4 % des islamistes le sont. Cependant, les islamistes copropriétaires et propriétaires à crédit sont plus nombreux.

Tab. 12 : Engagement religieux et statut d'occupation (%).

	Non-islamiste	Islamiste
Propriétaire	48,2	35,4
Copropriétaire	8,3	12,9
Pro. crédit	5,3	12,9
Loyer bas	22,8	32,2
Loyer élevé	14,7	6,4
Sans réponse	0,4	0,0
Total	100,0	100,0

LA SUPERFICIE DU LOGEMENT

Quelle est la superficie des logements ? Question fondamentale dans la détermination de la densité, c'est-à-dire du rapport à l'espace, au corps et à l'autre. Cette variable a été approchée à travers la question "Quelle est la superficie de votre logement ?". La réponse a été orientée dans la mesure où nous avons proposé l'éventail suivant :

(1) inférieure à 64 m^2,

(2) 64 – 95 m^2,

(3) 96 – 129 m^2,

(4) 130 – 160 m^2,

(5) supérieure à 160 m^2.

Le calcul des fréquences des modalités de la variable "superficie" donne la concentration du tiers des logements (33,4 %) dans la catégorie 64 – 95 m^2 (catégorie 2). La catégorie 3 (96 - 129 m^2) vient en seconde position avec 23,4 %, puis la catégorie 5 (< 64 m^2) avec 19,3 %. On en conclut que 52,7 % de la population résident dans des logements dont la superficie est inférieure à 96 m^2. Seuls 22,7 % des logements ont une superficie égale ou supérieure à 130 m^2.

C'est à "Triq Imouzzer", le quartier riche, que l'on trouve une très grande fréquence des logements spacieux : 79,5 % dans la catégorie 5 (> 160 m^2), et 11,2 % dans la catégorie 4 (130 – 160 m^2). La présence de la catégorie 5 est presque insignifiante dans les autres quartiers. Elle est comprise entre 7,4 % à Aïn Qadous et 0,9 % à Oued Zitoune. Tous les quartiers, à l'exception de "Triq Imouzzer", se caractérisent par la dominance des logements de la catégorie 2 :

— Lidou	32,8 %
— Aouinet El Hajjaj	35,9
— Aïn Qadous	41,1
— Douh	43,1
— Oued Zitoune	45,5

A titre indicatif, signalons que 15,2 % des non-islamistes logent dans des habitations de la catégorie 5, généralement des villas, contre 3,2 % des islamistes seulement. Il en est de même pour la catégorie 4, quoique dans des proportions moindres. Là, on relève 8,3 % de non-islamistes et 3,2 % d'islamistes. Ce n'est donc pas dans les vastes demeures qu'il faut chercher les islamistes. Ceux-ci se concentrent principalement dans les logements de la catégorie 3 (45,1 %), et des catégories 2 et 1 avec 22,5 % chacune. En conséquence, il apparaît que 90 % des islamistes logent dans des habitations dont la superficie est inférieure à 130 m^2.

NOMBRE DE PERSONNES DANS LE LOGEMENT

L'exiguïté des logements est apparente lorsque le taux d'occupation est élevé. Quel est ce taux ? Comment se distribue-t-il selon les superficies et selon les quartiers ?

57 % des logements sont occupés par 4−7 personnes et 26 % le sont par plus de 8 personnes. Les logements habités par trois personnes ou moins représentent à peine 15,7 %. Les taux d'occupation les plus élevés sont enregistrés dans les quartiers Oued Zitoune et Aouinet El Hajjaj, c'est-à-dire dans deux quartiers réputés pour leur surdensité. Dans le premier, 41,5 % des logements sont occupés par plus de huit personnes ; dans le second, 36,8 % le sont également. Il faut souligner que, dans tous les quartiers étudiés, l'occupation des logements par 4−7 personnes est largement répandue. Qu'on en juge par les données suivantes :

Quartiers	4 − 7 personnes dans le logement
— Oued Zitoune	41,5 %
— Lidou	48,0
— Aouinet El Hajjaj	50,4
— Aïn Qadous	63,5

— Triq Imouzzer	64,2
— Douh	71,4
— Total	56,9

Combien de mètres carrés occupent les ménages de 4 – 7 personnes ? Dans quel type de logement se concentrent-ils ? Principalement dans la catégorie 2, dans la mesure où 36,8 % d'entre eux habitent des demeures de 64 – 95 m². Il n'est pas rare en effet de trouver des ménages de 7 personnes dans un logement de 64 m², ce qui donne à peu près 6 m² par personne. Pire, 28,3 % des ménages de huit personnes et plus habitent des logements de même dimension, tandis que 21,9 % de ces ménages sont encore plus mal lotis en habitant des logements dont la superficie est inférieure à 64 m². Quant aux ménages qui résident dans des demeures spacieuses (>130 m²), ils forment une élite minoritaire : 20 % des ménages de 1 – 3 personnes, 23 % des ménages de 4 – 7 personnes, et 24,2 % des ménages de 8 personnes et plus.

Tab. 13 : Superficie et nombre de personnes dans le logement

Superf Nb. pers.	<64 m2	64–95	96–129	130–160	>160	Sans réponse	Total
1 – 3	30,4	30,4	19,0	10,4	9,5	0,0	100
4 – 7	15,0	36,8	23,6	06,8	16,3	1,3	100
8 plus	21,9	28,3	24,2	09,2	15,0	1,1	100
S. R.	22,2	22,2	44,4	11,1	0,0	0,0	100

35,4 % des islamistes vivent dans des logements occupés par huit personnes et plus, contre 25,4 % chez les non-islamistes. Ils sont également peu nombreux (12,9 %) à appartenir à des ménages de petite taille (1 – 3 personnes). Mais il est vrai que ceux-ci sont peu fréquents chez les non-islamistes aussi (15,8 %).

Nombre de pieces dans le logement

Le nombre de pièces dans le logement pose la question de la sincérité des réponses. En effet, la présentation des fréquences des modalités de cette variable ne manque pas d'étonner :

— 01 pièce	10,0 %
— 02 "	18,7
— 03 "	26,3
— 04 "	19,1
— 05 "	25,3

Est-il vrai qu'un logement sur quatre dispose de cinq pièces ? Est-il vrai qu'un logement sur cinq dispose de quatre pièces ? Est-il vrai enfin que seuls 28,7 % des logements ne contiennent que deux pièces ou moins ? Ces données ne concordent ni avec les résultats du RGPH de 1982, ni avec ceux du schéma directeur de la ville de Fès. Pour ce dernier par exemple, l'importance numérique des logements traditionnels est indéniable (43 % des logements), leur taille moyenne est cependant la plus petite (68 % de 1 à 2 pièces). Les villas ne constituaient à l'époque que 3 % du parc immobilier. Il est donc peu courant de trouver des logements de 5 pièces et plus.

Comment expliquer la surdéclaration relative au nombre des pièces ? Essayons le test de la confrontation entre le nombre de pièces et la superficie déclarés. Cette confrontation donne effectivement des résultats assez étonnants qui confirment le doute relatif à la sincérité des réponses. Comment croire que 13 % des logements de 5 pièces sont des logements de $64 - 95\ m^2$? Pire, comment concevoir que 1,7 % de logements de 5 pièces s'étalent sur une superficie inférieure à 64 m^2 ? Le tableau suivant permet de relever ces inconséquences.

Tab. 14 : Superficie et nombre de pièces

Superficie Nb. pièces	> 160 m	130–160	96–129	64–95	< 64	Non-réponse	Total
5 pièces	46,1	15,9	23,0	13,0	01,7	0,0	100
4	12,5	53,1	21,1	21,1	03,1	0,7	100
3	1,7	22,1	57,9	57,9	10,2	1,7	100
2	0,8	8,0	52,0	52,0	36,8	0,0	100
1	0,0	0,0	10,4	10,4	86,5	1,4	100
NR	0,0	0,0	0,0	0,0	0,0	0,0	100

Les pourcentages en gras dans le tableau renvoient à toutes les inconséquences éventuelles. A ce sujet, deux hypothèses sont possibles : soit le mensonge (surdéclarer le nombre de pièces pour faire bien), soit l'ignorance réelle de la superficie (très plausible). Les deux hypothèses concourent à expliquer la non-concordance entre la superficie et le nombre de pièces.

Des variables qualitatives peuvent-elles apporter des nuances ? Peuvent-elles trahir les surdéclarations numériques ? Serviront-elles au contraire à masquer davantage les réalités du logement ? A ce propos, le questionnaire dispose de deux items qualitatifs, l'un concernant l'évaluation du plan du logement, et l'autre le degré du sentiment d'étroitesse dans le logement.

ATTITUDE ENVERS LE PLAN DU LOGEMENT

A la question "Aimez-vous le plan de votre logement ?", les réponses suivantes ont été enregistrées :

— Beaucoup   11,6 %
— Oui   23,8
— Un peu   27,2
— Non   17,9

— Pas du tout   18,7
— Non réponse   00,4

En conséquence, 35,4 % déclarent aimer le plan de leur logement d'une manière nette, contre 36,6 % qui déclarent ne pas l'aimer d'une manière toute aussi nette. Les autres se cantonnent dans une attitude d'hésitation. Ceux qui aiment beaucoup le plan de leur logement se trouvent principalement dans le quartier riche de "Triq Imouzzer" (30,6 %). Loin derrière, vient le quartier du Lidou avec 14,4 %, et pour finir, Aïn Qadous où seuls 1,8 % de ses habitants aiment beaucoup le plan de leur logement. Comment, en effet, aimer un plan que l'on n'a pas choisi ? Selon F. Navez-Bouchanine, "on constate une orientation de cette recherche (urbaine) vers les seules couches populaires, clientèle potentielle des lotissements dans un contexte d'intervention volontariste ; l'intention d'uniformisation est parfois limpide et elle n'est pas dépourvue de volonté normative et même "pédagogique" d'orientation des comportements et pratiques des habitants" [58]. Pour ces couches, les plans individuels sont presque inexistants et s'effacent devant la dominance des plans-types. Les modèles d'habitation des couches populaires sont peu pris en considération par le plan urbaniste, dans la mesure où celui-ci vise d'abord à satisfaire le besoin en logement. Les goûts n'ont pas l'occasion de s'exprimer devant ce besoin. Certes, il y a des tentatives de réaménagement, qui sont en fait une réappropriation de l'espace déjà construit. C'est comme une signature a posteriori, une manière de transformer le logement en expression de valeurs propres, spécifiques. Seules les couches privilégiées peuvent bénéficier des acquisitions architecturales récentes, voire payer pour satisfaire leur goût esthétique en matière d'architecture.

Les islamistes aiment davantage le plan de leur logement, comparés aux non-islamistes. Ils sont 19,3 % à "aimer beaucoup" et 32,2 % à "aimer", contre 11,3 % et 23,4 % chez les non-islamistes. Mais dans les deux cas, l'attitude d'hésitation est relativement dominante, elle concerne 35,4 % des islamistes et 26,8 % des non-islamistes. La comparaison des pourcentages restants montre que les premiers sont moins nombreux à ne pas aimer le plan de leur logement.

SENTIMENT D'ETROITESSE DANS LE LOGEMENT

Le plan et la superficie du logement, la taille du ménage sont des déterminants objectifs du sentiment d'étroitesse que peut ressentir l'individu dans un logement. L'entassement des hommes dans les cafés, la révision des cours et la préparation des examens par les élèves et les étudiants dans des endroits publics (cafés, jardins, rue…) sont des indices qui vont dans le même sens. Il faut cependant reconnaître que le sentiment d'étroitesse est également une donnée subjective dépendante de la personnalité, et des relations intra-familiales. Comme si l'individu était tiraillé entre deux forces antagonistes. L'une, objective, tendant à créer un sentiment d'étroitesse, l'autre subjective, entretenant l'illusion positive consistant à dire que "l'espace est dans le cœur". N'est-ce pas là un dicton populaire ressorti chaque fois que l'individu est confronté justement à un manque d'espace ?

Le sentiment d'étroitesse, clairement exprimé, est assez répandu. A la question "Vous sentez-vous à l'étroit là où vous habitez", 15 % ont répondu "peu", 19,3 % "quelquefois, 14,5 % "assez" et 10,7 % "beaucoup". Cela fait donc presque 60 % d'individus auxquels le sentiment d'étroitesse n'est pas étranger. Les autres, c'est-à-dire 40,1 %, n'éprouvent pas de sentiment d'étroitesse.

L'absence de ce sentiment est principalement enregistrée dans les quartiers "Triq Imouzzer" et "Lidou". Cela ne manque pas de surprendre au Lidou, quartier à densité plus que moyenne. Voilà qui montre l'impact des paramètres qualitatifs, tels que l'esprit de la communauté et l'absence de l'individualisme dans la lutte contre le sentiment d'étroitesse.

Tab. 15 : Sentiment d'étroitesse selon les quartiers

Stt. Etroitesse Quartiers	Jamais	Peu	Quelque fois	Assez	Beaucoup	Sans Réponse	Total
Oued Zitoune	21,7	10,8	22,7	26,7	17,8	0,0	100
Douh	30,0	15,7	32,3	16,5	05,2	0,0	100
Aïn Qadous	36,4	14,0	23,3	09,3	16,8	0,0	100
Aouinet Hajjaj	30,1	25,2	10,6	20,3	13,5	0,0	100
Lidou	51,2	15,2	12,0	10,4	10,4	0,8	100
Triq Imouzzer	73,4	8,1	12,2	4,0	2,0	0,0	100

C'est donc à "Triq Imouzzer" que 73,4 % de gens n'éprouvent jamais le sentiment d'étroitesse à l'intérieur de leur logement, la plupart d'entre eux résident en effet dans des villas spacieuses. Ce sentiment est en revanche dominant à Oued Zitoune (Médina) avec 44,5 % (assez+beaucoup) et à Aouinet Hajjaj (quartier périphérique) avec 40 %. Ces données concordent avec les résultats de "l'Atlas" de Fès qui considère Oued Zitoune par exemple comme un espace à forte densité, avec plus de 4000 habitants par hectare, et jusqu'à 20 familles par logement. Les données objectives (superficie, taille du ménage, plan) sont ici déterminantes.

Les islamistes sont peu nombreux à ressentir l'étroitesse chez eux, en comparaison avec les non-islamistes. Ils sont seulement 9,6 % à la ressentir beaucoup et 6,4 % à la ressentir assez, contre 10,8 % et 14,9 % chez les musulmans. Ils sont également plus nombreux à ne jamais la ressentir (45,1 % contre 39,9 %).

Conclusion

La description des conditions du logement de la population, but secondaire dans notre projet, va quand même dans le sens des résultats établis par les enquêtes antérieures (schéma directeur, RGPH de 1982, Atlas de Fès). Notre enquête se singularise plutôt par les informations recueillies sur le rapport des islamistes au logement. Elle révèle que ceux-ci sont rarement propriétaires (comparés aux non-islamistes), et que leur grande majorité vit dans des logements de taille plutôt moyenne, sinon petite. Les islamistes sont plus nombreux à vivre dans des logements occupés par des ménages de grande taille. Malgré l'ensemble de ces données quantitatives défavorables, les islamistes ont un rapport subjectif positif au logement, dans la mesure où ils apprécient le plan de celui-ci, et éprouvent moins le sentiment d'étroitesse. Il semble donc que l'exiguïté objective de l'espace ne se convertit pas mécaniquement, chez les islamistes, en sentiment de frustration.

Les conditions de logement décrites ci-dessus le sont dans une perspective de morphologie sociale, non reliée à la thématique sexuelle. Il s'agit donc à présent de s'interroger sur les possibilités offertes par le logement pour les besoins de la sexualité. Le logement est-il sexuellement fonctionnel ? Quels espaces domestiques sont-ils réservés à la sexualité ? De quelle manière la chambre à coucher, espace privilégié de la sexualité, est-elle envisagée et utilisée dans le logement ?

CHAPITRE V

LOGEMENT ET SEXUALITE

Le rapport entre le logement et la sexualité doit être traité à partir des facteurs suivants : le nombre des chambres à coucher et le mode de coucher. A l'évidence, les deux variables sont indissociables, dans la mesure où le nombre des chambres à coucher détermine en principe le mode de coucher. D'un autre côté, le degré d'indépendance de la pratique sexuelle par rapport à la chambre à coucher, voire à la maison en général, est aussi une entrée possible à l'étude des lieux du sexe. Comment agit l'individu face à l'absence de chambre à coucher ? Se cramponne-t-il à une attitude rigoriste, pudique ? N'adopte-t-il pas au contraire, face à l'impératif sexuel, une attitude pragmatique, et par conséquent fantaisiste, de déconnexion entre le sexe et ses lieux consacrés ?

LA CHAMBRE A COUCHER

A la question "Combien avez-vous de chambres à coucher", les réponses obtenues sont les suivantes :

Nombre de chambres à coucher	Fréquences relatives
une par personne	12,4 %
une par adulte	10,3
une seule	48,4
une isolée par un rideau	02,5
aucune	24,7
sans réponse	1,5
Total	100,0

Presque la moitié des logements dispose donc d'une chambre à coucher, tandis que le quart n'en dispose pas. A ce quart, il faut ajouter les 2,5 % qui ont répondu "une isolée par un rideau", dans la mesure où ce n'est pas une chambre autonome et distincte. Elle ne peut être considérée comme une chambre à coucher qu'en vertu de son emplacement, de ses meubles, de la nature de son sol, du revêtement de ses parois, et de la disposition de son éclairage. L'isolement y est théorique. Les 23 % restants, disposant soit d'une chambre par personne, soit d'une chambre par adulte, peuvent être considérés comme des logements privilégiés. Car, en général, "on note l'absence quasi-totale d'une deuxième chambre à coucher spécialisée et appropriée par des membres particuliers du ménage"[59].

La fréquence des modalités du facteur "nombre de chambres à coucher" permet de conclure à l'existence quasi-générale d'un lieu domestique réservé à la fonction du coucher. En effet, une bonne moitié des logements des quartiers étudiés disposent d'une chambre à coucher. Cela permet de juger du degré de l'évolution sociale, d'évaluer la différence par rapport à la famille traditionnelle pour qui "la chambre conjugale est presque totalement inconnue", selon Boughali. Les époux, ajoute-t-il, ne s'unissent qu'à l'insu de leurs enfants, à la sauvette, et chacun regagne l'endroit où il a l'habitude de dormir"[60].

Tab. 16 : Logement sans chambre à coucher selon le quartier (%).

Quartiers	Log. sans ch. à coucher
O. Zitoune	28,7
Douh	41,3
Aïn. Qadous	15,8
Aouinet Hajjaj	26,2
Lidou	26,4
T. Imouzzer	4,0

La ventilation par quartier débouche sur des différences très importantes entre le quartier "Triq Imouzzer" et les cinq autres quartiers. "Triq Imouzzer" sort de la norme dominante par "excès". Car la proportion des logements disposant d'une chambre par personne y atteint 61,2 %. Dans les autres quartiers, cette proportion ne dépasse pas 6,7 % dans le meilleur des cas. Elle est même nulle à Aouinet Hajjaj. A l'inverse, la proportion des logements sans chambre à coucher varie entre 15,2 % (Aïn Qadous) et 41,3 % (Douh), alors qu'elle n'est que de 4 % à "Triq Imouzzer". Malgré sa faiblesse, cette proportion des logements sans chambre à coucher à "Triq Imouzzer" ne manque pas d'étonner. Elle s'explique cependant par l'existence de quelques maisonnettes pauvres qui perdurent. A partir de la variable "chambre à coucher", il semble que la frontière entre classes moyennes et classes populaires tende à s'estomper (eu égard à la paupérisation de la classe moyenne) au profit d'une nette dichotomie entre les quartiers riches et le reste de la ville. D'un côté, c'est soit une chambre par personne, soit une chambre par adulte ; de l'autre, c'est soit une seule chambre, soit une absence de chambre à coucher.

Le croisement des variables "chambre à coucher" et statut matrimonial permet de découvrir que 28,7 % des gens mariés ne disposent pas d'une chambre conjugale (auxquels il faut ajouter 3,3 % de ceux ayant une chambre isolée par un rideau seulement) :

— une chambre par personne	11,2 %
— une chambre par adulte	08,4
— une seule chambre	47,0
— une chambre isolée par un rideau	03,3
— Aucune	28,7
— Sans réponse	01,1

Pour ce tiers de la population mariée, la naissance du couple est en conséquence entravée par cette absence préjudiciable d'un espace privé au sein de l'habitat Les rapports conjugaux ne peuvent ici avoir libre cours et s'épanouir. Dans un témoignage recueilli par S. Naamane Guessous, une jeune femme déclare : "Je ne suis pas contre (la fantaisie érotique), mais nous dormons dans la même pièce que ma belle-mère et les enfants. Nous sommes donc obligés de nous limiter à la position normale"[61]. Allant jusqu'au bout, une autre jeune femme confirme cela : "pour jouir, reconnaît-elle, j'ai besoin de me sentir à l'aise et non obligée de faire cela à la sauvette pour éviter de réveiller ma belle-mère qui dort dans l'autre coin de la pièce"[62]. Sur ce point donc, le couple, à travers la femme surtout, commence à exprimer sa revendication d'un territoire intime propre. Le rôle de la sexualité dans le bien-être du couple est de plus en plus reconnu et exprimé par la femme, principale perdante dans une sexualité à la sauvette.

La ventilation religieuse montre que les islamistes, en comparaison avec les non-islamistes, ne manquent pas de chambres à coucher. Bien au contraire, ils sont plus nombreux à en disposer. En effet, 58 % d'entre eux ont une chambre conjugale, contre 47,9 % chez les non-islamistes. Le tableau suivant résume cette situation.

Tab. 17 : Engagement religieux et chambre à coucher

	1 per./ch.	1 adul./ch	1 ch	1 ch/rid.	aucune ch.	s. rép.	Total
Non Islamiste	12,7	10,2	47,9	2,5	25,0	1,5	100
Islamiste	6,4	12,9	58,0	3,2	19,3	0,0	100

C'est donc uniquement au niveau du premier mode (1 personne par chambre) que les musulmans sont plus nombreux, mais ils sont à peine 13 %. Les islamistes sont au même niveau quant au deuxième mode, ils sont 13 % à disposer d'une chambre à coucher par adulte. Les islamistes sont également moins nombreux à ne pas avoir de chambre à coucher (19,3 % contre 25 %). Est-ce là un indice dans l'invalidation de la corrélation entre l'islamisme et l'insuffisance de l'espace conjugal intime ? Attendons, avant de tirer des conclusions définitives, d'évaluer le degré de convergence entre les différents indicateurs du facteur religieux.

LE MODE DE COUCHER

L'existence d'une ou plusieurs chambres à coucher est une donnée fondamentale dans la détermination du taux d'occupation nocturne des pièces, et surtout du mode du coucher. Car il est évident que face à la suroccupation du logement par une famille nucléaire de grande taille, (le retour de la famille étendue étant engendré par le chômage et la paupérisation), la question du coucher se pose avec plus d'acuité. Comment les gens dorment-ils la nuit ? Qui dort avec qui ? Rappelons que, à Fès, le taux d'occupation est de 2,8 personnes par pièce, et que le nombre des adultes atteint 2,85 par ménage (RGPH 1982). C'est donc reconnaître indirectement que la plupart des ménages dorment à presque trois personnes par chambre, sans distinction d'âge et de sexe parfois. L'exiguïté du logement impose la suppression des distances, et conduit à la promiscuité. Qu'en est-il exactement?

A la question "Comment vous couchez-vous la nuit?", les réponses ont été regroupées dans les situations typiques suivantes, appelées modes:

Tab. 18: Mode de coucher à Fès (%).

Les parents dans une chambre, les autres chacun dans une chambre (Mode 5)	18,2
Les parents dans une chambre, les garçons dans une chambre, les filles dans une chambre (Mode 4)	28,0
Les parents dans une chambre, les autres dans une chambre (Mode 3)	22,1
Les parents et le(s) jeune(s) enfant(s) dans une chambre, les autres dans une chambre (Mode 2)	13,4
Tout le monde dans la même chambre (Mode 1)	16,0
Sans réponse	1,9
Total	100,0

Le mode 5 semble idéal, car il respecte l'intimité du couple et celle de chaque membre du ménage. En considérant le couple comme une unité de coucher, on peut appeler ce mode "coucher individuel". Il est suivi par le mode 4 qui, malgré sa chute vers le collectif, préserve en même temps l'intimité du noyau conjugal et la frontière spatio-sexuelle entre les membres du ménage menacés par la tentation de l'inceste. On l'appellera "coucher territorial", dans la mesure où il est l'expression de trois territoires sexuels nocturnes distincts, le territoire du couple, celui des hommes (frères par exemple), et celui des femmes (sœurs par exemple). Le mode 3 préserve l'intimité du couple et fait que tous les autres membres du ménage se regardent et se frôlent dans la même chambre. Ce mode sera nommé "coucher bipolaire net", opposant le pôle spatial du couple à celui de tous les autres. Le mode 4, par l'admission de l'enfant, ou des enfants en bas-âge dans la chambre conjugale, impose nécessairement aux parents de limiter leurs étreintes, de se contrôler. C'est également un coucher bipolaire, mais en admettant la présence de l'enfant en bas-âge dans le pôle spatial du couple, il doit être désigné plutôt comme un "coucher bipolaire brut". Le mode 1 enfin symbolise la promiscuité dans toute sa misère, car ni les frontières des sexes, ni celles des générations, ne sont respectées. C'est le "coucher collectif".

Le coucher individuel est pratiqué par 18,2 % de la population. Il est l'indice de l'aisance sociale et se retrouve principalement dans le quartier Triq Imouzzer.

Le coucher territorial est pratiqué par 28 % de la population. C'est en conséquence lui qui est le plus fréquent au niveau de la population, et cela anticipe sur la persistance, voire le retour en force du mode territorial, c'est-à-dire sur le retour des frontières spatiales entre les sexes. Navez-Bouchanine a rencontré, sans le nommer, ce mode d'appropriation de l'espace à Meknès où "l'usage est codifié de la manière suivante : un salon, qui est également approprié par les garçons comme lieu de travail et de sommeil, un séjour, qui la nuit devient le lieu de sommeil pour les filles et une chambre à coucher pour les parents" [63]. Chez soi au moins, il est encore possible de résister à la mixité,

considérée encore comme le prélude au relâchement des
mœurs. Une telle donnée est donc à intégrer dans l'analyse
de la répartition de l'espace selon l'identité sexuelle (voir
plus loin "Du mode territorial").

Les couchers collectif, bipolaire brut et bipolaire net
concernent la moitié de la population (16+ 13,4 + 22,1 =
51,5 %). Dans ces trois cas, l'espace ne permet plus de réaliser le postulat de base de la famille marocaine, la hiérarchie des sexes et des âges. Pire, dans un tel rapprochement
des corps au moment de l'abandon de soi, la nuit, le logement n'est plus un lieu de contrôle et de surveillance. Au
contraire, "par la compression des distances entre individus et le relâchement du code vestimentaire, l'espace de la
maison semble favoriser, selon Pezeu, la naissance du
désir sexuel, fût-ce d'une façon inconsciente" [64].
Comment en effet empêcher que des désirs homosexuels
et hétérosexuels ne naissent entre les membres de la même
famille ? N'est-il pas logique que ces désirs, incestueux,
engendrent l'anxiété ? Il est donc évident que les différents
modes du coucher collectif révèlent un retard au niveau de
l'infrastructure du logement par rapport à l'idéologie en vi-
gueur. Celle-ci impose un besoin d'intimité en tant que
dominante, que style de vie, norme que les conditions de
logement n'arrivent pas à suivre. La promiscuité hiérar-
chisée des différents modes du coucher sera en contradiction avec la règle islamique, la loi psychologique et l'idéal
urbaniste à la fois.

La sociologie spontanée tend à rattacher d'habitude le
coucher collectif à des quartiers caractérisés par une densité élevée, voire par un certain type de logement (la maison traditionnelle de la Médina précisément). Qu'en est-il
au juste ? L'attente ainsi suscitée se confirme-t-elle par
l'acte sociologique ? Le tableau suivant peut éclairer cette
question.

Tab. 19 : Mode de coucher selon le quartier

	Coucher Individ	Coucher territorial	Coucher bipol net	Coucher bipol brut	Coucher collectif	Non réponse	Total
O. Zitoune	8,9	25,7	24,7	16,8	21,7	1,9	100
Douh	14,2	15,7	30,0	18,0	19,5	2,2	100
A. Qadous	12,1	34,5	28,9	17,6	05,6	0,9	100
A. Hajjaj	8,7	30,1	26,1	11,6	23,3	0,0	100
Lidou	13,6	38,4	11,2	12,0	19,2	5,6	100
T. Imouzzer	56,1	24,4	11,2	3,0	5,1	0,0	100

L'observation des fréquences du coucher collectif conduit à établir les rapprochements suivants : entre Triq Imouzzer (5,1 %) et Aïn Qadous (5,6 %), entre Lidou (19,2 %) et Douh (19,5 %), entre Oued Zitoune (21,7 %) et Aouinet Hajjaj (23,3 %).

De tels rapprochements ont lieu entre des quartiers aux caractéristiques distinctes, soit par le taux de densité, soit par le type de logement (maison, appartement, villa, baraque). Il est donc étonnant de constater que Douh et Lidou ont une fréquence presque identique par rapport au coucher collectif, alors qu'ils sont différents de par le taux de densité et de par le type de logement. C'est encore plus étonnant dans le cas de Triq Imouzzer et de Aïn Qadous, car en plus des divergences précédemment citées, il faut ajouter la différence du revenu, du niveau de vie. D'un autre côté, la surdensité commune à Oued Zitoune et à Aouinet Hajjaj détermine la fréquence du coucher collectif et annule l'effet différenciateur du type de logement. Ces rapprochements inattendus conduisent en conséquence à la nécessité de revoir la corrélation mécanique et spontanée entre la fréquence du coucher collectif et la densité d'une part, et entre le type de logement et la densité d'autre part. La dissociation du coucher collectif et des variables intermédiaires (la densité et le type de logement) met sur la piste d'autres variables explicatives, indépendantes, par exemple le revenu. Le test du croisement entre le revenu et le coucher collectif est en effet concluant car 61,6 % des couchers collectifs sont enregistrés chez les ménages aux revenus faibles, 33,6 % parmi les revenus moyens, et 2,8 % parmi les revenus élevés. La dissociation entre le coucher collectif et le revenu élevé est donc nette.

L'analyse des modes de coucher selon la ventilation par quartier conduit à remarquer en général que le coucher individuel domine à Triq Imouzzer. Là, 56,1 % des résidents se couchent chacun dans leur chambre, le couple formant une unité au sein du ménage. Aucun autre mode de coucher ne touche autant de gens. Triq Imouzzer se distingue également par la basse fréquence des couchers collectif et bipolaire brut, ce qui en fait un quartier où le coucher se fait le plus souvent dans le respect des impératifs islamiques, urbanistes et psychologiques relatifs à l'organisation de l'espace. Dans les quartiers Oued Zitoune, Aïn Qadous, Aouinet Hajjaj et Lidou, le coucher territorial l'emporte par une majorité relative approchant 38,4 % (Lidou). C'est dans ces quatre quartiers que le logement est le plus fréquemment divisé en trois unités sexuelles nocturnes, celle du couple, celle des hommes et celle des femmes. Dans Douh enfin, le coucher bipolaire net l'emporte uniquement par une majorité relative de 30 %.

Ces résultats imposent une comparaison entre les deux quartiers de la médina : Oued Zitoune et Douh. Le coucher territorial est plus fréquent à Oued Zitoune, alors qu'il est bipolaire à Douh, quartier bourgeois et spacieux de la médina où l'on aurait pu rencontrer une plus grande fréquence du coucher territorial.

La variable "statut matrimonial" révèle que 40 % des gens mariés sont encore obligés de dormir soit avec un enfant ou plusieurs en bas-âge, soit avec tous les membres du ménage dans une seule chambre. En effet, 19,7 % parmi eux pratiquent le coucher bipolaire brut, et 21,3 % le coucher collectif. Quant aux célibataires, seuls 23,2 % d'entre eux disposent d'une chambre à coucher individuelle. Les 4/5 restants se divisent en deux groupes : un groupe soumis au coucher territorial (39,7 %), et un groupe partagé entre le coucher bi-polaire net (20 %), le coucher bi-polaire brut (7,4 %), et le coucher collectif (6,6 %). On relève, à partir de ces chiffres, la prédominance du coucher territorial dans la catégorie des célibataires. Chez les autres (divorcés et veufs), le coucher territorial est également dominant, avec une fréquence de 48,2 %. Cependant, le coucher collectif enregistre lui aussi une fréquence non négligeable, il touche 25,8 % des ménages monoparentaux (un seul parent + enfants + autres éventuellement).

Le croisement entre le mode de coucher et l'engagement religieux dégage des données intéressantes.

Tab. 20 : Mode de coucher selon l'engagement religieux

Mode. coucher \ Eng. religieux	Non-islamiste	Islamiste
Coucher individuel	18,5	12,9
Coucher territorial	27,5	38,7
C. bi-polaire net	22,0	25,8
C. bi-polaire brut	13,6	9,6
Coucher collectif	16,3	9,6
Non réponse	1,8	3,2
Total	100,0	100,0

A partir de ce tableau, nous constatons que le coucher territorial est le plus fréquent mais il l'est davantage encore chez les islamistes (12 points d'écart). En revanche, les couchers bipolaire brut et collectif, qui sont les plus proches de la promiscuité, sont moins fréquents chez les islamistes. Il ressort que 19,3 % seulement d'entre eux se couchent selon les modes bi-polaire brut et collectif. Les non-islamistes sont d'ailleurs plus nombreux à vivre selon ces deux modes de coucher (30 %). Cela impose-t-il de dissocier l'islamisme de la promiscuité ?

SEXUALITE ET CHAMBRE A COUCHER

L'existence d'une chambre à coucher, distincte et isolée, réservée la nuit au couple sera un facteur de poids dans la fréquence et la qualité de la sexualité conjugale. Celle-ci y trouvera un espace où se déployer librement. Mais cela signifie-t-il que la sexualité conjugale est obligatoirement liée à cette chambre sanctuaire ? Deux réponses sont possibles. La première, plus appropriée aux classes aisées, consiste à dissocier la sexualité de la chambre à coucher par fantaisie, par érotisme. La seconde concerne davantage les milieux défavorisés. Devant l'absence d'une chambre à coucher isolée, les classes populaires auront-elles tendance à réduire le rythme de leur vie sexuelle ?

A la proposition "l'acte sexuel n'est pas lié à la chambre à coucher", les réactions dominantes sont positives. En effet, peu de gens associent inéluctablement sexe et chambre à coucher : 11 % ne sont pas d'accord avec la proposition, et 5,4 % seulement sont en désaccord total. Cela fait donc 16 % de gens qui ne conçoivent pas de faire l'amour en dehors de la chambre à coucher, tandis que la grande majorité est libérée de cette contrainte spatiale. Les fréquences des modalités de la variable s'établissent comme suit :

Tab. 21 : Fréquences de la dissociation entre sexe et chambre à coucher

Fréquences attitudes	Fréquences absolues	Fréquences relatives %
En accord total	76	11,3
En accord	443	66,4
Hésitant	33	4,9
En désaccord	74	11,0
En désaccord total	36	5,4
Non réponse	5	7,0
Total	667	100,0

Près de 80 % sont en conséquence disposés à avoir des rapports sexuels en dehors de la chambre à coucher, soit par fantaisie, soit par contrainte. C'est donc à l'époque de l'universalisation de la chambre à coucher, de sa désignation comme chambre sexuelle par l'urbanisme fonctionnel, au niveau de la norme du moins, que les gens sont prêts à s'en libérer. Comme si la désignation du lieu du sexe par la géométrie sociale était contemporaine d'un éclatement du sexe dans l'espace de la ville. Selon Evola[65], la médiatisation du sexe donne à l'érotisme un rayon d'action international qui fait éclater toutes les limites, toutes les frontières, toutes les localisations fonctionnelles en dernière analyse. Dans quelle mesure une telle universalisation se vérifie-t-elle à Fès selon les clivages du sexe, de l'âge, du statut matrimonial, des couches sociales et de l'engagement religieux ? L'hypothèse d'Evola résiste-t-elle au relativisme de l'analyse sociologique d'un milieu arabo-islamique ?

En premier lieu, la prédisposition à la dissociation de l'acte sexuel et de la chambre à coucher ne se heurte pas aux clivages du sexe et de l'âge. Les différences d'attitude entre les hommes et les femmes, d'une part, entre les tranches d'âge, d'autre part, sont insignifiantes, comme cela transparaît dans les deux tableaux suivants.

Tab. 22 : Dissociation entre sexualité et chambre à coucher selon le sexe

Attitude Sexe	Accord total	Accord	Hésita- tion	Désac- cord	Désac. total	Non-ré- ponse	Total
Hommes	13,0	69,1	4,4	9,2	4,1	0,0	100
Femmes	9,9	64,0	5,3	12,7	6,5	1,4	100

Tab. 23 : Dissociation entre sexualité et chambre à coucher selon l'âge

Attitude Sexe	Accord total	Accord	Hésita- tion	Désac- cord	Désac. total	Non-ré- ponse	Total
15 – 29 ans	10,9	68,9	4,8	10,6	3,7	00,8	100
30 – 44	13,6	62,0	4,8	12,0	7,2	0,4	100
45 – 59	7,2	65,4	7,2	10,9	7,2	1,8	100
60 et plus	0,0	85,7	0,0	7,1	7,1	0,0	100

Il apparaît effectivement que les femmes sont légèrement plus conservatrices, elles sont nombreuses à lier la
sexualité à la chambre à coucher. Dans toutes les tranches
d'âge, la grande majorité est pour dissocier sexualité et
chambre à coucher.

Que ce soit l'érotisme ou la nécessité, les deux facteurs
se conjuguent pour déterminer la délocalisation du sexe,
son explosion spatiale. Tous les endroits sont de plus en
plus appropriés par et pour une sexualité impérialiste. Cela
reste-t-il vrai lorsque l'on fait intervenir les clivages marital, résidentiel et religieux ? Les gens mariés se libèrent-ils
de la chambre à coucher autant que les célibataires ? Les
habitants des quartiers populaires sont-ils disposés à vivre
leur sexualité indépendamment de la question du lieu ? Les
islamistes enfin refusent-ils toute activité sexuelle qui ne
souscrit pas aux conditions relatives à l'aménagement d'un
territoire sexuel canonique ?

A son tour, la distinction entre les mariés, les célibataires et les "autres" (divorcés et veufs) ne débouche pas sur des différences d'attitude à l'égard de cette question. Les célibataires sont un peu plus nombreux à accepter la dissociation, comparativement aux mariés et aux "autres". Ce résultat est normal dans la mesure où la sexualité pré-conjugale ne peut pas revendiquer un lieu fonctionnel précis, officiel. L'idéologie sexuelle dominante, quoique empreinte de libéralisme, ne reconnaît pas de fonction sociale à la pratique sexuelle avant le mariage. Mais il est évident que les rapports pré-conjugaux sont de plus en plus précoces et fréquents. Une enquête relative au comportement sexuel s'avère de plus en plus nécessaire, elle se pose dorénavant comme la condition de l'élaboration d'une politique sexuelle protectionniste contre le Sida. Pour le moment, la prédisposition des célibataires à libérer le sexe de toute contrainte de lieu est un indice de libéralisme sexuel. Une question sur les lieux du sexe, autres que la chambre à coucher, est très indiquée à cet endroit ; mais elle se situe dans une stratégie d'identification des comportements sexuels. D'ailleurs, l'approche sociologique se pose désormais comme un élément central dans la lutte contre le Sida : connaître le comportement sexuel marocain afin de se protéger, de prévenir. Selon Lévy, directeur de l'ANRS (Agence Nationale de Recherches sur le Sida, France), "la prévention constitue donc la préoccupation majeure du présent et c'est sans aucun doute la seule chance immédiate de limiter l'expansion mondiale de ce fléau. L'appel aux sciences humaines pour la guider paraît essentiel. Prévenir implique la connaissance des croyances, des peurs, des comportements devant la maladie, et tout particulièrement, puisqu'il s'agit d'une maladie sexuellement transmissible, de ce que sont la sexualité et les comportements sexuels de nos contemporains, de leurs motivations, et des possibilités de les modifier"[66] ?

Ce n'est donc pas tant l'attitude des célibataires qui est étonnante, leur jeunesse étant aussi un facteur de non-conformisme sexuel, c'est surtout celle des mariés, des divorcés et des veufs. Ceux-ci sont soumis au processus d'éclatement des frontières spatiales du coït avec quasiment la même intensité, la même fréquence : 64,2 % des mariés, et 65,5 % des divorcés-veufs sont "d'accord" avec la proposition "l'acte sexuel n'est pas lié à la chambre à coucher" (69,6 % chez les célibataires).

Qu'en est-il au niveau du quartier ? Celui-ci, en tant qu'indicateur socio-économique, va-t-il peser de tout son poids sur l'attitude à l'égard de la spécification du lieu du sexe ?

A ce niveau, il est nécessaire de souligner l'attitude des habitants de Oued Zitoune. Ils sont les plus nombreux à être "entièrement d'accord".

Tab. 24 : Dissociation entre chambre à coucher et sexe selon le quartier

Attitude / Sexe	Accord total	Accord	Hésita-tion	Désac-cord	Désac. total	Non-ré-ponse	Total
Oued Zitoun	35,6	32,6	6,9	6,9	16,8	0,9	100
Douh	8,2	75,9	10,5	3,7	1,5	0,0	100
Aïn Qadous	11,2	75,7	0,0	10,2	3,7	0,0	100
A. Hajjaj	0,9	71,8	1,9	19,4	4,8	0,9	100
Lidou	4,0	74,4	4,0	12,0	3,2	2,4	100
Triq Imouzzer	11,2	63,2	5,1	16,3	4,0	0,0	100

En effet, 35,6 % des habitants de Oued Zitoune sont "entièrement d'accord" pour dissocier sexe et chambre à coucher. C'est, rappelons-le, le quartier où 32 % de ménages ne disposent pas d'une chambre à coucher autonome. A Douh, ils sont 08,2 % seulement.

Ceux qui distinguent le coït de la chambre à coucher forment la majorité absolue dans l'ensemble des quartiers. Cependant, des nuances ressortent lors du classement des fréquences des quartiers :

1 – Aïn Qadous	85,9 %
2 – Douh	84,1
3 – Lidou	78,4
4 – Triq Imouzzer	74,4
5 – Aouinet Hajjaj	72,7
6 – Oued Zitoune	68,2

Ce classement montre que les oppositions quartiers denses/non denses et quartiers traditionnels/modernes ne conduisent pas à des différences pertinentes. Au sein de la première, Aïn Qadous et Oued Zitoune, avec la même haute densité, sont séparés par 17,7 points, tandis que Triq Imouzzer et Aouinet Hajjaj, aux densités opposées, ne le sont que par 1,7 point. Au sein de la seconde, l'écart entre deux quartiers traditionnels (Douh et Oued Zitoune, 15,9 points), ou entre deux quartiers modernes (Aïn Qadous et Aouinet Hajjaj, 13,2 points) est plus important que celui qui sépare entre les quartiers traditionnels et modernes. La moyenne des quartiers traditionnels (Douh et Oued Zitoune) est de 76,1, tandis que celle des quartiers modernes (Aïn Qadous, Aouinet Hajjaj, Lidou et Triq Imouzzer) est de 77,8. L'écart est de 1,7 points seulement en faveur des quartiers modernes où ceux qui distinguent le coït de la chambre à coucher sont à peine plus nombreux (1,7 % de plus). Ce n'est pas dans les quartiers traditionnels, où la chambre à coucher est plus inaccessible en raison de l'architecture, de la densité et du niveau de vie, que l'on enregistre les taux les plus hauts de dissociation. A Oued Zitoune surtout, le taux des gens qui n'acceptent pas de séparer coït et chambre à coucher atteint 23,7 %. Là, la chambre à coucher reste une norme, en tout cas un idéal. Cependant, aucune généralisation ne peut être faite à partir de ce score. L'autre quartier de la médina, Douh, affiche une association plus faible du coït et de la chambre à coucher (5,2 %). L'habitat de la médina ne prédispose pas en conséquence, à lui seul, à l'association. Aouinet Hajjaj par exemple, est beaucoup plus enclin à associer ces 2 éléments (24,2 %) que Oued Zitoune, tout en n'appartenant pas à la médina. Triq Imouzzer est également un quartier propice à cette association avec une proportion de 20,3 % malgré la disponibilité de l'espace et des moyens, malgré la faible densité. Quel est le classement des quartiers selon le degré d'association du coït à la chambre à coucher ?

1 – Aouinet Hajjaj		24,2 %
2 – Oued Zitoune		23,7
3 – Triq Imouzzer		20,3
4 – Lidou		15,2
5 – Aïn Qadous		13,9
6 – Douh		05,2

Triq Imouzzer est le troisième quartier le plus enclin à associer sexualité et chambre à coucher, faisant preuve de conservatisme beaucoup plus que Douh encore où le taux d'association descend à 5,2 %.

Ces résultats ne permettent pas de tirer une loi quelconque à propos de la détermination du rapport coït/chambre à coucher par l'identité socio-historique du quartier. Là aussi, l'hypothèse d'Evola semble se confirmer dans la mesure où la tendance à la délocalisation spatiale du coït est dominante, malgré les résistances du conservatisme sexuel.

L'islamisme exprime-t-il une résistance plus rigoureuse face à cette déconnexion ? Les islamistes sont-ils plus intransigeants au niveau de la localisation de l'acte sexuel ?

La variable "engagement religieux" montre, en effet, que les islamistes sont peu nombreux à dissocier coït et chambre à coucher.

Tab. 25 : Dissociation coït / chambre à coucher selon l'engagement religieux

Attitude Eng. relig	Accord total	Accord	Hésita-tion	Désac-cord	Désac. total	Non-ré-ponse	Total
N. islamiste	11,3	67,1	4,7	11,0	5,1	0,6	100
Islamiste	12,9	51,6	9,6	12,9	9,6	3,2	100

Certes, les "entièrement d'accord" sont plus nombreux parmi les islamistes (1,6 point de plus), mais la somme des "entièrement d'accord" et des "d'accord" donne un avantage plus large aux non-islamistes (13,9 points de plus). Dans les deux groupes cependant, la dissociation du coït et de la chambre à coucher est adoptée par une majorité absolue : 78,4 % chez les non-islamistes, et 64,5 % chez les islamistes.

L'hypothèse de l'universalité de la délocalisation du sexe n'est donc pas invalidée par l'idéologie islamiste. A ce niveau, l'islamisme est également atteint par l'éclatement des frontières spatiales du coït, à l'intérieur de la maison.

SEXE ET MAISON

Cherchons une preuve supplémentaire de la délocalisation du sexe dans les attitudes face à une autre proposition qui va dans le même sens : "l'acte sexuel n'est pas lié à la maison".

Si la majorité des islamistes (64,5 %) accepte de dissocier entre coït et chambre à coucher, il n'en est pas de même lorsqu'il s'agit de dissocier coït et maison. En effet, 41,9 % seulement parmi eux affichent une attitude favorable à l'égard du coït en dehors de la maison. Le même pourcentage refuse de les distinguer. Car la maison, non seulement garantit un minimum d'intimité au coït conjugal, un espace intime pour l'acte le plus privé selon la Loi, mais elle garantit aussi contre la fornication, contre le "zina". La localisation islamiste du sexe dans le domicile conjugal est un garde-fou double, tant contre la fornication que contre la publicité du sexe. Celui-ci doit rester confiné dans le domicile conjugal, même si ce dernier ne garantit pas l'intimité totale. La pratique du coït à la maison, dans un lieu autre que la chambre à coucher, est moins grave que son accomplissement dans un espace public (plage, forêt, voiture…). C'est un moindre mal, car "la nécessité permet (de transgresser) les interdits". La sexualité, même conjugale, ne doit pas s'afficher dans l'espace public. Cette attitude, davantage rencontrée chez les islamistes, prouve que la délocalisation du sexe doit s'arrêter selon eux aux frontières du privé. La maison entière peut à la rigueur être un lieu du sexe, mais le sexe doit s'arrêter là où commence l'espace public. Les non-islamistes sont un peu plus nombreux à accepter de dissocier coït et maison, mais sans que les partisans de cette attitude forment une nette majorité absolue. Ils sont exactement 50,4 %.

Tab. 26 : Dissociation coït/maison selon l'engagement religieux

Attitude Eng. relig.	Accord total	Accord	Hésita-tion	Désac-cord	Désac. total	Non-ré-ponse	Total
N. islamiste	8,6	41,8	2,3	34,4	11,6	1,1	100
Islamiste	12,9	29,0	12,9	16,1	25,8	3,2	100

Tab. 27 : Dissociation sexe/espace selon l'engagement religieux

Att. dissociation Eng. religieux	Sexe/chambre à coucher	Sexe / maison
Non. islamiste	78,4	50,4
Islamiste	64,5	41,9

L'hypothèse d'Evola rencontre ici, chez les islamistes, un premier écueil eu égard à l'importance de leurs effectifs qui résistent à la libération spatiale du sexe, à l'émergence d'un espace neutre au sein duquel tous les lieux peuvent servir la fonction sexuelle. La notion de zoning sexuel, d'origine religieuse, garde encore son efficience sociale. Elle va dans le sens de la nécessité d'une localisation du coït dans l'espace social.

La synthèse de ces chiffres montre également que la moitié de la population n'est pas disposée, d'une manière ou d'une autre, à accepter que le coït ait lieu en dehors de la maison, dans l'espace public. C'est là un indice supplémentaire de résistance. La délocalisation du sexe ne touche pas l'ensemble du corps social.

Cette association de l'activité sexuelle et de la maison signifie-t-elle aussi que le logement procure de la satisfaction à ses habitants. Quel rapport général établir entre le logement et son habitant ?

SENTIMENT DE SATISFACTION A L'EGARD DU LOGEMENT

Le sentiment de satisfaction à l'égard du logement est déterminé par les paramètres précédents, étudiés tout au long de ce chapitre, soit le mode d'occupation, la superficie, le plan, le nombre de pièces et de chambres à coucher. Grâce à la transformation de ces paramètres en items complémentaires d'une échelle d'attitude, il est possible d'évaluer le sentiment de satisfaction à l'égard du logement d'une manière quantitative. C'est d'ailleurs là un des buts principaux de ce travail. Mais avant d'arriver à cette perspective psychosociologique, on peut, dès à présent, se former une idée sur le sentiment de satisfaction grâce à l'analyse de la question "Etes-vous satisfait de votre logement ?". Cette question peut être analysée de manière autonome, car elle peut livrer l'évaluation-subjective même du sentiment de satisfaction par-delà la valeur fonctionnelle du logement.

Tab. 28 : Satisfaction à l'égard du logement

Fréquence Attitude	Absolue	Relative %
Très satisfait	88	13,1
Satisfait	203	30,4
Un peu	162	24,2
Insatisfait	102	15,2
Très insatisfait	111	16,6
Non réponse	1	0,1
Total	667	100,0

Relevons le nombre important des gens indécis (un individu sur quatre) qui oscillent dans un sentiment d'ambivalence entre la satisfaction et l'insatisfaction, et l'absence presque totale de la non-réponse, significative d'une prise de position certes, mais surtout de la présence générale de la question dans la conscience quotidienne. D'une manière globale, le sentiment de satisfaction (43,5 %) l'emporte sur le sentiment d'insatisfaction (31,8 %) par une majorité relative. Indépendamment des conditions objectives de l'habitation, la prédominance du sentiment de satisfaction à l'égard du logement peut en général être inférée aux valeurs islamiques de la "qana'a" (se contenter de ce qu'on a) et du "hamd" (louange à Dieu pour ce qu'il offre dans l'espoir d'en obtenir davantage). Ces deux valeurs sont en corrélation étroite avec la variable de l'âge. En effet, plus l'individu est âgé, plus il est convaincu de ces valeurs, et plus il est satisfait à l'égard de son logement. Les résultats confirment cette hypothèse. En effet, 64,2 % des personnes âgés de 60 ans et plus sont satisfaites de leur logement, contre 56,3 % de la tranche 45 – 59 ans, 38,4 % de la tranche 30 – 44 ans, et 44,4 % de la tranche 15 – 29 ans.

Comment se distribue le sentiment de satisfaction à l'égard du logement selon les autres clivages sociaux de l'état matrimonial, du quartier et de l'engagement religieux ?

Tab. 29 : Satisfaction à l'égard du logement selon le quartier

Attitude Eng. relig	Très satisfaitl	Satisfait	Un peu-	Insatis--fait	Très insatisfait	Non-réponse	Total
O.Zitoune	9,9	19,8	23,7	8,9	37,6	0,0	100
Douh	4,5	26,3	38,3	24,8	6,0	0,0	100
Ain.Qadous	3,7	27,1	28,9	19,6	20,5	0,0	100
A. Hajjaj	9,7	30,1	21,3	20,3	18,4	0,0	100
Lidou	25,6	28,8	17,6	10,4	16,8	0,8	100
Trip.Mouzer	26,5	53,0	12,2	5,1	3,1	0,0	100

Il est clair que ces résultats prolongent et confirment les données immédiates du sens commun de la sociologie spontanée. Le sentiment de satisfaction est enregistré chez une large majorité (79,5 %) à Triq Imouzzer, et chez une majorité absolue au Lidou, mais sans qu'elle soit forte (54,4 %). La satisfaction à l'égard du logement se retrouve donc seulement dans les deux quartiers qui représentent l'essence de l'urbain moderne, du moins son côté positif du moins.

Dans les deux autres quartiers appartenant au côté "accidentel", périphérique et honteux de la modernité, Aïn Qadous et Aouinet Hajjaj, le sentiment de satisfaction est loin d'être dominant. On le relève chez 39,8 % des habitants de Aouinet Hajjaj, et seulement chez 30,8 % de ceux de Aïn Qadous. Cette comparaison donne l'avantage à Aouinet Hajjaj. Le sentiment d'insatisfaction y est également inférieur (38,7 % contre 40,1 % à Aïn Qadous). Comment expliquer l'existence d'une plus grande satisfaction à Aouinet Hajjaj qu'à Ain Qadous ? Est-il logique d'être plus satisfait dans un bidonville ? En effet, Aouinet Hajjaj réalise quelques aspects essentiels du bidonville : la "clandestinité", l'illégalité, l'autoconstruction, le sous-équipement. C'est, selon Navez-Bouchanine, "la peur de la régression vers des espaces jugés moins bons" [67] qui explique l'existence du sentiment de satisfaction à l'égard du logement dans le sub-urbain. En d'autres termes, le bidonvillois considère son logis comme un acquis fragile à préserver, comme une conquête, et sa vie en périphérie comme une promotion sociale presque suffisante. Il s'agit là d'une peur constante et quotidienne qui empêche de regarder plus haut, et qui procure un sentiment de satisfaction illusoire et sécuritaire. "Quand on n'a pas où aller, déclare un enquêté à Navez-Bouchanine, on ne regarde pas trop les conditions de vie dans l'endroit où l'on se trouve. On peut dormir n'importe où, ne pas poser le problème, vivre sans savoir où l'on va. On se laisse aller, on prend l'habitude…" [68]. En somme, une vie périphérique en périphérie.

Dans les quartiers de la médina, le sentiment d'indécision et d'ambivalence est patent à Douh (38,3 %), alors que le sentiment de grande insatisfaction l'emporte à Oued Zitoune (37,6 %, auxquels il faut ajouter 8,9 % d'insatisfaits tout court). Oued Zitoune est donc le quartier où la fréquence de l'insatisfaction est la plus élevée, elle dépasse même celles de Aïn Qadous et de Aouinet Hajjaj. Cependant, l'égalité entre les taux de satisfaction (30,8 %) et d'insatisfaction (30,8 %) à Douh tempère le jugement négatif que l'on pourrait se faire à l'égard de la médina. C'est donc la surdensification des logements à Oued Zitoune qui ne les prédispose pas à susciter un sentiment de satisfaction à leur égard.

En conséquence, il n'y a pas de dichotomie nette entre une partie moderne de la ville où le logement procure de la satisfaction (principalement), et une partie traditionnelle à l'intérieur de laquelle le logement est une source d'insatisfaction (principalement). Dans l'espace moderne, le sentiment d'insatisfaction n'est pas rare, tout comme ne l'est pas le sentiment de satisfaction dans l'espace traditionnel. Mais en fait, cette opposition entre tradition et modernité relève davantage du stéréotype, de l'idéal type dans le meilleur des cas. La réalité urbaine est en fait entièrement moderne, d'une modernité à paliers de différents niveaux. La médina ne représente pas la tradition, mais un moins de modernité, un seuil sur l'échelle d'une modernité encore inachevée, et inachevable par essence. Pour cette raison, le sentiment de satisfaction doit être détaché, comme les résultats le prouvent, de la notion idéologique de tradition, et corrélé à des indicateurs socio-économiques de développement, tels que la densité et le niveau de vie.

L'islamisme, en tant que résultante d'une surdétermination socio-économique, peut-il être considéré (aussi) comme l'expression de l'insatisfaction à l'égard du logement? La réponse à une question aussi importante ne saurait évidemment être réduite au positionnement par rapport au seul item "Etes-vous satisfait de votre logement?". Une batterie d'items est un minimum nécessaire pour affronter cette interrogation. Nous y arriverons lors de la

transformation des questions en items convergents d'une
même échelle d'attitude. Cependant, l'évaluation de la satisfaction à l'égard du logement par le sujet lui-même n'est
pas un indice à dédaigner dans l'établissement de la corrélation entre le logement et l'attitude religieuse.

Contre toute attente, les islamistes sont plus nombreux
à être satisfaits de leur logement, avec une majorité absolue de 58 %, que les non-islamistes qui expriment ce même
sentiment avec une majorité relative de 42,8 %.

Tab. 30 : Satisfaction à l'égard du logement selon l'engagement religieux

Attitude \ Eng. religieux	Non-islamiste	Islamiste
Très. satisfait	12,8	19,3
Satisfait	30,0	38,7
Un peu	24,2	25,8
Insatisfait	15,5	9,6
Très insatisfait	17,1	6,4
Non-réponse	0,1	0,0
Total	100,0	100,0

A l'inverse, l'insatisfaction touche plus de non-islamistes que d'islamistes.

Comment lire cette déconnexion entre les islamistes et
l'insatisfaction à l'égard du logement ? Sont-ce les vertus
islamiques de contentement, de louange et de reconnaissance (qana'a et hamd) qui se retrouvent davantage chez
les islamistes ? Dans le cadre d'une telle hypothèse, l'attitude islamiste à l'égard du logement ne découlerait pas des
conditions objectives de l'habitation, mais de l'engagement
dans le respect pratique des recommandations religieuses.
La fréquence majoritaire du sentiment de satisfaction ne
serait donc pas la résultante d'une condition de logement

satisfaisante. L'extériorisation du sentiment de satisfaction, montrerait au contraire les limites du fonctionnalisme, et la force d'une foi systémique qui, pour ne pas se trahir, reste conséquente avec elle-même, malgré elle, prise qu'elle est à son propre jeu. La satisfaction est sincère, car pour les masses, le rapport à l'idéologie n'est jamais instrumental.

Mais la question "qu'est-ce qu'un logement objectivement satisfaisant?" ne manque pas de se poser, de s'imposer, à tout esprit critique. Peut-on en effet ériger des normes universelles susceptibles d'unifier les définitions socio-historiques de la satisfaction à l'égard du logement? Celle-ci n'est-elle pas fonction de données culturelles et idéologiques? N'y a-t-il pas un impérialisme urbain derrière la volonté d'une définition objective de la satisfaction à l'égard du logement?

Peut-être que de telles interrogations, reflétant l'errance culturelle dominante, rendent compte de l'importance statistique de l'hésitation. Celle-ci est quasiment égale dans les deux groupes: un individu sur quatre n'arrive pas à formuler un sentiment net à l'égard de son logement, 25 % de gens sont désorientés. Vivant dans une situation "habitationnelle" et idéologique intermédiaire, leur sentiment est également ambigu: ils ne sont ni satisfaits ni insatisfaits.

SYNTHESE

L'espace est-il sexuellement fonctionnel? Comment? Dans quelles limites l'est-il? Il s'agit de déterminer le degré d'aptitude de l'espace social construit, le logement en particulier, à garantir les conditions matérielles minimales et nécessaires à l'exercice de la sexualité.

La première conclusion majeure de l'enquête, relative au mode fonctionnel, réside dans l'établissement

scientifique direct de l'inexistence de la chambre à coucher dans le quart des logements urbains. L'exiguïté de
l'espace et le nombre élevé des membres d'une famille
rendent impossible de consacrer une pièce distincte, autonome et isolée au coucher. Cette impossibilité touche
une partie non négligeable de la population. En conséquence, nombreux sont les époux qui n'arrivent pas à disposer d'un espace propre au sein du logement, et se heur-
tent donc à un obstacle de taille sur le chemin de l'entente
conjugale, de la naissance du couple. L'organisation de
l'espace est, certes, le reflet de la société, mais elle ne
manque pas à son tour d'influer sur la société, et de jouer
un rôle dans l'apparition de structures sociales et men-
tales nouvelles. Devant le manque d'un espace conjugal
intime réservé, la réaction générale est positive, dans la
mesure où la grande partie de la population accepte de
dissocier le coït de la chambre à coucher. C'est la preuve
d'une souplesse double, aux niveaux idéologique et pratique. Les gens ne sont pas rigoristes au point de revendiquer la disponibilité d'un territoire sexuel domestique
spécifique comme condition nécessaire à toute activité
sexuelle. Cette attitude débouche sur une adaptation
pragmatique en fonction des possibilités de l'espace domestique disponible. Cependant, la libération du coït par
rapport à la chambre à coucher ne conduit pas mécaniquement à un sexe éclaté dans l'espace public. Le coït
reste associé à la maison, c'est-à-dire à la légitimité et à
la discrétion. L'impérialisme spatial du sexe rencontre de
la résistance au Maroc, soit dans une société arabo-islamique citadine réputée pour être l'une des plus libérales
dans ce domaine.

Ces statistiques nous auront permis, aussi, de définir
des modes de coucher propres à la société citadine marocaine, et de décrire leur distribution sociale. Les modes de

coucher individuel, territorial, bipolaires (net et brut) et collectif sont les différentes manières nocturnes d'occuper l'espace domestique citadin. Le coucher individuel, quoique mineur, indique la participation à la modernité, la reconnaissance sociale de l'individu et de la nécessité de sa liberté. Le coucher territorial est, pour sa part, la preuve de l'enracinement de l'idéologie patriarcale et de l'Islam littéral dans la gestion de l'espace. Qu'il soit l'indice d'une perdurance ou le symbole d'une mouvance, le coucher territorial est l'objet d'une surdétermination, et de ce fait il ne peut être réduit à une approche unilatérale. Le coucher collectif dans ses différentes graduations (bipolaire et collectif) signe le retard de la réalité urbaine, sous-développée et dépendante, par rapport à l'idéal de la modernité. Il ne peut être considéré comme la continuation moderne d'un sens communautaire traditionnel. Sa détermination économique est patente.

La troisième conclusion est relative au rapport de l'islamisme à l'espace. L'expérimentation de quelques variables à ce sujet conduit à l'invalidation de l'hypothèse de l'origine socio-spatiale de l'islamisme. En effet, le rapport entre le groupe islamiste étudié et le logement ne peut pas être considéré comme l'expression d'un conflit, encore moins comme le signe d'une frustration. En comparaison aux non-islamistes, les islamistes sont plus nombreux à disposer d'une chambre à coucher au sein de leur logement. Ils sont également moins nombreux à se coucher selon les modes collectivistes du coucher (bipolaires et collectif). Certes, la dissociation du coït et de la chambre à coucher est moins fréquente chez eux, mais les "dissociateurs" sont majoritaires parmi eux. La plupart des islamistes sont également disposés à avoir des rapports sexuels dans des lieux domestiques autres que la chambre à coucher. La non-réalisation des conditions spatiales canoniques du coït (isolement et insonorité par exemple) ne débouche pas sur la continence sexuelle. Les islamistes sont enfin plus nombreux à se déclarer satisfaits de leur logement, mais une telle attitude peut être le résultat d'une détermination paradoxale : elle est soit l'indice d'une condition de logement objectivement satisfaisante, soit la conséquence de l'observance des recommandations religieuses de la patience, de la louange et de la reconnaissance. Il est alors possible de saisir, derrière le sentiment de satisfaction des islamistes à l'égard du logement, une puissante motivation idéologique de type religieux qui impose de se satisfaire d'un logement insatisfaisant. L'hypothèse de l'origine socio-spatiale de l'islamisme semble invalidée et ce faisant, elle n'a donc pas à devenir une cause, à se transformer en idéologie de combat. En restant impossible à valider, l'hypothèse garde sa scientificité. Certes, sa confirmation aurait tout au plus donné une force supplémentaire à la nécessité impérieuse d'une politique sociale en matière d'habitat et d'hygiène psychique. Mais il est encore possible, lors de l'analyse des résultats des échelles d'attitude (Cinquième Partie), d'établir la corrélation entre l'insatisfaction "habitationnelle" et l'islamisme.

TROISIEME PARTIE

DE LA SEXUALITE

INTRODUCTION

La construction du mode fonctionnel a permis de décrire les différentes conditions de logement de la population en vue de mesurer les degrés d'influence du logement sur la sexualité. Le logement n'est-il pas, en effet, dans le cadre de notre hypothèse de travail, un des facteurs fondamentaux qui concourent à déterminer les attitudes et les comportements sexuels ?

Le mode fonctionnel est une description de l'espace en fonction de la variable sexuelle, c'est-à-dire une approche de la fonctionnalité de l'espace à travers une perspective sexuelle. L'érection de la sexualité comme schème explicatif a guidé toute l'approche de l'espace. Il faut donc, après avoir déblayé le terrain spatial, s'intéresser maintenant à la sexualité.

La connaissance de la sexualité doit, de préférence, s'attacher à l'étude des attitudes et des comportements. Mais il est évident que l'enquête sociologique n'observe jamais directement les comportements sexuels, elle est obligée de s'arrêter au niveau des déclarations de la population. Ce n'est pas le comportement qui est directement saisi, mais seulement sa description par le sujet. Or, cette description peut maquiller la réalité des comportements effectifs. Elle peut être surévaluative, comme elle peut être occultante au négatrice. Mais c'est surtout le niveau culturel de la société étudiée qui a imposé de s'arrêter au niveau des attitudes. Pour le moment, il est difficile de faire parler un Marocain sur ses propres comportements sexuels dans le cadre d'une enquête sociologique où il n'est pas demandeur. Il est en revanche très aisé de recueillir ses attitudes à l'égard de la sexualité des autres, et de la sexualité en général. Le caractère projectif inhérent à toute attitude habilite celle-ci à être un indicateur de la personnalité : à travers l'évaluation de la sexualité des autres, le sujet implique et révèle sa propre sexualité.

Plus encore, la notion d'attitude, verbalisée, est loin d'être coupée du comportement. Freson la définit comme "la probabilité d'occurrence d'un comportement défini, dans une situation définie"[69]. Pour Daval, "la connaissance de l'attitude permet de déduire la conduite"[70]. Aux yeux des pionniers de la psychologie sociale tels que G. H Mead et Dewey, l'attitude est, selon l'expression de Maisonneuve[71], "une préparation à une action", puisque son caractère directionnel et intentionnel est fondamental. De leur côté, des sociologues américains comme Stagner, Thomas et Znaniecki expliquent les conduites humaines par le recours au système de valeurs, concentré dans les attitudes sociales dominantes. Ils ne se sont pas arrêtés au stade du fonctionnalisme biologique. Pour eux, le comportement ne peut être expliqué par le seul besoin, il est également la résultante d'une attitude, d'une posture.

Ces différents points de vue sur l'attitude, convergents et complémentaires, établissent l'attitude comme une condition, une cause du comportement. La corrélation entre l'attitude et le comportement n'est donc plus un objet de doute.

Ce qui rend la notion d'attitude encore plus opératoire dans notre problématique, c'est ce que dit Stoetzel[72] de sa capacité de désigner "la manière dont une personne se situe par rapport à un objet de valeur". Or, le sexe est, en Islam, selon Abou Moussa Al Asha'ari, l'objet inestimable par excellence. C'est l'objet de valeur absolu que Dieu dépose (al Amana) dans Adam, en lui recommandant d'en jouir et d'en prendre soin[73]. L'attitude à l'égard de la sexualité revêt par conséquent une grande importance, c'est la manière dont se définit le musulman par rapport au sexe en tant que manifestation du sacré. A l'égard du sexe, la notion d'attitude montre une personne positionnée, une personne pour ou contre, une personne qui ne peut pas rester indifférente.

La notion d'attitude est donc très appropriée pour approcher la sexualité, car on peut, selon Charnay "remonter par induction de l'attitude apparente au système de pensée et de motivation qui la sous-tend, ou en déduire les actions virtuelles qui en seraient les conséquences normales"[74]. cette notion est heuristique en amont et en aval : elle conduit à l'idéologie motrice plurielle (coutume, droit musulman, idéologie libérale, socialisme) et aux conduites quotidiennes à la fois. En amont, elle est une construction, un modèle explicatif, en aval, elle est liée au comportement comme étant sa cause générale. A ce titre, elle est un concept intermédiaire, à mi-chemin entre l'idéologie et le comportement.

Ainsi, il est acquis que l'identification des attitudes de la population à l'égard de la sexualité constitue un aspect fondamental dans l'étude du comportement sexuel, dans la mesure où celui-ci ne peut être enfermé par et dans une définition behavioriste. Le comportement sexuel n'est pas réductible à "la réaction observable", il est un complexe de "dimensions corporelles, psychologiques et sociologiques"[75]. S'intéresser aux attitudes sexuelles d'un individu ou d'un groupe, c'est donc être au coeur de leur activité sexuelle. D'ailleurs, la plupart des attitudes ciblées par

notre enquête sont relatives aux pratiques sexuelles les
plus courantes, telles que le coït sans pénétration, les positions, l'orgasme partagé, la masturbation, l'homosexualité,
la sodomie. Il s'ensuit que les attitudes exprimées au sujet
des pratiques sexuelles en général ont de fortes chances de
renvoyer à celles du sujet. A partir de là, accepter que
l'autre exerce une pratique sexuelle précise est pour le
sujet une manière de reconnaître à son insu qu'il l'accepte
pour lui-même. L'attitude de refus est également projec-
tive, car il est probable que la condamnation, de l'homosexualité par exemple, soit l'indice de sa non-pratique par
le sujet. Bien entendu, il existe toujours, en matière de
sexualité, un écart entre la norme (l'idéal du moi défini par
le groupe) et la pratique réelle, étant donné que c'est la
force du désir sexuel qui fait tomber les digues de la morale et de la religion.

Si l'attitude favorable à l'égard d'une pratique sexuelle
quelconque est considérée comme un indice de son adoption pratique par le sujet, l'attitude favorable à l'égard de la
sexualité en général est posée comme le signe de la satisfaction sexuelle. Car il y a, selon Reich, une corrélation
étroite entre une sexualité satisfaite et une attitude générale
favorable à la sexualité. A ce sujet, il écrit dans "La fonction de l'orgasme" : "l'individu élevé dans une atmosphère
de négation de la vie et du sexe acquiert un plaisir-angoisse
(la peur de l'excitation de plaisir) qui est représenté phy-
siologiquement par des spasmes musculaires chroniques.
Ce plaisir-angoisse est le terrain sur lequel l'individu recrée
les idéologies qui nient la vie et qui forment les bases des
dictatures" [76]. L'attitude sexuelle est ainsi non seulement
un aspect du comportement sexuel, mais également un indice du degré de satisfaction sexuelle.

C'est ce double aspect de la notion d'attitude qui conduit
à la nécessité d'un double traitement des items relatifs à la

sexualité dans notre questionnaire. D'une part, chaque item connote à lui seul une pratique sexuelle dont l'analyse socio-fréquentielle reste primordiale, d'autre part, tous les items se complètent et perdent leur autonomie en constituant une échelle susceptible de mesurer le degré de satisfaction sexuelle des différents groupes sociaux. L'étude de la sexualité se fera en conséquence par le biais d'une double approche, celle de l'analyse socio-fréquencielle et celle de l'échelle de satisfaction.

L'analyse socio-fréquentielle des "attitudes-comportements" tentera de répondre aux trois questions suivantes :

— Dans quelle mesure la sexualité pré-conjugale est-elle acceptée ?

— Comment le coït hétérosexuel est-il conçu ?

— Dans quelle mesure les formes paranormales et paralégales de la sexualité sont-elles tolérées ?

Cette approche impose de respecter le plan suivant :

— La sexualité pré-conjugale.

— Les conditions du coït hétérosexuel.

— Les pratiques sexuelles "anormales" et "illégales", perverses.

CHAPITRE VI

LA SEXUALITE PRECONJUGALE

L'attitude à l'égard de la sexualité pré-conjugale est révélatrice de l'idéologie dominante, car accepter cette sexualité, c'est accepter le plaisir en soi, c'est reconnaître le plaisir en tant que valeur sociale. La procréation n'est pas recherchée dans ce cadre. C'est pour cela que la sexualité préconjugale reste encore en général l'objet d'une condamnation sociale, pénale et religieuse dans les sociétés arabo-islamiques comme le Maroc. Celles-ci n'ont pas encore donné naissance à l'individu, et ne peuvent, par conséquent, concevoir de lui reconnaître le droit au plaisir. Cependant, les interdits qui frappent les relations sexuelles pré-conjugales paraissent de plus en plus dépassés par une évolution des faits qui s'achemine lentement vers les valeurs individuelles de la révolte et de la liberté. Beaucoup de facteurs ont favorisé la libéralisation du sexe, comme la sortie de la femme dans l'espace public (enseignement, travail), le recul de l'âge au mariage, l'apparition de la structure du couple, la production du désir par la mise en scène du corps grâce aux industries du vêtement et de la communication (cinéma, télévision, presse écrite, publicité…), la mise en vente des moyens contraceptifs. Tous ces facteurs sont liés à l'urbanisation. Peut-être faut-il parler aussi, dans le cas du Maroc, d'une sexualité de compensation. La recherche du plaisir par l'individu y est encouragée par le pouvoir, afin d'aider l'individu à supporter un maximum de frustrations, de nature sociale, économique et politique. "Par certains côtés, les dérogations permises à l'Islam, écrit Leveau, la consommation de l'alcool, une certaine liberté sexuelle tolérée peuvent apparaître comme des compensations à la confiscation de la vie politique par le pouvoir"[77]. Le slogan qui résumerait cette fausse libéralisation du sexe serait, comme nous l'avons signalé dans un travail antérieur, "laisser coïter, laisser avoir du plaisir"[78].

Quelles sont donc les attitudes enregistrées à l'égard du développement de la sexualité pré-conjugale? Est-ce une sexualité assumée?

PRATIQUES ET REJET

L'item "Des gens ont des rapports sexuels avant le mariage" a permis de noter les attitudes suivantes.

Tab. 31 : Sexualité pré-conjugale

Fréquences Attitudes	Absolue	Relative
Entièrement d'accord	37	5,5
D'accord	185	27,7
Hésitant	48	7,2
En désaccord	210	31,4
En désaccord total	180	27,0
Non réponse	7	1,0

Ces résultats montrent que la sexualité pré-conjugale est condamnée par une majorité absolue de 58,4 %, contre 33,2 % qui l'acceptent (le tiers).

La ventilation sociale des fréquences des attitudes à l'égard de la sexualité préconjugale conduit à affirmer que les hommes (par opposition aux femmes), les célibataires (par opposition aux mariés et aux autres), et les non-islamistes (par opposition aux islamistes) lui sont plus favorables. Le tableau suivant résume cette comparaison.

Tab. 32 : L'attitude favorable à la sexualité pré-conjugale

Catégories sociales	% Favorable	% défavorable	Catégories sociales
Hommes	40,1	27,1	Femmes
Célibataires	41	28,6	Mariés
Non-islamistes	34,2	12,8	Islamistes

L'approche intuitive et celle du sens commun donnent également une crédibilité à ces résultats. Dans une société largement dominée par le paradigme patriarcal, la condamnation de la sexualité pré-conjugale porte essentiellement sur la sexualité féminine. La femme doit rester vierge jusqu'au jour du mariage. Par contre, et malgré son interdiction canonique, les aventures sexuelles pré-conjugales de l'homme sont appréciées par la société qui y voit la preuve de la virilité, et la condition d'une initiation aux choses de l'amour bénéfique aux relations conjugales ultérieures. La sexualité pré-conjugale est essentiellement ludique, gratuite, sans visée généalogique. C'est pour cette raison que les femmes lui sont moins favorables. Donc, là où la religion condamne la sexualité préconjugale sans être plus tolérante à l'égard des hommes, la société trouve une occasion de laxisme et de permissivité en faveur des hommes. Cependant, cette attitude sociale n'est pas en rupture complète avec les dispositions de la Loi (Charia), étant donné que l'homme musulman peut contracter un commerce sexuel pré-conjugal licite avec les esclaves et

les concubines. Si le rapport sexuel de l'homme à son es-
clave-femme est licite au regard de la Loi, le rapport
sexuel de la femme à son esclave-homme par contre ne
l'est pas. Pour l'homme, la sexualité doit avoir lieu dans un
rapport social de supériorité vis-à-vis de la femme. La
sexualité de la femme est conjugale ou n'est pas, tandis
que celle de l'homme peut être (licitement) pré-conjugale
(avec une esclave et/ou une concubine sans être marié),
conjugale au pluriel (polygamie) et extra-conjugale (avec
des esclaves tout en ayant plusieurs épouses). Cette double
morale sexuelle est au fondement de l'économie sexuelle
islamique et explique l'attitude plus réservée des femmes à
l'égard de la sexualité pré-conjugale.

La spécification de la question au niveau des items 20
(L'homme ne doit pas avoir de rapports sexuels avant le
mariage) et 21 (même question à propos de la femme)
confirme la faiblesse des attitudes favorables à la sexualité
pré-conjugale. La comparaison des attitudes masculine et
féminine fait ressortir, en effet, que les femmes rejettent la
sexualité pré-conjugale féminine plus que ne le font les
hommes. Les femmes sont partie prenante du paradigme
patriarcal, elles le défendent et y croient autant que les
hommes. Les images de l'épouse et de la mère, gratifiant la
sexualité conjugale procréative, empêchent l'éclosion de la
conscience sexuelle chez la femme, c'est-à-dire la reconnaissance de la femme comme être érotique.

Tab. 33 : Pourcentage des attitudes favorables à la sexualité
pré-conjugale selon les sexes.

Sexe / Attitude	Hommes	Femmes
Favorables à la sexualité pré-conjugale masculine	35,6	32,3
Favorables à la sexualité pré-conjugale féminine	33,7	23,4

Les hommes sont donc plus favorables à la sexualité préconjugale féminine que les femmes elles-mêmes. Quelques déclarations d'enquêtées vont dans ce sens :

"La fille qui manque de religion et de moralité est celle qui fait l'amour avant le mariage", ou encore "L'homme qui respecte sa future épouse ne lui demande pas de faire l'amour avant le mariage" ou enfin "Le respect du mari à l'égard de son épouse provient du fait qu'elle se soit refusée sexuellement avant le mariage. La femme s'impose à l'homme après le mariage par la vérité de sa virginité".

Cela signifie que l'absence des relations sexuelles est plus fréquente chez les femmes, et celles-ci seront en conséquence beaucoup moins nombreuses à déclarer (c'est-à-dire à assumer) plusieurs partenaires sexuels. Le multi-partenariat est, pour les hommes, un indice de virilité et de puissance sociale, il est rarement considéré comme un signe pathologique, alors que chez les femmes, il est d'abord perçu comme une preuve de nymphomanie, ou tout au moins de légèreté et de luxure.

Par ailleurs, il est normal que les célibataires soient plus favorables que les mariés à la sexualité pré-conjugale. Ils sont les premiers bénéficiaires, surtout qu'aujourd'hui la période de scolarisation est plus longue et que les chances de mariage sont de plus en plus réduites, eu égard à la situation socio-économique générale de crise. Le taux de célibat est, en effet, en hausse constante, malgré la persistance du mariage comme norme idéale dans l'organisation du marché sexuel. Ce qui étonne, c'est que le pourcentage des célibataires favorables à la sexualité pré-conjugale ne soit que de 41 %, malgré des données sociales qui suscitent objectivement une libéralisation du sexe. Cela signifie-t-il qu'il y a chez les célibataires un hiatus entre les pratiques et les déclarations ? Est-ce une preuve que la libéralisation n'est pas idéologiquement assumée, et qu'elle est pragmatique et superficielle en conséquence ? Les pratiques sexuelles pré-conjugales ne prouvent pas, malgré leur fréquence, l'accession à une conscience sexuelle où le droit au plaisir est posé comme un droit de l'individu. A chaque statut matrimonial correspond encore une éthique sexuelle spécifique, laquelle peut aller dans le cas de la jeune fille jusqu'à la nécessité canonique de l'abstinence totale.

Le rigorisme islamiste, en matière de sexualité, peut trouver là une prédisposition à son appel. En effet, 57,1 % des non-islamistes ne sont pas favorables à la sexualité pré-conjugale. Ce sont des islamistes latents, sensibles à un appel dans ce sens. Les islamistes déclarés, revendiquant l'identité islamiste, sont 83,8 % à ne pas être favorables à la sexualité pré-conjugale. Les 12,8 % qui lui sont favorables et les 3,2 % qui ne répondent pas ne trahissent nullement l'esprit de la Loi islamique. Au contraire, ils font figure d'islamistes éclairés et avertis : la sexualité préconjugale est légale du point de vue de l'Islam dans le cadre du concubinage et de l'esclavage. Il n'y a en conséquence aucune trahison à l'Islam dans l'adoption d'une attitude favorable à la sexualité pré-conjugale en soi. C'est dans le cas spécifique de l'attitude favorable à la sexualité pré-conjugale féminine qu'il y aurait rupture et hérésie (bida'a). La question est donc de savoir s'il y a des islamistes favorables à une activité sexuelle pré-matrimoniale de la femme musulmane. Comment se positionnent les islamistes de la population (de l'enquête) par rapport à cette question.

Tab. 34 : Les islamistes favorables à la sexualité pré-conjugale

Islamistes	%
Favorables à la sexualité pré-conjugale masculine	12,8
Favorables à la sexualité pré-conjugale féminine	12,8

Contre toute attente, on découvre que 12,8 % des isla-mistes sont favorables à la sexualité pré-conjugale fémi-nine. C'est étonnant car, à notre connaissance, aucun verset coranique, aucune tradition du Prophète, aucun ijtihad ju-ridique ne permet à la femme musulmane d'avoir une acti-vité sexuelle avant et/ou en dehors du mariage. Malheureu-sement, les enquêteurs n'ont pas questionné les islamistes concernés sur le fondement canonique de leur attitude. En conséquence, la collecte de l'enquête en matière d'explica-tions, de commentaires et d'opinions est très pauvre. Il fau-dra donc approfondir, ultérieurement, la question de la permissivité islamiste à l'égard de la sexualité pré-conju-gale féminine, même si cette attitude touche une minorité d'islamistes. Est-ce là un indice, une reconnaissance invo-lontaire d'une pratique sexuelle pré-conjugale chez la femme islamiste elle-même ? La libéralisation du sexe at-teint-elle la femme islamiste ? Seuls des entretiens appro-fondis permettront d'apporter des éléments de réponse à ces hypothèses. Dans cette attente, les hypothèses, soup-çonneuses d'un lien, n'ont pas le droit de se transformer en actes d'accusation. Mais que l'hypothèse soit soupçon fait partie de sa nature et reste sa fonction première.

Les attitudes envers la sexualité pré-conjugale varient également en fonction de la résidence d'une manière signi-ficative. Le tableau suivant expose les fréquences relatives des différentes attitudes.

Tab. 35 : La sexualité pré-conjugale selon les quartiers (%).

Attitudes / Quartiers	T. Favorablel	Favoble	Hésite	Défavorable	T. défavorable	Non-réponse	Total
Oued. Zitoune	9,9	14,8	4,9	14,8	55,4	0,0	100
Douh	6,7	37,5	16,5	26,3	12,7	0,0	100
Aïn Qadous	5,6	42,9	6,5	20,5	24,3	0,0	100
Aouinet Hajjaj	0,9	19,4	5,8	63,1	9,7	0,9	100
Lidou	2,4	32,8	5,6	41,6	14,4	3,2	100
Triq Imouzzer	8,1	13,2	1,0	21,4	54,0	2,0	100

Le cumul des attitudes (très favorable + favorable et très défavorable + défavorable) permet de classer les quartiers selon l'ordre suivant :

Tab. 36 : Classement des quartiers selon l'attitude à l'égard de la sexualité préconjugale

Classement des quartiers Attitude favorable	Favorable	Défavorable	Classement des quartiers Attitude défavorable
Aïn Qadous	48,5	75,4	Triq Imouzzer
Douh	44,2	72,2	Aouinet Hajjaj
Lidou	35,2	70,4	Oued Zitoune
Oued Zitoune	24,7	56,0	Lidou
Triq Imouzzer	21,3	44,8	Aïn Qadous
Aouinet Hajjaj	20,3	39,0	Douh

L'attitude favorable n'atteint en aucun cas la majorité absolue, tandis que l'attitude défavorable réalise des fréquences élevées, surtout dans les quartiers Triq Imouzzer, Aouinet Hajjaj et Oued Zitoune. Ces résultats méritent qu'on s'y arrête un instant. En effet, on conçoit sans difficulté que des quartiers pauvres et denses (Aouinet Hajjaj et Oued Zitoune) aient des attitudes très proches, mais que Triq Imouzzer, diamétralement opposé à tous les points de vue, ait la même attitude à l'égard de la sexualité pré-conjugale, cela ne manque pas de soulever deux questions principales : Comment se fait-il que les couches sociales supérieures de Triq Imouzzer n'affichent pas une idéologie sexuelle conforme à la libéralisation du sexe ?

La découverte des mêmes attitudes sexuelles dans des quartiers au statut social opposé signifie-t-elle que la stratification sociale a peu d'effet sur l'idéologie sexuelle ?

Il est en effet curieux que Triq Imouzzer se range parmi les quartiers les plus défavorables à l'égard de la sexualité pré-conjugale. En raison de son standing social, c'est le quartier où la libéralisation du sexe devrait être la plus assimilée et la plus assumée, à moins que le conformisme social, très dominant dans ces milieux, n'ait été déterminant dans la production de réponses artificielles, dans le but de présenter une image de soi positive et digne. La sexualité pré-conjugale, qui y est pratiquée en raison des possibilités matérielles et spatiales, grâce a une plus grande émergence de l'individu, est encore officiellement considérée comme une atteinte à l'honneur de la famille, à la morale sociale. Dans ces milieux, il n'est plus important pour une jeune fille d'arriver vierge au mariage. A la virginité comme "capital" se substituent d'autres espèces de capital telles que la fortune, l'instruction, le nom de famille, la beauté... De tels atouts constituent un argument de poids à l'adresse d'un prétendant issu des mêmes milieux (homogamie), alors que l'enquêteur récolte uniquement un langage conformiste, productif d'une image de classe en conformité avec l'idéologie sexuelle officielle. Dans ce milieu, il n'y a pas de raison de différer la jouissance, mais la nécessité de ne pas le dire est indéniable.

Par ailleurs, la prédominance de l'attitude défavorable à Aouinet Hajjaj et à Oued Zitoune ne confirme pas la

corrélation établie par H. Reiche entre "la pratique hétérosexuelle précoce et les couches inférieures"[79]. A moins
que l'activité hétérosexuelle populaire, en raison de la
promiscuité, de la pauvreté, de l'absence de barrières morales et religieuses intériorisées, ne s'assume pas à son
tour. On arrive de la sorte à une conclusion qui montre
l'impuissance du quartier, en tant qu'inscription spatiale
d'une classe sociale, à promouvoir une idéologie sexuelle
spécifique, au service d'un projet social.

L'analyse des attitudes des quartiers de la ville met en
évidence la suprématie d'une pratique sexuelle pré-conjugale non assumée, non reconnue, coupable en dernière
instance. La libéralisation du sexe, sa facilité pour être
plus exact, traverse toutes les couches de la société, sans
pour autant être normalisée. Les valeurs sexuelles traditionnelles, bafouées par les pratiques quotidiennes, conti-
nuent "d'influer sur la sensibilité et l'inconscient" collectif[80]. Pour cette raison, la critique islamiste des mœurs
trouve un écho dans la psyché collective et engendre un
sentiment de culpabilité. Là, il s'avère nécessaire d'œuvrer
pour la réconciliation des pratiques et des valeurs, en tra-
vaillant à moderniser les significations du sexe, c'est-à-
dire la manière de le vivre. Avoir une vie sexuelle pré-
conjugale est un pas sur le chemin de la réalisation de
l'homme, mais c'est un pas insuffisant par lui-même s'il
n'est pas accompagné d'une conviction positive vécue au
quotidien.

Cet appel est d'autant plus nécessaire que l'évolution
des attitudes à l'égard de la sexualité pré-conjugale ne
connaît pas une progression linéaire au fil des années. Au
contraire, on assiste à une régression vers des positions
conservatrices. Le tableau suivant résume cette évolution
régressive[81].

Tab. 37 : Evolution de l'attitude à l'égard de la sexualité pré-conjugale

Année Attitude	1975 – 1976	1993
Favorable	65,0	33,2
Hésitant	25,3	7,2
Défavorable	8,7	58,4

La progression de l'attitude défavorable est indéniable, et inquiétante. Car au-delà des raisons relatives à la différence des échantillons comparés, l'évolution vers un intégrisme latent en expansion explique également la condamnation actuelle de la sexualité pré-conjugale.

SEXUALITE SANS PENETRATION

Cette pratique perverse peut revêtir deux sens en général. Le premier renvoie à la perversion telle qu'elle est définie par Krafft-Ebing et Freud. Dans la mesure où la sexualité s'effectue sans pénétration, sans visée procréative, elle est pour ces deux classiques de la sexologie une perversion. Selon les termes de Lobrot, celle-ci "se traduit concrètement, pour Freud, soit par l'utilisation de zones érogènes qui n'ont pas de valeur directement procréative (bouche, corps entier, anus, etc.), soit par l'utilisation "d'objets sexuels" qui ne peuvent avoir de valeur procréative, à savoir individus de même sexe, animaux, enfants..."[82]. Le deuxième sens, plus approprié au contexte marocain, dénote la rencontre des organes génitaux sans pénétration dans un coït hétérosexuel. Cette pratique vise essentiellement à préserver la virginité de la jeune fille, tout en lui permettant une vie sexuelle. C'est, comme nous disait une jeune fille en 1975, "un juste milieu entre le tabou et le désir"[83]. C'est dans ce sens que la question a été posée au niveau de cette enquête, afin de savoir si une telle pratique est susceptible de procurer un degré de satisfaction acceptable.

Quelles sont donc, en premier lieu, les attitudes enregistrées à l'égard de la sexualité sans pénétration ?

L'opinion de la population à ce sujet est partagée entre deux attitudes contraires, presque d'égale importance statistique avec un léger avantage pour l'attitude favorable. Les gens qui estiment que la détente sexuelle est possible sans pénétration forment 46 %, tandis que ceux qui estiment que la pénétration est une condition nécessaire à la satisfaction constituent 41,2 %.

Qui est plus favorable à la sexualité sans pénétration, les femmes ou les hommes ? Le tableau suivant permet cette comparaison.

Tab. 38 : L'attitude à l'égard de la sexualité sans pénétration selon les sexes

Attitude Sexe	Favorable	Défavorable
Hommes	50,3	43,2
Femmes	42,1	39,3

De ce tableau, il ressort que :

— la sexualité sans pénétration est plus acceptée par les hommes,

— les femmes défavorables sont moins nombreuses que les femmes favorables,

— les hommes favorables sont plus nombreux que les hommes défavorables,

— les femmes défavorables sont moins nombreuses que les hommes défavorables.

Cependant, les fréquences enregistrées montrent que les femmes qui hésitent, ou qui ne répondent pas du tout, constituent 20 % à peu près, soit une femme sur cinq. Ajoutées à la faiblesse de l'écart entre les femmes favorables et les femmes défavorables, les hésitations et les non-réponses sont plus caractéristiques de la position féminine ambiguë à l'égard de cette question. En principe, les femmes sont moins enclines à se satisfaire d'une sexualité sans pénétration. Cette attitude peut connoter l'ignorance et/ou la dépréciation du rôle du clitoris dans la jouissance, elle s'explique elle-même par la survalorisation de la mère, de la "femme-utérus". C'est comme si la prééminence de l'image de l'épouse-mère empêchait la femme de se découvrir d'autres zones érogènes, ou de les reconnaître du moins. Une telle reconnaissance devrait se retrouver davantage chez les célibataires, et particulièrement chez les jeunes filles. Celles-ci, pour rester "vierges" (au sens terminologique marocain) tout en ne refoulant pas complètement leurs désirs sexuels, ont davantage intérêt à exploiter d'autres sources de plaisir au niveau de leur corps. De toute évidence, la virginité au sens étymologique se perd dans toutes les pratiques sexuelles pré-conjugales sans pénétration, ce qui conduit à distinguer la virginité la non-défloration. Mais la société a tendance et intérêt à les confondre, malgré tous les soins que prennent les juristes musulmans afin de distinguer la vierge/pucelle (al adraa') de celle qui n'a jamais été mariée (al bikr). Cette distinction est la garantie des droits de chacun des deux époux. Pour cette raison, l'acte de mariage donne le droit à l'époux de stipuler que la mariée est "bikr" et "adraa'" à la fois. La "bikrité" est en principe synonyme de virginité, en fait, elle ne l'est pas plus que de la non-défloration. L'état de célibat déterm inerait donc une position favorable à l'égard de la non-pénétration, parce que la non-pénétration n'est pas l'équivalent de l'abstinence. D'où l'intérêt des célibataires et des jeunes pour cette forme de pratique sexuelle.

En effet, les célibataires sont davantage favorables à l'idée que la détente sexuelle est possible sans pénétration (53,1 %, contre 42,7 % chez les mariés et 34,4 % chez les autres). Souvent, ils n'ont pas d'autre choix, eu égard à leur jeunesse aussi.

L'attitude favorable à cette pratique substitutive et pragmatique se retrouve aussi chez les plus jeunes, dans la catégorie d'âge 15–29 ans. Là, le taux d'acceptation, et très probablement de pratique, atteint 53,7 %. L'inexpérience et la fougue de la jeunesse expliquent cette acceptation, mais celle-ci ne touche, en fin de compte, qu'une majorité étriquée. La jeunesse des années 1990 ne se contente plus d'une sexualité superficielle, qui était, aux yeux de la jeunesse marocaine des années 1960, par exemple, une grande révolution sexuelle.

De leur côté, les islamistes sont peu favorables à la sexualité sans pénétration. Chez eux également, la proportion des "hésitations" et des non-réponses est importante.

Tab. 39 : L'attitude à l'égard de la sexualité sans pénétration selon l'engagement religieux (%).

Engagement religieux Attitude	Non-islamiste	Islamiste
Entièrement d'accord	8,3	3,2
D'accord	38,5	25,8
Hésitant	8,9	12,9
En désaccord	31,2	32,2
En désaccord total	9,9	9,6
Non réponse	2,9	16,1
Total	100,0	100,0

L'attitude défavorable des islamistes se comprend dans la mesure où la sexualité sans pénétration est liée soit à la fornication pré-conjugale, soit à l'érotisme raffiné, les deux étant rejetés en vertu d'une lecture trop littérale des textes, déterminée par une situation de crise sociale et identitaire. Le musulman est loin de l'époque où il était producteur d'érotisme, ses conditions de vie actuelles lui permettent à peine l'exercice d'une sexualité hygiénique, dénuée de toute fantaisie.

La variable "quartier de résidence" place Triq Imouzzer en tête : c'est le quartier qui estime le plus que la détente sexuelle est possible sans pénétration. Le cumul des réponses donne le classement suivant.

Tab. 40 : Classement des quartiers selon l'attitude favorable à la sexualité sans pénétration

Quartier	Favorables %
Triq Imouzzer	63,1
Aïn Qadous	56,0
Oued Zitoune	48,4
Douh	38,3
Aouinet Hajjaj	37,8
Lidou	36,8

L'attitude favorable de Triq Imouzzer à l'égard de cette question contredit en apparence son rejet de la sexualité pré-conjugale. mais en fait, cela signifie simplement qu'il n' y a pas synonymie entre sexualité pré-conjugale et sexualité sans pénétration, ce qui est vrai en fin de compte. La condamnation de la sexualité pré-conjugale est une "preuve" de religiosité, tandis que l'acceptation de la sexualité sans pénétration comme moyen de détente est dé-terminée, à notre avis, par les possibilités matérielles et spatiales qu'offre Triq Imouzzer à une sexualité perverse, ludique et polymorphe, séparée du souci génésique. Selon H. Reiche, la contrainte économique débouche sur des normes sexuelles rigides, attentives au "normal (but procréatif, absence d'imagination érotique, caractère mécanique du coït). Plus le niveau socio-économique est élevé, plus on exige la nudité, et plus les techniques du coït sont diversifiées, raffinées, au point de devenir perverses [84]. Outre cela, la sexualité sans pénétration reste prisonnière d'une religiosité sur mesure, en permettant aux célibataires d'avoir du plaisir tout en s'arrêtant aux limites du tabou de la virginité.

Si donc l'attitude favorable de Triq Imouzzer à l'égard de la sexualité sans pénétration renvoie à des pratiques sexuelles perverses (au sens freudien), la même attitude à Aïn Qadous (56%) et à Oued Zitoune (48,4%) doit être interprétée autrement. Dans ces quartiers, elle dénote plutôt l'acceptation d'un coït hétérosexuel soucieux avant tout de préserver la virginité. Il n'est pas concevable, eu égard aux conditions de logement de Aïn Qadous et de Oued Zitoune, de s'adonner à des pratiques sexuelles totalement libérées de la contrainte des normes. Une même attitude ne saurait donc avoir un seul sens, un même sens; celui-ci n'étant pas indépendant des enracinements sociaux de l'attitude.

Chapitre VII
Le coit heterosexuel

Le consentement de la femme est-il recherché dans tout rapport sexuel ? La femme doit-elle au contraire une obéissance sexuelle inconditionnelle au mari ? Dans quelles conditions doit avoir lieu l'acte sexuel ? La nuit et l'obscurité sont-elles nécessaires ? La longue durée du coït est-elle appréciée ? En est-il de même des diverses positions sexuelles ? La jouissance de la femme est-elle prise en considération ? Telles sont les questions posées à la population afin de pouvoir dégager, au-delà des attitudes, les types de pratiques hétérosexuelles existantes.

La femme : consentement ou obeissance ?

A la proposition "Le consentement de la femme est requis dans tout rapport sexuel", les réactions enregistrées expriment une attitude favorable majoritaire.

Tab. 41 : Fréquence des attitudes à l'égard du consentement de la femme à l'acte sexuel

Fréquence Attitude	Absolue	Relative %
Entièrement d'accord	159	23,8
D'accord	344	51,7
Hésitant	20	3,0
En désaccord	105	15,7
En désaccord total	34	5,1
Non-réponse	5	7,0
Total	667	100,0

Le cumul des attitudes favorables donne une majorité confortable de 75,3 %. Désormais, l'acceptation de l'acte sexuel par la femme semble être une condition reconnue par une large partie de la population. Cette attitude dénote un changement dans la perception du coït ; celui-ci n'est plus considéré comme un acte que la femme doit subir. Il en découle une reconnaissance indirecte de la légitimité du désir féminin.

Les femmes sont un peu plus nombreuses (76,7 % contre 73,8 % chez les hommes) à être favorables à la responsabilisation sexuelle de la femme, ce qui traduit le refus de se laisser prendre, c'est à dire la naissance d'une conscience sexuelle féminine, imposée de plus en plus par un féminisme objectif. Pour les femmes, tout comme pour les hommes, le corps de la femme est dorénavant doué d'une conscience, d'une liberté ; il n'est plus perçu comme un objet sans parole.

Comment les islamistes réagissent-ils à cet item ? Sont-ils également favorables au consentement de la femme dans le rapport sexuel ? Si oui, dans quelles proportions le sont-ils ?

Tab. 42 : L'attitude à l'égard du consentement sexuel de la femme
selon l'engagement religieux (%).

Eng. religieux / Attitude	Non-islamiste	Islamiste
Entièrement d'accord	23,9	22,5
D'accord	52,0	41,9
Hésitant	2,9	3,2
En désaccord	15,2	25,8
En désaccord total	5,1	3,2
Non-réponse	0,6	3,2
Total	100,0	100,0

Ces résultats prouvent que les islamistes sont également favorables au consentement sexuel de la femme, quoique dans des proportions moindres. Ils sont 64,4 % à l'être, contre 75,9 % chez les non-islamistes. Dans les deux cas, une majorité absolue favorable l'emporte, ce qui reste conforme aux textes islamiques en la matière. Dans de nombreux hadiths, le Prophète incite le croyant à préparer la femme au coït, par le parfum et l'encens, la parole, le baiser, la caresse et la nudité. "Que personne ne tombe sur sa femme comme fait l'animal. Qu'il y ait un messager entre eux... le baiser" aimait-il dire. La finalité des préliminaires ludiques du coït réside dans la recherche du consentement de la femme, de son désir. Donc, moins on requiert ce consentement, plus on s'éloigne de la ligne de conduite tracée par le Prophète.

Cependant, il existe d'autres traditions fondatrices de l'érotisme islamique qui ne prescrivent pas la recherche du consentement sexuel de la femme, et qui lui donnent en conséquence une coloration différente. Citons-en quelques unes :

"La femme qui fait la grève de l'amour et dort ailleurs que dans le lit de son mari est maudite par les anges jusqu'à ce qu'elle revienne" ou encore "Une femme ne doit jamais se refuser à lui (son mari), fût-ce sur le bât d'un chameau" ou même "Une femme ne doit jamais se refuser à son mari, fût-ce sur le bord supérieur d'un four embrasé".

Par ailleurs, la femme ne saurait se refuser à son mari par crainte de l'eau froide (ablutions majeures), ou pour cause d'allaitement. La femme moussawwifa (celle qui ajourne sans cesse le coït) est maudite.

Cet anti-érotisme, tout aussi islamique, justifie, au sein de notre questionnaire, la présence de l'item "La femme doit toujours accepter les avances sexuelles de son mari".

Comment se positionne la population vis-à-vis de cet item ? Allons-nous recueillir des résultats en continuation avec la conscience sexuelle observée lors de l'exigence du consentement de la femme ? Nous avons donc là un excellent item de contrôle.

Les résultats enregistrés permettent de constater une fréquence majoritaire de l'attitude favorable.

Tab. 43 : Fréquence des attitudes envers l'obéissance sexuelle de la femme

Attitude Fréquence	Absolue	Relative %
Entièrement d'accord	132	19,7
D'accord	280	41,9
Hésitant	36	5,4
En désaccord	156	23,3
En désaccord. total	58	8,7
Non-réponse	5	0,7
Total	667	100,0

Selon une majorité de 61,6 % donc, la femme doit obéir aux avances sexuelles de son mari. Bien évidemment, on ne peut qu'enregistrer la contradiction flagrante de ces résultats avec ceux de l'item précédent, relatifs au consentement de la femme. En principe, on ne peut être d'accord avec les deux propositions à la fois : si on exige le consentement de la femme comme condition de l'acte sexuel, on ne peut admettre que la femme doive toujours accepter les avances sexuelles du mari. Or, nous nous trouvons précisément devant une majorité qui est favorable aux deux propositions : 75,5 % sont pour le consentement (sexuel) de la femme et 61,6 % sont pour l'obéissance (sexuelle) de la femme. Quelles sont les hypothèses susceptibles d'expliquer cette contradiction ? L'incohérence des attitudes est-elle l'indice de réponses mensongères ?

La première hypothèse fait jouer la position des items dans le questionnaire, dans la mesure où l'emplacement de la question peut avoir un impact sur la nature de la réponse. A ce propos, la question sur le consentement se trouve dans la partie consacrée à la sexualité, tandis que la question sur l'obéissance est placée dans la partie consacrée à la religion. Le contexte sexuel (échelle d'attitude sexuelle) de la question sur le consentement repose sur un paradigme égalitariste, alors que le contexte religieux (échelle d'intégrisme) de la question sur l'obéissance est basé sur une perspective hiérarchique. Chaque question a donc été posée dans une problématique différente, spécifique, et cela n'a sûrement pas manqué d'avoir un effet d'entraînement sur la réponse. En plus de cela, l'éloignement entre les deux questions a empêché l'enquête de faire le rapprochement entre elles, afin de produire des réponses cohérentes.

La deuxième hypothèse consiste à soupçonner la formulation de la question, à postuler l'effet inducteur de certains mots. Dans le cas de l'item sur le consentement de la femme au coït, le terme "consentement" lui-même et à lui seul peut provoquer une réponse favorable. C'est un mot positivement connoté, il rappelle une clause fondamentale dans la validité du mariage. Le consentement juridique lors de la conclusion du mariage, obligatoirement requis, induit le consentement sexuel. Il en est de même pour la question relative à l'obéissance sexuelle de la femme. D'une part, l'anthropologie islamique participe de l'image valorisée de la femme passive (obéissante), d'autre part, le droit condamne la femme "nachiz", celle qui se refuse à son mari pour cause de non-désir. Dans cette optique, le désir de la femme n'a pas à intervenir dans la régulation du désir masculin. En conséquence, la formulation de la question en termes d'obéissance au mari risque par elle-même d'induire chez les sujets non avertis une réponse mécanique favorable. L'obéissance sexuelle de la femme est perçue comme une position plus islamique, voire comme la position islamique.

La troisième hypothèse rattache l'incohérence des attitudes et leur contradiction à une ambivalence originelle de l'Islam en la matière. Nous avons vu plus haut comment des textes sacrés, tels que les hadiths, ouvrent devant le croyant deux voies sexuelles, toutes les deux légitimes. Dans le cadre du mariage, rechercher le consentement sexuel de la femme est aussi canonique que de lui imposer l'obéissance sexuelle. A l'image d'un pendule, la législation et l'économie sexuelles islamiques oscillent entre l'érotisme le plus raffiné et le machisme le plus caractérisé. Lobrot a très bien saisi cette oscillation. Il écrit: "Résultant d'un mélange entre des influences écologiques opposées entre elles... (l'Islam) aboutit aussi à des mélanges bizarres au niveau des attitudes... L'érotisme arabe est un des plus évolués et un des plus avertis des processus qui conduisent au plaisir et à la volupté... Mais d'un autre côté, l'Islam pousse à son extrême limite le goût du

Pouvoir, de la domination… Il aboutit donc à des attitudes très proches du sadisme, qui permettent l'écrasement de la femme par l'homme"[85].

Les femmes sont-elles également favorables à l'obéissance sexuelle inconditionnelle de la femme dans le rapport conjugal? Le sexe va-t-il être un facteur déterminant dans l'émergence d'une attitude féminine féministe?

Le croisement des variables "sexe" et "obéissance sexuelle de la femme" débouche sur les résultats suivants :

Tab. 44 : Attitude à l'égard de l'obéissance sexuelle de la femme selon le sexe (%).

Sexe / Attitude	Hommes	Femmes
Entièrement d'accord	21,9	17,8
D'accord	45,2	39,0
Hésitant	4,7	5,9
En désaccord	20	26,3
En désaccord total	7,6	9,6
Non réponse	0,3	1,1
Total	100,0	100,0

Ces résultats montrent que même les femmes sont favorables à l'obéissance sexuelle de la femme au mari, avec une majorité absolue de 56,8 %. Une enquêtée déclare : "Si l'épouse aime beaucoup son mari, elle obéit à tous ses ordres sexuels". Certes, les femmes favorables au consentement sont plus nombreuses que les femmes favorables à l'obéissance, mais la proportion de ces dernières reste élevée.

Le facteur de l'instruction conduit-il à une attitude féminine moins aliénée ? Peut-on dire que plus le niveau

intellectuel de la femme est élevé, plus elle refuse l'obéissance sexuelle de la femme ? Pour répondre à cette question, les données du tableau suivant croisent les trois variables suivantes : attitude favorable à l'obéissance, quartier
de résidence et niveau intellectuel.

Tab. 45 : Attitude favorable de la femme mariée à l'égard de l'obéissance
selon le niveau d'instruction et le quartier.

Quartier Niv. d'instruction	Oued Zitoune	Triq Imouzzer
Analphabète	71,4	100,0
Primaire	83,3	66,6
Secondaire	42,7	56,2
Supérieur	50,0	46,6

Les résultats de Triq Imouzzer confirment la loi selon
laquelle plus le niveau intellectuel de la femme est élevé,
plus elle rejette l'obéissance sexuelle. Dans ce quartier, la
totalité des femmes analphabètes sont pour l'obéissance,
contre 46,6 % seulement chez les universitaires. Les autres
niveaux enregistrent des fréquences intermédiaires qui respectent la loi. Seulement, en regardant les résultats d'un
quartier diamétralement opposé, Oued Zitoune, la loi est à
moitié démentie. Là, les femmes du primaire sont plus favorables à l'obéissance que les analphabètes, tandis que
celles du supérieur le sont plus que celles du secondaire.

Ces résultats montrent que l'instruction n'arrive pas à
extirper totalement l'inconscience sexuelle de la femme.
Associée à une situation socio-économique privilégiée,
l'instruction aurait un effet légèrement plus fort. A l'inverse, l'analphabétisme est plus aliénant en milieu aisé
qu'en milieu populaire : si toutes les femmes analphabètes

de Triq Imouzzer sont pour l'obéissance sexuelle, seules 71,4 % le sont à Oued Zitoune. Là, la pauvreté est le point de départ de la prise de conscience.

Par ailleurs, la régression de la conscience féministe est moins forte chez les femmes. La contradiction est moins flagrante dans le cas féminin. Les pourcentages masculins favorables au consentement et à l'obéissance ne sont séparés que par 6,7 points, alors que l'écart entre les mêmes pourcentages féminins est de 19,9. Le tableau suivant le prouve.

Tab. 46 : Attitude favorable au consentement et à l'obéissance selon le sexe (%).

Sexe \ Item	Hommes	Femmes
Favorable au consentement	73,8	76,7
Favorable à l'obéissance	67,1	56,8

Les femmes sont donc plus favorables au consentement qu'elles ne le sont à l'obéissance, ce qui signifie que la conscience féministe reste essentiellement une affaire de femmes.

Les islamistes se singularisent-ils à propos de cette question ? Quelle est leur attitude envers l'obéissance sexuelle de la femme ? Les résultats révèlent qu'ils sont plus favorables à l'obéissance sexuelle de la femme au mari : parmi eux, 74,1 % sont pour, contre 61,1 % chez les non-islamistes. Ils sont par conséquent moins féministes que les non-islamistes dans la mesure où les attitudes à l'égard du consentement sont inversées.

Temps et duree du coït

Le coït est, dans les traditions, lié au temps de la nuit. Le même verbe arabe, "qama", signifie à la fois se lever et bander. Associé à la nuit, "qama al lleil", il signifie à la fois passer toute la nuit à prier ou, métaphoriquement, à faire l'amour jusqu'à l'aube, moment de la prière. Cette association entre l'amour et la nuit obéit à plusieurs considérations, parmi lesquelles on doit insister sur l'adéquation de la nuit au plaisir. La nuit, le coït ne peut plus être interrompu ou perturbé par les appels du quotidien. Pendant la nuit, la conscience du monde cède la place à l'élan du corps, à son "inconscience", ce qui signifie la séparation du coït et du quotidien, c'est-à-dire du coït et du profane. Le coït exige de la préparation, et une grande concentration, il est un moment sérieux et fondamental. Par ce côté, il est une dimension du sacré, une étape initiatique vers la vérité de soi et de l'autre, vers la vérité tout court. Le coït est universellement lié à la nuit qui est, par excellence, le moment de l'initiation. "L'oiseau de Minerve ne prend son vol qu'à la tombée de la nuit", disait Hegel, en entendant par là que l'oiseau de la raison, la philosophie, ne peut commencer qu'après le temps de l'utile, du profane et du travail. Mais la philosophie n'est pas le seul chemin de la vérité, car le coït, pris dans la logique du sacré, est lui aussi une technique d'initiation à l'écoute de l'autre, à la maîtrise de soi, et au don de soi. La défloration de la mariée, rite de passage presque universel et épreuve initiatique, est inconcevable le jour, à l'image de l'oiseau de Minerve.

Le passage à la modernité entraîne en général la perte de la dimension sacrée du sexe, et son éclatement dans le temps. Tous les moments de la journée deviennent en puissance des moments de sexe, car l'érotisme moderne, basé sur une sexualité désenchantée, ne va pas au-delà d'une consommation profane de la sexualité, soit comme technique publicitaire, soit comme technique préventive contre la névrose.

Cette désacralisation du sexe touche également l'aire sous-développée de la modernité. Une grande majorité de la population de l'enquête (77,1 %) dissocie désormais la sexualité de la nuit. Cette attitude se retrouve :

— chez 78,2 % des individus qui ont 60 ans et plus (contre 81,2 % chez les plus jeunes),

— chez 71,3 % des femmes, contre 83,6 % des hommes,

— chez 62 % des divorcés et veufs, contre 83,4 % chez les célibataires, et 75,2 % des mariés,

— chez 75,1 % des résidents de Oued Zitoune, chez 77,6 % de ceux Aouinet Hajjaj et 84,6 % de Triq Imouzzer,

— chez 64,4 % des islamistes contre 77,7 % des non-islamistes.

Les différentes variables n'ont donc aucun effet sur la dissociation du sexe et de la nuit. Dans tous les cas, une majorité absolue est favorable à la dissociation. Les différences d'attitude entre les catégories étudiées ne sont pas pertinentes et significatives au point de rattacher la dissociation à une variable précise comme si celle-ci en était le facteur explicatif principal.

La sexualité, qui était fortement liée à la nuit, l'était aussi à l'obscurité. Ne pas se regarder pendant le coït, ne pas regarder le corps du partenaire, ne pas regarder son sexe surtout, tout cela est la conséquence de la problématisation sociale de la sexualité, dont l'origine lointaine et première est à rechercher peut-être dans l'institution du tabou de l'inceste, c'est-à-dire dans ce passage de la nature à la culture (Lévi-Strauss). C'est comme si l'homme se cachait sa propre animalité. A présent que la sexualité est libérée de la nuit, elle est également libérée de l'obscurité. C'est comme si la nuit n'était choisie comme temps de la sexualité que par l'obscurité qu'elle prodiguait à profusion pour l'épanouissement du désir. L'obscurité est favorable à l'imaginaire.

La distinction enregistrée entre le sexe et la nuit est liée, au niveau de notre enquête, à une dissociation forte du sexe et de l'obscurité. Effectivement, 71,7 % des enquêtés sont d'accord pour affirmer que le coït n'est pas lié à l'obscurité. Ceux qui sont défavorables à la pratique de l'amour dans la lumière représentent 21,1 % de la population. La dissociation sexe-nuit est donc légèrement plus forte que la dissociation sexe-obscurité (5,4 points d'écart). Quoiqu'il en soit, les partenaires sexuels sont dorénavant moins pudiques : la vue du corps de l'autre est de plus en plus reconnue comme un aphrodisiaque puissant, et un élément de base dans l'échange érotique. Les différences de sexe, d'âge, d'état matrimonial et de résidence ne conduisent pas à des différences d'attitudes pertinentes. Les femmes, les gens ayant plus de 44 ans, les divorcés et veufs sont par exemple légèrement plus pudiques. Mais l'écart entre les islamistes et les non-islamistes est de 14,4 points.

Tab. 47 : Attitude envers la dissociation de l'acte sexuel et de l'obscurité selon l'engagement religieux (%).

Eng. religieux Attitude	Non-islamiste	Islamiste
Entièrement d'accord	11,9	3,2
D'accord	60,5	54,8
Hésitant	5,8	6,4
En désaccord	14,9	19,3
En désaccord total	5,6	12,9
Non-réponse	1,1	3,2
Total	100,0	100,0

La question de l'obscurité fournit donc une occasion de constater que l'ouverture sexuelle est moins fréquente chez les islamistes (58 %), elle les touche moins que les non-islamistes (72,4 %).

Contrairement aux dissociations sexe-nuit et sexe-obscurité, la question relative à la durée du coït, saisie à travers l'item "Des gens passent beaucoup de temps à faire l'amour", ne conduit pas à dégager une majorité absolue. Les attitudes favorables touchent 49,1 %, les attitudes défavorables 32,3 %, l'attitude d'hésitation 14,9 % et la non-réponse 3,7 %.

La variable "âge" ne conduit pas à des différences d'attitude entre les "jeunes" et les "vieux". Les attitudes favorables sont très proches les unes des autres :

—51,7 % parmi les 15 – 29 ans,

—45,2 % parmi les 30 – 44 ans,

—50,8 % parmi les 45 – 59 ans,

—50,0 % parmi les 60 ans et plus.

La variable "état matrimonial" de son côté fait ressortir que ce sont les divorcés et les veufs qui sont le moins favorables à la longue durée du coït (32,7 %). Plus que cela, les gens défavorables dans cette catégorie sont plus nombreux (43 %). Il n'y a en revanche pratiquement pas de différence entre l'attitude des mariés et celle des célibataires. Les premiers sont favorables dans une proportion de 50,9 %, les seconds dans une proportion de 50,3 %.

La variable "sexe" permet de constater que les hommes sont plus favorables à passer beaucoup de temps à faire l'amour.

Tab. 48 : Attitude à l'égard de la longue durée du coït selon le sexe (%).

Sexe Attitude	Hommes	Femmes
Entièrement d'accord	7,3	6,5
D'accord	49	36,2
Hésitant	12,4	16,7
En désaccord	23,8	23,8
En désaccord total	6,6	10,2
Non-réponse	0,6	6,5
Total	100,0	100,0

Il y a par conséquent un écart de 13,6 points entre les hommes et les femmes à l'avantage des hommes (56,3 % chez les hommes contre 42,7 % chez les femmes). A côté de cela, la réticence des femmes à l'égard de cette question se trahit dans leurs hésitation et non-réponse, plus fréquentes. Cela signifie-t-il que les hommes sont réellement plus portés que les femmes à passer beaucoup de temps à faire l'amour ? La déclaration d'une enquêtée va dans ce sens : "Parfois, je hais mon mari et mon foyer, car mon mari veut faire l'amour tout le temps et cela m'ennuie, d'autant plus qu'il chôme depuis quatre ans". Mais l'attitude masculine favorable pourrait n'être aussi que la manifestation d'une surdéclaration machiste servant à faire paraître la virilité. Quoiqu'il en soit, il est reconnu que la femme marocaine ne doit pas montrer qu'elle est portée sur le sexe, même si dans certains cas elle l'est réellement. Il est également probable que son attitude traduit sa non-participation au coït, voire son indifférence devant l'acte sexuel Pour beaucoup de femmes, le coït est encore une corvée à subir, au même titre que les autres corvées domestiques quotidiennes, à liquider le plus rapidement possible. Pour l'homme, la longue durée du coït est au contraire synonyme de puissance sexuelle.

La variable "résidence" permet de constater que c'est à Aïn Qadous que l'on trouve la plus grande fréquence de personnes manifestant une attitude favorable vis à vis des gens qui passent beaucoup de temps à faire l'amour.

Tab. 49 : Classement des quartiers à l'égard de la longue durée du coït.

Classement des quartiers selon l'attitude favorable	Fré-quence %	Classement des quartiers selon l'attitude défavorable	Fré-quence %
Aïn Qadous	64,4	Oued Zitoune	39,5
Douh	54,8	Lidou	39,2
Aouinet Hajjaj	48,5	Aouinet Hajjaj	36,8
Triq Imouzzer	42,8	Triq Imouzzer	32,5
Lidou	41,6	Douh	26,3
Oued Zitoune	41,5	Aïn Qadous	20,5

Dans les autres quartiers, cette attitude l'emporte par une majorité relative. Dans les quartiers Oued Zitoune et Lidou, les attitudes favorable et défavorable sont très proches l'une de l'autre.

La variable "engagement religieux révèle une attitude plus portée sur le sexe chez les non-islamistes. Ceux-ci sont 49,7 % (majorité relative) à être favorables à consacrer beaucoup de temps au coït, contre 35,4 % chez les islamistes. La proportion des islamistes qui sont contre est égale à celle qui sont pour, ce qui laisse 19,3 % d'indécis et presque 10 % de non-répondants parmi eux. La question ne manque pas en effet d'être embarrassante pour l'islamiste qui est confronté à la nécessité de gérer son potentiel sexuel en fonction d'une morale islamique favorable à consacrer beaucoup de temps à faire l'amour. La grande fréquence du coït est un sujet de fierté aux yeux de la loi, elle est un moyen de purifier le cœur, selon Al Warraq [86]. Elle est par conséquent recommandable, mais l'embarras vient du fait qu'elle est rattachée à la polygamie et au concubinage. D'après Anas, "le Prophète dans une même nuit visitait ses femmes, et il en avait neuf (à ce moment là)"[87]. Le problème qui se pose à l'islamiste contemporain est de se trouver prisonnier d'un impératif sexuel originel qui favorise des rapports sexuels fréquents et pluriels, impossibles à réaliser dans une société moderniste plutôt monogamique.

POSITIONS ET ORGASME

L'érotisme arabe a sans conteste contribué à l'enrichissement de l'art de la copulation. Selon Al Munnajid, les techniques de l'amour furent tellement diversifiées sous les Abbassides, au point que "les positions sexuelles ont atteint le nombre de soixante, record inégalé par les autres nations. A l'époque, l'Italie ne connaissait que seize positions"[88]. La connaissance des positions devait faire partie de l'arsenal du croyant, afin d'amener son épouse à la jouissance. Même les érotologues musulmans des siècles du déclin comme Nefzaoui et Souleiman Bacha n'ont pas omis dans leurs traités d'exposer en détail la liste des positions sexuelles, chacune avec ses avantages et ses méfaits. Dunkell reconnaît que "la littérature orientale foisonne d'œuvres sur la question, dont beaucoup remontent à des temps très anciens"[89].

Certes, la plupart des traités érotologiques arabo-islamiques ont été rédigés à l'intention d'un membre influent d'une cour, et adressés en conséquence à la Khassa (élite, notables). Mais en devenant aujourd'hui l'objet d'éditions pirates, à la portée de toutes les bourses, ils font de plus en plus partie de la culture dite populaire. Grâce à eux, des rudiments de culture sexuelle se retrouvent dans les couches les plus défavorisées de la société.

La culture sexuelle moderne ne s'applique donc pas sur un terrain vierge en la matière. Ses supports (mass-média, publicité, pornographie...) vont probablement œuvrer à former un individu déjà plus ou moins averti des choses de la sexualité.

La culture sexuelle présente au Maroc, diffuse et plurielle, devrait en principe introduire de la fantaisie dans les rapports sexuels. Elle pourrait être le moyen d'une modernisation des relations entre hommes et femmes, en vue d'un rapport social plus équilibré. Cependant, la question qui se pose est de savoir si l'individu est disposé à pratiquer des positions sexuelles qui sont en contradiction avec son rôle et son statut dans la société ? Est-il disposé à s'écarter de la position dite "normale" (la femme couchée sur le dos et l'homme allongé sur elle, de face) ? Dans quelle mesure l'homme pourra-t-il se détacher de cette position, signe de sa supériorité sociale ? Chaque position sexuelle a donc une signification psychique inconsciente, déterminée par et dans la personnalité de l'individu

Le changement des positions sexuelles est-il accepté ? Quelles sont les catégories sociales les plus touchées par l'érotisme ?

L'item "Des gens font l'amour dans toutes les positions" permet de relever un conservatisme surprenant. Plus de la moitié des personnes interrogées est contre.

Tab. 50 : Fréquence des attitudes à l'égard du changement des positions sexuelles

Attitude \ Fréquence	Absolue	Relative %
Entièrement d'accord	30	04,5
D'accord	152	22,7
Hésitant	72	10,7
En désaccord	221	33,1
En désaccord total	163	24,4
Non réponse	29	4,3
Total	667	100,0

Ces fréquences montrent qu'une majorité absolue de 57,5 % a une attitude défavorable à l'égard des gens qui font l'amour dans toutes les positions. Cela veut dire que, pour cette majorité, il y a une manière correcte de faire l'amour, qui doit être suivie et respectée. Nous supposons que c'est la position dite normale. "Dans certains milieux féministes (occidentaux), la position du missionnaire (normale), associée à une attitude de soumission et même d'infériorité, a pris un sens péjoratif. On la regarde comme la représentation métaphorique de la position de la femme dans la vie en général : l'homme domine et la liberté de mouvement de la femme se trouve limitée" [90]. C'est probablement pour cette raison que cette position est inconsciemment recherchée et appréciée. Le féminisme marocain, actuellement au stade des revendications sociales (droit à l'enseignement, au travail, à la décision de grossesse) et juridiques (révision du Code du Statut Personnel), n'a pas encore osé aborder de front la question sexuelle, et encore moins celle de la liberté d'action de la femme pendant le rapport sexuel. La gestion du coït marocain échappe toujours au modèle d'organisation féministe.

Que pensent les islamistes des positions sexuelles ? Acceptent-ils de changer ces positions selon la volonté du couple, sans référence aucune à quelque texte ou tradition en la matière ? Le changement des positions est-il perçu comme un moyen, parmi d'autres, de satisfaire le droit de la femme à l'orgasme, de contourner la routine conjugale du moins ?

La référence à la tradition peut, en la matière, prendre deux directions possibles : celle de l'érotologie, et celle des consultations juridiques (fatawi). La première expose en détail l'ensemble des positions sexuelles connues, en mettant l'accent sur la nécessité, pour l'homme, de les connaître toutes, afin de pouvoir se mettre au service d'un désir féminin amplifié par l'imaginaire arabo-islamique. Cette volonté de connaître les positions sexuelles, si caractéristique de l'homme, a posé l'homme arabe et musulman comme disciple du savoir-faire sexuel des concubines. La relation hiérarchique entre l'homme et la femme est ici inversée au profit de la femme [91]. L'érotique produit la femme comme un maître. Par contre, dans sa relation à l'épouse, l'homme peut et doit être un maître initiateur, supérieur par définition. Pour cette raison peut-être, la deuxième direction, juridique, qui elle aussi ne conçoit l'époux que comme maître dans le rapport conjugal, confirme l'excellence de la position "normale" : "elle est la meilleure… elle est celle que préfère la femme au moment du coït…. Quant à la position où la femme monte l'homme, elle peut causer des ulcères dans la vessie et l'urètre". Cette affirmation juridique d'Ibn Ardun [92] est conclue par un jugement du médecin Razi, selon lequel toutes les positions sexuelles, à part la position "normale", ne permettent pas à la femme de tomber enceinte. C'est là un argument de poids pour déconsidérer les positions autres que la "normale", d'une manière presque irrémédiable.

L'islamiste a donc derrière lui, dans le passé, un double modèle contradictoire à ce sujet. Les résultats de l'enquête montrent qu'il opte plutôt pour le modèle sexuel dirigiste, où la liberté des positions sexuelles est enlevée au couple. A peine un islamiste sur cinq est favorable à la possibilité de changer les positions.

Tab. 51 : Attitude à l'égard du changement des positions sexuelles selon l'engagement religieux (%)

Eng. religieux / Attitude	Non-islamiste	Islamiste
Entièrement d'accord	3,9	16,1
D'accord	23,7	3,2
Hésitant	11,1	3,2
En désaccord	33,1	32,2
En désaccord total	23,9	35,4
Non-réponse	4,0	9,6
Total	100,0	100,0

Commençons par noter que les "entièrement d'accord" sont plus nombreux parmi les islamistes que parmi les non-islamistes. Il est probable que ces islamistes soient guidés dans leur réponse par le retour au "Salaf as Salih", Prophète et Compagnons. Le coït multi-positionnel est assimilé à un jeu sacré, destiné à rapprocher les époux. A l'opposé, les islamistes monopositionnels et dirigistes, plus nombreux (67,6 % des islamistes), assimilent le changement des positions sexuelles à la luxure et à l'hérésie, soit par méconnaissance de l'érotisme islamique, soit par référence aux doctrines et fatawi rigoristes des ères décadentes de l'Islam.

De leur côté, les non-islamistes ne sont pas nombreux à être favorables au coït multi-positionnel, ils ne sont que 3,9 % à être "entièrement d'accord" et 23,7 % à être "d'accord". Ils sont cependant moins nombreux que les islamistes à être défavorables (10,6 points d'écart).

L'islamisme n'est donc pas producteur d'une attitude uniforme à l'égard des positions sexuelles les attitudes oscillent du refus total à l'acceptation totale, en passant par des attitudes graduelles nuancées. Mais la loi de la majorité statistique donne ici une crédibilité au stéréotype d'un islamisme monopositionnel et dirigiste, et concourt à renforcer ce stéréotype dans l'imaginaire collectif d'aujourd'hui.

La variable de l'âge place la catégorie des 15 – 29 ans en tête des multipositionnels avec 33 %, suivis de la catégorie des 30 – 44 ans avec 24 %, et de la catégorie des 60 ans et plus avec 21,3 %. La catégorie des 45 – 59 ans est la moins favorable au changement des positions sexuelles : 7,2 % seulement.

Les célibataires viennent également en tête des multipositionnels (32,6 %), suivis des mariés (25,6 %). Les "autres" arrivent loin derrière avec 13,7 %.

La variable "résidence" fait ressortir que les quartiers Triq Imouzzer (35,7 %) et Douh (34,5 %) sont les plus favorables au coït multipositionnel. Rappelons que ces deux quartiers ont été choisis pour leur faible taux de densité. Ce facteur joue probablement un rôle dans la diversification des ébats amoureux.

Tab. 52 : Attitude à l'égard des positions sexuelles selon la densité du quartier

Attitude \ Quartier	Dense	Non-dense
Favorable	35,1	23,0
Hésitant	13,0	9,2
Défavorable	44,0	64,3
Non-réponse	7,9	12,7

La densité a donc un effet indéniable sur l'attitude à l'égard du changement des positions sexuelles. Moins le logement est peuplé, plus on est favorable à la variation des techniques amoureuses, telle est la loi à tirer de ce croisement. De cette façon, l'impact de l'espace du logement sur les pratiques sexuelles est solidement établi.

Comparativement aux hommes, les femmes sont moins nombreuses à être favorables au changement des positions pendant le coït. Cette attitude s'explique par l'impératif de la "hachouma" qui vise essentiellement la femme. Dans ce domaine, la femme doit se montrer ignorante, pudique et conservatrice afin de rassurer son entourage, et son partenaire en particulier (presque 8 % de non-réponses, contre seulement 0,3 % chez les hommes). N'est-elle pas, en dernière instance, la gardienne de l'honneur et du nom ?

Tab. 53 : Attitude à l'égard du changement des positions sexuelles selon le sexe (%).

Sexe / Attitude	Hommes	Femmes
Entièrement d'accord	5,4	3,6
D'accord	23,8	21,8
Hésitant	9,5	11,9
En désaccord	35,3	31,1
En désaccord total	25,4	23,5
Non-réponse	0,3	7,9
Total	100,0	100,0

Mais les femmes sont également moins nombreuses que les hommes à être contre les gens qui pratiquent l'amour dans toutes les positions. Elles sont 54,6 % contre 60,7 % chez les hommes.

La question des positions sexuelles est objectivement liée à celle de l'orgasme. Certes, les couples changent de position afin de multiplier les possibilités de la jouissance, mais dans beaucoup de cas, la femme n'atteint le plaisir que dans des positions "anormales". Par conséquent, il est nécessaire de changer de position si l'on se soucie du plaisir de la femme.

A la question "Pensez-vous que l'homme se soucie du plaisir de la femme pendant le coït ?", posée à un échantillon casablancais en 1975–76[93], nous avions obtenu les réponses suivantes :

— S'en soucie	18,9 %
— Ne s'en soucie pas	47,8
— Ne sait pas	26,7
— Non-réponse	06,6
— Total	100

Dans cette même enquête, nous avons pu également établir que 51,1 % d'hommes et 40 % de femmes sont satisfaits après chaque coït[94].

De son côté, Naamane-Guessous a pu recueillir des témoignages féminins qui confirment la persistance du blocage sexuel des femmes, dix ans après, malgré la libéralisation grandissante du sexe. Parmi ces témoignages qui révèlent une "sexualité féminine sans orgasme", sacrifiée au plaisir de l'homme, retenons-en quelques uns :

"Je n'y arrive que rarement, car je ne peux pas me décontracter, j'ai trop honte" ou "Je ne jouis pas toujours, parce que tu sais comment sont les marocains. En général, les jeunes aiment faire l'amour avec des femmes qui participent, et non avec des planches ; mais c'est souvent pour leur propre plaisir. Quant aux plus âgés, ils sont habitués à tirer leur coup et à redescendre, surtout ceux qui sont mariés : ils sont tellement frustrés avec leurs femmes que dès qu'ils se trouvent avec une jeune fille, ils ne songent qu'à réaliser leurs fantasmes" ou encore "Il est rare que j'aie du plaisir, car il est avare en affection ; il ne me caresse que là où il veut, juste assez pour s'exciter lui-même, et ensuite il tire son coup sans se soucier de moi. Je l'ai quitté maintes fois à cause de son égoïsme ; et quand j'ai évoqué le sujet avec lui, il a été choqué et m'a répondu qu'une fille de bonne famille ne doit pas être obsédée par le sexe" ou enfin "Je ne ressens rien, c'est juste pour lui faire plaisir, et pour qu'il ne me laisse pas tomber"[95]

Ces témoignages sont accablants pour l'homme marocain. Qu'en est-il aujourd'hui de cette question ? Que pense la population du désir féminin ? Le plaisir de la femme est-il pris en considération ?

Les déclarations de quelques enquêtées confirment les impressions antérieures : "Je fais l'amour avec mon mari en tant que devoir, parce que le mari le désire. Quant à moi, je ne sens rien depuis que je suis mariée" ou enfin "Il n'y a pas d'égalité au niveau du désir sexuel ? Quand mon mari a besoin de moi, je réponds toujours à son désir, mais quand moi, j'ai envie (de faire l'amour), il ne me prête aucun intérêt et prétexte la fatigue".

Pour traiter de cette question, nous avons proposé aux enquêtés les deux items suivants :

1) La sexualité de la femme ne vise pas uniquement la procréation.

2) L'orgasme de la femme rend celui de l'homme plus complet.

La première proposition vise à mesurer le degré d'autonomie du plaisir féminin par rapport à la finalité de la procréation. En d'autres mots, la question est de savoir si l'on accorde à la femme le droit de faire l'amour pour son propre plaisir, sans viser aucun dessein génésique. Le désir féminin de jouissance est-il reconnu en tant que valeur sociale ?

Pour une majorité absolue étriquée (52,2 %), il y a refus de dissocier le coït de la procréation, la sexualité de la femme est assujettie à la reproduction. La justification

du désir féminin en soi se retrouve chez 42,1 % des enquêtés. Les pourcentages d'hésitation (4,3 %) et de non-réponse (1 %) sont très faibles.

L'attitude des femmes à l'égard de cette question est inférieure aux attentes. Les femmes qui acceptent de considérer le plaisir féminin comme une fin en soi ne constituent
que 37,6 %.

Tab. 54 : Attitude à l'égard de la dissociation entre le désir féminin et
la procréation selon le sexe (%).

Attitude \ Sexe	Hommes	Femmes
Entièrement d'accord	10,1	12,4
D'accord	37,2	25,2
Hésitant	4,4	4,2
En désaccord	30,8	37,3
En désaccord total	17,2	18,7
Non-réponse	0,0	1,9
Total	100,0	100,0

Les femmes, tout en s'ouvrant à leur corps par une
mise en scène pratique du désir, restent attachées à une perception négative de la sexualité soumise à la finalité du
plaisir. Ce conservatisme s'explique par la condition sociale de la femme. La conscience sexuelle est relative à un
niveau socio-économique et intellectuel élevé, ce qui n'est
pas le cas de la majorité des femmes (femmes au foyer,
analphabètes ou au niveau scolaire élémentaire, occupant
des emplois subordonnés et peu rémunérés…). La seule
appartenance au genre féminin n'est pas suffisante pour
susciter automatiquement une conscience sexuelle, quant à
l'identité sexuelle féminine, elle est davantage construite
sur les valeurs de la maternité.

Cependant, une comparaison entre les femmes de Oued Zitoune et celles de Triq Imouzzer débouche sur des données en contradiction flagrante avec l'hypothèse de la corrélation entre la conscience sexuelle et le niveau socio-économique et intellectuel élevé. Ce sont les femmes de Oued Zitoune qui sont plus nombreuses à dissocier la sexualité féminine de la procréation : 64,6 % contre 28,3 % seulement parmi les femmes de Triq Imouzzer. Pour sauver l'hypothèse, peut-être faut-il invoquer la politique du "planning familial" dont la cible de choix privilégiée est constituée justement par des femmes à l'image de celles de Oued Zitoune. Rappelons que l'un des buts majeurs et in-avoués de cette campagne réside dans l'autonomisation va-lorisante du plaisir féminin en soi. L'existence d'une conscience sexuelle plus grande chez les femmes de Oued Zitoune serait donc l'un des effets positifs de la politique du planning familial.

Un autre résultat inattendu est réalisé par les isla-mistes. En effet, ceux-ci sont plus favorables à la dissocia-tion plaisir féminin/procréation, c'est-à-dire indirectement à la reconnaissance de l'orgasme féminin, en tant que fina-lité autonome

Tab. 55 : Attitude à l'égard de la dissociation du plaisir féminin et de la procréation selon l'engagement religieux (%).

Eng. relig Attitude	Non-islamiste	Islamiste
Entièrement d'accord	10,8	22,5
D'accord	30,9	29,0
Hésitant	4,4	3,2
En désaccord	34,4	32,2
En désaccord total	18,4	9,6
Non-réponse	0,9	3,2
Total	100,0	100,0

Ils prouvent que la reconnaissance du désir féminin se retrouve chez les islamistes, plus que chez les non-islamistes : 51,5 % contre 41,7 %. Cela établit-il l'assimilation des textes érotico-juridiques islamiques par les islamistes ? Le Prophète recommandait, en effet, au croyant de ne pas éjaculer ou jouir avant sa partenaire, d'attendre que la partenaire jouisse en premier. El Ghazzali, cité par Ibn Ardoun, a même été jusqu'à souligner la préférence que la femme a pour l'orgasme simultané[96]. Cet élément de l'éducation sexuelle arabo-islamique se retrouve chez beaucoup de juristes marocains de la décadence tels que Ibn El Hadj, Ibn Ardun et Belghiti.

Le plaisir de la femme est directement abordé dans cet item qui pose le problème de la manière suivante : "L'orgasme de la femme rend celui de l'homme plus complet". Là, la différence entre islamistes et non-islamistes s'estompe. Les deux groupes sont favorables à la proposition dans des proportions très rapprochées : 53,1 % parmi les non-islamistes, contre 51,5 % chez les islamistes. Les attitudes des islamistes à l'égard de la dissociation procréation / sexualité féminine et à l'égard de l'orgasme féminin sont plus cohérentes, dans la mesure où l'on retrouve le même pourcentage de réponses favorables aux deux items en question. C'est l'attitude des non-islamistes qui change : défavorables à l'autonomisation du plaisir féminin, ils sont favorables à l'orgasme féminin. Le tableau suivant récapitule l'ensemble de ces données.

Tab. 56 : Comparaison entre les attitudes des islamistes et des non-islamistes à l'égard de l'autonomisation de la sexualité féminine et à l'égard de l'orgasme féminin

Engagement religieux Attitude	Non-islamistes	Islamistes
Favorables à l'autonomisation de la sexualité féminine	41,7	51,5
Défavorables à l'autonomisation	52,8	41,8
Favorables à l'orgasme. féminin	53,1	51,5
Défavorables à l'orgasme féminin	31,0	29,0

La variable "sexe" fait ressortir que les hommes et les femmes sont également favorables à cet item ; avec un léger écart (1,3 points) à l'avantage des hommes. Une majorité étriquée l'emporte dans les deux cas : 53,7 % parmi les hommes, et 52,4 % parmi les femmes. Cet item, "compromettant" et révélateur, fait hésiter 15,3 % de femmes, et en pousse 7,6 % au silence, 38,1 % des hommes ne considèrent pas que l'orgasme de la femme complète le leur.

Les mariés sont plus nombreux à être conscients de l'importance du rôle de l'orgasme féminin dans le plaisir de l'homme, ils sont 56 % à y être favorables, contre 51,7 % parmi les divorcés et veufs, et 49,2 % parmi les célibataires.

La variable "résidence" permet de constater que le quartier Triq Imouzzer est le plus favorable à cet item. Le classement des quartiers, du plus favorable au moins favorable, donne le schéma suivant :

1) Triq Imouzzer   66,3 %
2) Aïn Qadous   57,8
3) Oued Zitoune   57,4
4) Lidou   52,8
5) Aouinet Hajjaj   50,4
6) Douh   38,3

Dans tous les quartiers, à l'exception de Douh, la majorité absolue est favorable à l'orgasme féminin. Ce sont donc les deux quartiers les moins denses de la ville qui se distinguent du lot, Triq Imouzzer et Douh, le premier en étant le plus favorable, le second en étant le plus défavorable. C'est là un résultat qui prouve que le facteur de la densité ne joue pratiquement aucun rôle dans la détermination de l'attitude à l'égard de la jouissance sexuelle de la femme.

Mais la conclusion majeure à tirer de ces différentes données réside dans l'absence d'émergence d'attitudes sexuelles cohérentes, ou spécifiques à un sexe, à un type de quartier ou à un groupe religieux. Peut-être faut-il signaler le mutisme complet des hommes sur la question ? Aucune déclaration d'homme, relative au sexe, n'a été relevée.

CHAPITRE VIII

LES PERVERSIONS SEXUELLES

La sexualité perverse est définie dans la sexologie classique soit par le but, soit par l'objet. La définition par le but considère que toute sexualité qui emploie des parties érogènes non procréatives est anormale. On doit ici inclure des pratiques comme la fellation, le cunnilingus, la sodomie, la masturbation. La définition par l'objet englobe tout rapport sexuel non procréatif, en raison du genre et / ou de l'identité des partenaires. Cette définition renvoie à des pratiques comme la pédophilie, la zoophilie et l'homosexualité, masculine et féminine.

Dans la société marocaine, l'ensemble de ces pratiques est considéré également comme anormal et pervers. Seul le rapport sexuel susceptible de procréation, même s'il a lieu sans intention de procréation, représente la norme. Quand il a lieu dans des conditions illégales, il est délit de prostitution.

La société marocaine n'a jamais désigné, au cours de son histoire, une pratique sexuelle anormale comme un élément de l'initiation de l'enfant, comme un rite de passage. L'existence effective de ces pratiques, attestée par l'historiographie et la poésie, ne s'inscrit jamais dans le registre de la norme. Les pratiques de la masturbation, de la sodomie, de l'homosexualité sont formellement condamnées par les textes sacrés, et par la morale sociale. L'homosexualité est même passible de poursuites judiciaires.

L'ouverture culturelle du Maroc, tout en étant remarquable en matière d'information sexuelle et en n'obéissant à aucun souci protectionniste, ne réussit pas à normaliser les sexualités perverses. Plus encore, le coït hétérosexuel préconjugal n'est pas même légalisé, malgré sa fréquence et sa normalité. Au sujet de son interdiction, le droit pénal est en continuité avec la loi islamique.

Il est donc intéressant de connaître les attitudes de la population à l'égard de la sexualité "perverse", afin de juger de son degré d'évolution et de libération, et afin de deviner si les pratiques sexuelles dites "anormales" pourraient être des pratiques substitutives. Une attitude positive vis-à-vis de la perversion pourrait être l'indice d'une pratique de décharge du désir. Celui-ci, faute de possibilités matérielles, spatiales et sociales, ne peut plus, dans de nombreux cas, emprunter les voies normales de la satisfaction.

LA MASTURBATION

L'item proposé à ce sujet est le suivant : "Dans des moments de grande tension sexuelle (et de solitude), on se masturbe". L'item adopte donc implicitement la condamnation socio-religieuse de la masturbation, et n'envisage celle-ci que comme une pratique substitutive d'attente, un palliatif. Ce positionnement de l'item est volontaire, il sert à mettre l'enquêté en confiance, à lui faire sentir que l'enquête partage le point de vue de la société, afin de susciter une réponse sincère. Les attitudes enregistrées à l'égard de la masturbation sont les suivantes.

Tab. 57 : Fréquence des attitudes à l'égard de la masturbation

Attitude \ Fréquence	Absolue	Relative %
Entièrement d'accord	24	3,6
D'accord	125	18,7
Hésitant	86	12,8
En désaccord	151	22,6
En désaccord total	244	36,5
Non-réponse	37	5,5
Total	667	100,0

Ce tableau montre que la majorité relative (36,5 %) est en "désaccord total" avec la masturbation, et qu'une majorité absolue (59,1 %) a une attitude défavorable à son égard Une personne sur cinq accepte de recourir à la masturbation en cas de tension sexuelle et de solitude.

Les hommes (28,3 %) acceptent d'y avoir recours plus que les femmes (16,9 %), mais les femmes sont plus nombreuses à hésiter (15,8 %) et à ne pas répondre (9 %). Une enquêtée semble ne point concevoir que la masturbation féminine soit possible en déclarant : "Je suis d'accord pour que mon mari se masturbe au lieu d'aller voir d'autres femmes quand je suis absente". Mais dans une deuxième lecture, cette attitude pourrait n'être qu'un mécanisme projectif, signifiant que, pour rester fidèle au mari absent, l'épouse devrait se masturber au lieu de faire l'amour avec un autre homme !

Les jeunes de 15 – 29 ans sont également les plus favorables (25,5 %). La catégorie d'âge la moins favorable est celle des 45 – 59 ans 17,6 %, elle est en même temps la plus défavorable (67,2 %). Dans la même logique, les célibataires viennent aussi en tête, parmi eux, 25,9 % acceptent de se masturber en cas de nécessité.

La variable "résidence" ne fait pas ressortir de différences pertinentes entre les quartiers. Le classement du plus favorable au moins favorable donne l'ordre suivant :

1) Aouinet Hajjaj	30,1 %
2) Aïn Qadous	28,9
3) Triq Imouzzer	26,7
4) Lidou	20,8
5) Oued Zitoune	19,7
6) Douh	11,2

Douh est donc le quartier le moins favorable à la masturbation. Comment expliquer la différence de 20 points entre Douh et Aouinet Hajjaj ? La surdensité et la pauvreté caractéristiques de Aouinet Hajjaj sont-elles responsables de l'acceptation de la masturbation ? Si cela est vrai, pourquoi ces mêmes caractéristiques donnent-elles un taux d'acceptation inférieur à Oued Zitoune ? Il nous semble donc aléatoire de tenter d'expliquer cette différence de 20 points par la variable résidentielle à elle seule. Probablement, des médiations psychologiques individuelles entrent en ligne de compte pour déterminer plus activement la pratique de la masturbation en cas de nécessité. En tout cas, la corrélation positive que H. Reiche établit entre la masturbation et les classes supérieures ne se vérifie pas au niveau d'une population arabo-islamique. Les résidents de Triq Imouzzer ne sont pas particulièrement concernés par la masturbation, ils le sont moins que les résidents de certains quartiers populaires.

L'engagement religieux montre que 12,8 % d'islamistes sont favorables à la masturbation hygiénique, perverse et non morbide, c'est-à-dire "non préférée" au coït hétérosexuel. Malgré cette spécification atténuante, l'attitude favorable à la masturbation est en contradiction fondamentale avec la loi islamique. Ces 12,8 % d'islamistes,

qui ont le courage d'adopter une attitude favorable à un interdit, innovent en matière de sexualité et prouvent que les
attitudes sexuelles des islamistes ne sont pas le lieu d'un intégrisme parfait. Les non-islamistes sont plus tolérants. Ils
sont plus nombreux à accepter la masturbation (9,9 points
de plus), et moins nombreux à la rejeter (8,8 points de
moins). Chez les islamistes, une majorité absolue de
61,2 % rejette catégoriquement la masturbation. Cette attitude ne se retrouve chez les non-islamistes que dans une
proportion de 35,3 %.

Tab. 58 : Attitude à l'égard de la masturbation selon l'engagement
religieux (%).

Attitude \ Eng. religieux	Non-islamiste	Islamiste
Entièrement d'accord	3,6	3,2
D'accord	19,1	9,6
Hésitant	12,8	12,9
En désaccord	23,4	6,4
En désaccord total	35,4	61,2
Non-réponse	5,5	6,4
Total	100,0	100,0

L'HOMOSEXUALITE

L'un des soucis majeurs de l'Islam en matière
d'éthique sexuelle a toujours été de définir l'identité
sexuelle sur la base des données anatomiques. Chaque
genre doit être assumé, et rester confiné dans son statut et
son rôle. L'identité sexuelle, fondée sur le genre, est, en
Islam, définitive, fixée par Dieu, inscrite dans le corps.
L'idée d'une bisexualité anatomique naturelle, celle d'une

homosexualité initiatique, ou celle d'une sexualité diver-
gente, où sexe physique et sexe psychique ne concordent
pas, constituent un impensé de l'Islam. "Dieu a maudit
ceux qui changent les frontières de la terre (...) Les
hommes qui se travestissent en femmes et les femmes qui
se travestissent en hommes, ceux qui couchent avec les
animaux, et ceux qui couchent avec des hommes" [97].
Chaque sexe est donc perçu comme une identité territoriale, avec des frontières indépassables. Lui-même est une
frontière, imposée par Dieu, un destin marqué par et dans
l'anatomie. En conséquence, "le meilleur moyen de réaliser l'accord voulu par Dieu, c'est pour l'homme d'assumer
sa masculinité, et pour une femme de prendre en charge sa
propre féminité" [98].

La morale sociale, d'inspiration religieuse, ne s'écarte
pas du principe de la condamnation de l'homosexualité.
Mais elle reste toutefois plus nuancée dans la mesure où
elle ne s'empêche pas d'exprimer une sorte d'admiration
vis-à-vis de l'homosexuel actif. Le lesbianisme est lui
aussi moins condamné, car la femme active, en jouant le
rôle de l'homme, s'identifie à un modèle valorisé. C'est
donc l'homme homosexuel passif qui supporte toute la colère sociale, il est un retour à la féminité, c'est-à-dire à un
statut inférieur du point de vue de la logique sociale dominante. La masculinité est posée comme une gloire, elle
est une conquête, une construction sociale selon Badinter,
un arrachement laborieux à l'état de dépendance et / ou de
féminité [99].

Comment se positionne actuellement la population par
rapport à l'homosexualité ? Celle-ci est-elle acceptée
comme solution de rechange, comme pratique substitutive,
en cas de nécessité ? Comme pour la masturbation, les
items relatifs à l'homosexualité embrassent également la
logique de la condamnation sociale dominante, non pour

induire la condamnation, mais afin d'encourager à la réponse sincère. L'individu est-il disposé à se satisfaire par la voie homosexuelle en cas de nécessité ? Quelles sont les fréquences enregistrées ?

Tab. 59 : Pourcentages des attitudes à l'égard des homosexualités masculine et féminine (%).

Attitude / Homo-sexualité	Masculine	Féminine
Entièrement d'accord	1,8	1,8
D'accord	5,2	6,1
Hésitant	1,3	2,7
En désaccord	18,5	19,0
En désaccord total	71,5	68,2
Non-réponse	1,5	2,1
Total	100,0	100,0

L'acceptation de l'homosexualité est donc très faible. Les différences entre les homosexualités masculine et féminine sont pratiquement insignifiantes. Dans les deux cas, une confortable majorité absolue exprime le rejet de cette pratique. 90 % rejettent l'homosexualité masculine, et 87,2 % l'homosexualité féminine." Ce sont les fils de pute et les bâtards qui pratiquent l'homosexualité" selon le dire d'une enquêtée. La fréquence la plus forte est dans les deux cas enregistrée par l'attitude "en désaccord total". Les différences entre les attitudes à l'égard des deux homosexualités sont pratiquement insignifiantes, quoiqu'elles confirment ce que nous avancions plus haut, à savoir que l'homosexualité masculine est davantage condamnée.

LA SODOMIE

L'item "on peut sodomiser la femme si elle accepte" sert aussi à juger du degré de perversion non morbide de la population, et à voir si les gens s'offrent le maximum de possibilités de satisfaction sexuelle.

Comme dans le cas de l'homosexualité, la grande majorité (83,8 %) condamne cette pratique. Cette dernière est également vilipendée par le droit musulman, elle est considérée par le Prophète comme une "homosexualité mineure". Rares sont, en effet, les femmes qui se laissent sodomiser, et les "commérages" qui rapportent que telle femme se laisse sodomiser la considèrent implicitement comme un cas exceptionnel.

La question est donc davantage relative à la jeune fille dans l'esprit des enquêtés. Dans le coït hétérosexuel pré-conjugal en effet, soucieux de préserver la virginité de la jeune fille, la sodomisation est plus fréquente, elle est un substitut à la pénétration vaginale. Pour cette raison, nous trouvons que les célibataires sont effectivement plus favorables au coït hétérosexuel anal. Ils sont 15,7 % à être pour, contre 8,6 % chez les mariés. Il y aurait donc deux fois plus de célibataires pratiquant la sodomie.

L'analyse des attitudes à l'égard des perversions sexuelles laisse entendre que les pratiques courantes ne s'écartent pas des normes sexuelles tracées. Les pourcentages d'acceptation, voire d'hésitation et de non-réponse, sont faibles. L'homosexualité est l'objet de la condamnation la plus fréquente, suivie de la sodomie, et enfin de la masturbation.

SYNTHESE

L'étude de la sexualité, révélatrice de la mentalité par excellence, n'est pas une tâche aisée en milieu arabo-islamique. Les questions de développement qui y dominent n'intègrent le sexe qu'à titre de question démographique, ou actuellement, comme facteur principal de propagation du Sida. Planning familial et Sida deviennent, par conséquent, les deux prétextes légitimes pour étudier la sexualité, et, par là, les seuls à pouvoir conférer une légitimité à cette région de la connaissance. Quant à la recherche sexuelle en soi, qui s'intéresserait à l'épanouissement de l'individu, au bonheur du couple, la recherche sexologique en soi, elle est perçue comme un luxe secondaire devant la priorité des questions démographique et hygiénique. De son côté, la morale sociale dominante, inspirée d'une perception faussée de l'Islam, empêche les gens d'exposer et de débattre des questions sexuelles d'une manière franche et saine, malgré l'inflation de la demande en la matière. La recherche est donc confrontée à la nécessité de libérer la description des pratiques sexuelles courantes du silence apparent, ou de la grivoiserie, pour la promouvoir et le transformer en champ de savoir.

Ce sont ces raisons qui nous ont poussés à nous arrêter pour le moment à l'analyse des attitudes sexuelles. D'une part, les gens livrent plus facilement leurs attitudes que leurs comportements (sexuels), d'autre part, les attitudes ne sont pas sans rapport avec les comportements. Les attitudes, projectives par définition, sont des indicateurs du comportement, c'est-à-dire de la personnalité en général.

L'analyse des attitudes a permis de dégager des conclusions qui ne manquent pas d'intérêt.

Tout d'abord, la sexualité préconjugale est apparue comme l'objet d'une attitude défavorable. La condamnation porte plus précisément sur les pratiques sexuelles de la jeune fille. Par là, la société trahit sa double morale à l'égard des sexes, son sexisme. Cependant, l'un des résultats les plus étonnants et les plus inattendus réside dans l'acceptation de la sexualité féminine préconjugale par quelques islamistes. Que des jeunes garçons puissent avoir des rapports sexuels avant le mariage, cela reste concevable dans l'optique du droit musulman, mais que des jeunes filles jouissent de la même possibilité reste impensable par l'Islam. Ce résultat impose d'abord de le revérifier au niveau d'un échantillon islamiste représentatif, et ensuite de chercher les justifications canoniques de l'acceptation islamiste de la sexualité féminine préconjugale.

Par ailleurs, l'enquête a permis de constater que l'attitude favorable à l'égard de la sexualité préconjugale est en régression, par rapport à des résultats obtenus en 1975 – 76. Cette régression est probablement l'indice de l'échec du développement, et l'expression du retour en force des valeurs religieuses, posées comme identitaires et anti-sexuelles. A ce propos, il est permis d'avancer une double corrélation : dans les années 1970, les pratiques sexuelles accusaient un retard par rapport à une attitude favorable ; par contre dans les années 1990, ce sont les attitudes qui n'arrivent plus à suivre la libéralisation des comportements sexuels. Cette double corrélation négative nous met donc devant un déséquilibre entre les prédispositions subjectives, les postures idéologiques d'une part, et les pratiques sexuelles d'autre part. L'attitude a été d'abord un concept vide de comportement adéquat, le comportement a été par la suite aveugle par absence d'attitude conséquente. Attitude et comportements sexuels peuvent donc, dans une même société, à la même époque, en étant contemporains l'un à l'autre, subir des évolutions différentes, voire opposées.

Actuellement, vis-à-vis de la sexualité sans pénétration, la population affiche une plus grande tolérance. Comme la non-pénétration est synonyme de virginité, la sexualité pré-conjugale trouve là, indirectement, sa raison d'être : oui à la sexualité pré-conjugale, mais à condition qu'elle ne conduise pas à la défloration. Une vieille dame nous a dit : "Que ma fille fume si elle veut, qu'elle se maquille même le derrière si elle en a envie, mais qu'elle reste vierge". Pour la majorité des célibataires et des jeunes, la sexualité sans pénétration est un moyen de détente sexuelle, de satisfaction partielle.

Au niveau du coït hétérosexuel, la population est en même temps favorable à la nécessité du consentement sexuel de la femme et à la nécessité de son obéissance sexuelle au mari. Cette incohérence est d'autant plus sincère et réelle qu'elle est inconsciente et incontrôlée chez la plupart des individus. Le privilège de l'observateur "extérieur" permettrait de voir dans la reconnaissance du désir féminin (recherche du consentement et de la participation) le reflet d'une conviction moderniste, réfléchie et laborieuse, tandis que l'impératif de l'obéissance féminine répond à une sensibilité automatique, fruits de l'éducation et de la culture.

Les femmes sont pour un rapport sexuel caractérisé par l'obéissance (de la femme). Les islamistes, aussi favorables à l'obéissance, trouveront dans cette attitude de soumission de la femme une "preuve" à l'appui de leur raisonnement. La conscience sexuelle apparaît donc comme si elle était l'ultime étape, le stade dernier de la marche féministe. Que la femme se pose et se reconnaisse comme un être érotique, par-delà l'aura de la maternité, voilà une (autre) fin possible de l'histoire.

Par ailleurs, la désacralisation moderne du sexe, sa laïcisation, conduit à un éclatement de la pratique sexuelle dans le temps. Tous les moments de la journée sont désormais considérés comme aptes à servir les demandes du désir. Le sexe n'est plus associé à la nuit. Cette dissociation entre le sexe et la nuit est l'un des indices de la fin du sexe comme moyen d'initiation à une socialisation de l'individu, car le temps de l'initiation et le temps du sexe, se confondaient dans un temps unique. Libérer de la nuit l'acte sexuel, c'est donc le libérer de toute finalité extra-sexuelle, du mystère de l'obscurité, et par là de la pudeur du secret et du voile. La médiatisation du sexe est en quelque sorte l'aboutissement de sa profanation, de sa transformation en marchandise consommable à volonté, sans rituel.

Cependant, la libéralisation sexuelle n'est pas un processus linéaire qui obéirait à un déterminisme sans accroc. Pour preuve : l'attitude défavorable au changement des positions pendant l'acte sexuel. La préférence de la position "normale" est presque générale et ne caractérise pas particulièrement les islamistes. Certes, ceux-ci sont enclins à prôner un modèle dirigiste en la matière, mais la majorité, à l'image des islamistes, a tendance à considérer les autres positions comme des perversions. L'acte sexuel est encore un moyen d'écrire la suprématie sociale du mâle, de l'illustrer et de la consolider. Malgré cette loi, l'enquête a permis de percevoir l'effet de la densité sur l'attitude à l'égard du changement des positions. Il semble que, moins le logement est dense, plus on accepte et pratique des positions sexuelles différentes. Cette corrélation ne permet pas en tout cas de dégager des idéologies sexuelles spécifiques.

Le droit à la différence sexuelle n'est pas reconnu à l'homosexuel, c'est un droit que ne prône aucune force sociale. L'attitude à l'égard des perversions en est une preuve éclatante. L'homosexuel, surtout s'il est passif, risque la condamnation la plus forte. La sodomie de la femme, même consentante, est également rejetée. La perversion la plus "tolérée" par rapport à celles dont on vient de parler est la masturbation. Elle ne suscite pas un refus unanime, mais elle ne semble pas être caractéristique d'une couche sociale précise.

Deux conclusions majeures doivent, à notre avis, être retenues : l'incohérence et la non-spécificité. Par incohérence, nous entendons l'existence d'attitudes sexuelles contradictoires chez un même individu ou dans un même groupe social. Cela s'explique par le conflit vécu entre deux systèmes de valeur référentiels quasiment inconciliables au niveau des principes, et par l'adoption pratique de l'un des deux systèmes en réponse à une situation précise. Les attitudes sexuelles sont marquées par le pragmatisme, c'est-à-dire par l'incapacité de définir une ligne de comportement sexuel conséquente. Par non-spécificité, il faut comprendre que les différences de statut social (âge, sexe, état matrimonial, quartier de résidence...) ne débouchent pas sur des attitudes sexuelles tranchées. La distinction n'est pas le principe organisateur de la conduite sexuelle, individuelle et collective, ce qui signifie que les attitudes restent calquées sur les mêmes modèles mitigés, c'est à dire conformistes en dernière analyse. Les divers types de stratification sociale, tout en étant partiellement opératoires dans une "société composite", ne débouchent pas encore sur des morales sexuelles particulières au groupe.

QUATRIEME PARTIE

DU MODE TERRITORIAL

INTRODUCTION

C'est à partir des acquisitions du mode fonctionnel et de l'analyse de la sexualité que le mode territorial prend son point de départ et sa légitimité. L'étude du mode fonctionnel, en découvrant la dominance fréquentielle du coucher territorial, a permis de dégager l'importance de la différence sexuelle dans l'organisation de l'espace domestique. Quand la famille n'a pas la possibilité de consacrer une chambre à chaque personne, en plus des salons de réception, ou quand elle n'est pas obligée de partager une seule et même pièce, le genre (sexuel) revêt une grande importance et se meut en critère d'occupation et de partage des lieux. De son côté, l'analyse de la sexualité a révélé que la population étudiée n'a pas une attitude favorable à son égard, d'ou l'insatisfaction en la matière. Il est donc certain que ce sentiment d'insatisfaction sexuelle résulte aussi des conditions de logement. Ces deux acquis sont, dans notre hypothèse générale, des facteurs déterminants du mode de consommation de l'espace public selon le sexe. En effet, il est légitime de se demander si un certain degré d'insatisfaction sexuelle n'est pas la conséquence d'une mixité créatrice d'angoisse, créatrice de désirs qui ne peuvent être satisfaits, et si cette insatisfaction ne conduit pas à revendiquer le retour des frontières spatiales entre les sexes. En revenant à une division de l'espace social selon le sexe, ou en exigeant de la femme le port du voile, on propose des "solutions" à une tension sociale d'origine sexuelle, méconnue. Le mode territorial est justement cette manière de diviser l'espace en espace masculin et féminin afin d'éviter l'apparition du désir illicite, source de désordre. Or, il est évident que la claustration de la femme arabo-islamique dans l'espace domestique reflète son statut et lui assigne un rôle social précis. L'organisation sexuelle de l'espace exprime une organisation sociale générale.

Dans cette optique, la modernité peut se définir comme un dépassement des frontières spatiales de la sexualité : tous les espaces et tous les rôles deviennent en principe accessibles à la femme. L'espace public est conquis par une femme à l'image de l'homme, tendant à être son égale. Cette idéologie anti-sexiste est un aspect inéluctable de l'évolution sociale et historique, mais elle devient problématique quand l'évolution ne se fait pas, quand le développement se bloque, c'est-à-dire quand les fruits de la modernité ne sont pas à la portée des masses. La réaction des "déshérités" consiste alors à rejeter la modernité, et sa dimension anti-sexiste en particulier ; c'est une réaction qui entraîne la recherche d'une identité dans le passé, sécurisante, et établie par le retour à la frontière spatio-sexuelle. Il s'agit de "cacher" la femme, de la voiler, de l'écarter de la course vers l'avoir, le savoir et le pouvoir, c'est-à-dire de revenir au mode territorial dans l'organisation de la relation du sexe et de l'espace.

Quel est le degré de validité de l'hypothèse du retour du mode territorial ? Jusqu'à quel point trouve-t-on dans la population étudiée le désir de recréer la frontière spatio-sexuelle ébranlée par la modernité ?

Commençons par reconnaître que le retour du mode territorial se fait sous le signe du religieux, en particulier de l'islamisme. Certes, le mode territorial embrasse toute l'aire et l'ère patriarcale, mais l'islamisme en est actuellement l'expression la plus médiatisée, et la force motrice la plus efficace. Dans le monde arabo-islamique, le mode territorial devient une arme de combat de l'islamisme, sans que celui-ci aille jusqu'à demander la claustration des femmes. Mais l'évitement, la non-mixité sélective, le voile restent des expressions mitigées, voire modernes, du mode territorial. L'islamisme, quoiqu'il dise, appartient à la modernité, il en est une excroissance, une sécrétion involontaire.

Cette association entre l'islamisme et le mode territorial montre que l'étude de ce dernier se situe dans le champ de la sociologie religieuse. Mesurer le degré du retour à la frontière spatio-sexuelle, c'est mesurer la force de l'intégrisme, c'est-à-dire l'attachement à la lettre du Coran, à son sens littéral.

Cependant, l'étude du mode territorial, tout en faisant la sociologie de la religion, évite les inconvénients de celle-ci dans le monde arabo-islamique. En effet, la sociologie de l'Islam dérange [100] les acteurs principaux de la vie socio-politique. Elle met mal à l'aise.

En revanche, le questionnement sur la condition féminine et sur le mode de consommation féminin de l'espace public, tout en faisant partie de la sociologie religieuse, ne semble pas, à première vue, toucher à la religion. La première modernité que l'on jette aux poubelles des idéologies importées est justement la modernité sexuelle.

A partir de ces considérations, cette quatrième partie comprendra deux chapitres. Le premier s'intéressera à l'analyse des attitudes à l'égard du statut de la femme, le second à la force (ou à la faiblesse) du mode territorial et de son retour.

CHAPITRE IX

LE STATUT DE LA FEMME

La condition féminine est un objet de savoir pluridisciplinaire, car aucune approche scientifique particulière ne peut prétendre le monopoliser. Mais deux aspects nous semblent fondamentaux pour une description de la condition féminine : le statut juridique de la femme et sa situation sociale (dans l'enseignement, le travail et la famille). Cette double entrée est nécessaire dans la mesure où le rapport entre le droit et le fait n'est pas simple. Le droit peut être en avance sur le "fait féminin", mais il peut être également en retard par rapport à l'évolution des faits. Il s'avère donc légitime de se demander dans quelle mesure la population se reconnaît (ou non) dans le droit.

Les dispositions du "Code du Statut Personnel" (droit de la famille, Moudawana) sont le fruit d'une négociation entre des forces politiques et sociales diverses autour d'un texte islamique pluriel ouvert à toutes les possibilités historiques. La Moudawana a donc été un choix juridique parmi d'autres, agréé au moment de son élaboration (1957), et perçu par l'ensemble des forces nationales comme un pas en avant vers la modernité. Elle est en même temps dépassement du droit coutumier tribal (rural) et codification (sélective) du fiqh en réponse aux exigences de la raison juridique moderne. Trente ans après, la

Moudawana est presque toujours la même malgré l'évolution de la situation de la femme dans l'enseignement, le travail, la famille, et surtout malgré l'apparition (timide, il est vrai) de la femme marocaine dans le champ politique. Les taux féminins de scolarisation et d'activité sont en progression constante, la femme a de plus en plus accès à des postes de cadres supérieurs. D'autre part, la structure familiale a connu une évolution qui se résume dans le passage de la famille étendue à la famille nucléaire, et dans la hausse inquiétante du taux de divorce. A ce propos, le divorce par compensation (khol') est le mode de dissolution du mariage le plus fréquent ; il montre à quel point la femme marocaine, en étant disposée à renoncer à tous ses droits afin de racheter sa "liberté", est insatisfaite de la vie conjugale. Dans un autre travail, nous avions montré que le divorce par compensation représentait 54,8 % des dissolutions de mariage à Fès en 1951, et que ce taux est passé à 63,6 % en 1981 [101]. Par ailleurs, la baisse de la fécondité, en milieu citadin en particulier, laisse prévoir la naissance d'une femme marocaine nouvelle, chez laquelle l'impératif de la procréation maximale s'efface au profit de la conscience érotique.

Eu égard à ces changements, le droit de la famille a été accusé d'anachronisme et de retard, il est devenu l'objet d'un conflit politico-social. Les organisations féminines et féministes ont participé à la lutte pour une réforme de la Moudawana. Cette lutte est elle-même un indice de l'évolution du féminisme marocain. Celui-ci est passé d'une phase développementaliste axée sur les revendications socio-économiques à une phase juridique centrée sur la lutte pour l'égalité des droits entre les sexes. Les droits de la femme sont un aspect fondamental des droits de l'homme. La réforme du Code du Statut Personnel est en conséquence devenue l'ordre du jour sous la pression des partis politiques de l'opposition nationale et démocratique (P. I, USFP, OADP, accusés par les féministes de reléguer la question de la femme au second plan), de l'opinion publique (pétition d'un million de signatures rassemblées par l'Union de l'Action Féminine), de l'intelligentsia féminine (en particulier), et enfin de la société internationale (Convention de Copenhague de 1980 contre la discrimination sexuelle, signée puis récemment ratifiée par le Maroc). Aucune force politique ou féministe n'a cependant osé revendiquer la laïcisation totale du Code du Statut Personnel.

La révision de la Moudawana a touché 9 articles, ce qui signifie que 207 articles sont restés intacts. Statistiquement, il s'agit d'une révision qui a touché 4,1 % du corps de la Moudawana. Quels sont les articles concernés par le changement ? Quelles sont les dispositions réformatrices nouvelles ? On peut les résumer de la manière suivante :

1 – Article 5 : le consentement de l'épouse au mariage doit être explicite et public.

2 – Article 6 : la suppression du droit de contrainte (que le père pouvait excercer sur sa fille pour la marier contre sa volonté).

3 – Article 6 : la possibilité de se passer du wali (tuteur matrimonial) dans le cas de la jeune fille (sage, raisonnable, rashida) orpheline de père.

4 – Article 30 : la nécessité d'avertir la première épouse, ainsi que la seconde, dans le cas de la polygamie (afin d'avoir le consentement des deux).

5 – Article 41 : l'obligation de l'autorisation du juge dans le mariage du mineur, de l'handicapé et du fou.

6 – Article 48 : la présence des deux époux est obligatoire pour enregistrer la répudiation.

7 – Article 99 : l'octroi au père du droit de garde en cas de mort de la mère.

8 – Article 102 : l'octroi à l'enfant du droit de résidence avec le parent de son choix.

9 – Article 119 : la détermination du montant de l'entretien post-répudiatif à partir du revenu, et non plus du degré d'aisance matérielle, avec l'accélération de la procédure.

10 – Aricle 148 : l'octroi à la mère du droit de la tutelle testamantaire après le père.

La révision a ajouté les articles 52 bis et 156 bis. Le premier stipule la nécessité de donner à l'épouse répudiée une compensation adéquate en cas de préjudice, tandis que le second appelle à la nécessité de créer un conseil (national) de la famille.

Cette révision a eu lieu le 10 Septembre 1993, c'est-à-dire à une période de vide parlementaire (période de transition inter-mandat), comme si le pouvoir signifiait par ce choix que la législation, en matière de statut personnel, défini comme religieux et a-politique, échappe aux prérogatives du parlement. Le statut juridique de la femme n'a pas à être déterminé par les différents acteurs de la société civile, tel semble être le message de cet acte législatif méta-parlementaire et supra-politique.

Par coïncidence, l'administration de notre questionnaire (qui a commencé le 1e août 1993) a été contemporaine de la révision. Il aurait été intéressant de savoir si la population était au courant de cette révision de la Moudawana et ce qu'elle en pensait. Car si quelques enquêtés ont répondu à notre questionnaire avant la révision, la plupart d'entre eux l'ont fait après. Mais comme les questionnaires ne sont pas datés, il est difficile de faire la distinction entre les deux groupes, d'inégale importance statistique d'ailleurs. Le groupe le plus important a répondu après la révision. Cependant, entre le moment de la promulgation de la révision, et le moment de sa mise en application et de sa médiatisation, s'est écoulée une période plus longue que la durée de notre enquête. La distinction ne pourra donc pas être opératoire. D'un autre côté, nous visions l'attitude de la population à l'égard de quelques dispositions du fiqh, plus habilité que la Moudawana à permettre de juger le degré d'intégrisme, quoique des forces islamistes marocaines voyaient dans la Moudawana un bastion de résistance de l'Islam et menaçaient de mort tout signataire de la pétitition lancée par l'Union de l'Action Féminine en faveur de la réforme.

C'est dans ce climat de polémique et de réforme de la Moudawana qu'a donc eu lieu l'administration de notre questionnaire. Celui-ci comporte quelques points qui ont été touchés par la révision, notamment le tuteur matrimonial, la polygamie et : la répudiation. Ces points ont été choisis, en plus de l'item relatif à l'entretien de l'épouse, afin de décrire l'attitude de la popualtion à l'égard du statut juridique de la femme.

Le tuteur matrimonial

A la proposition "La femme doit avoir un tuteur pour se marier", l'attitude favorable est majoritaire avec 69,1 %. La population ne reconnaît pas encore à la femme le droit de contracter le mariage par elle-même. C'est une manière de la minoriser, de la considérer comme inapte à reconnaître ses intérêts et à les défendre. Une telle attitude porte un coup à la revendication féministe et conforte le pouvoir dans sa prudence révisionniste.

Tab. 60 : Fréquence des attitudes à l'égard de la nécessité du tuteur matrimonial

Fréquence Attitude	Absolue	Relative %
Entièrement d'accord	154	23,0
D'accord	308	46,1
Hésitant	27	4,0
En désaccord	124	18,5
En désaccord total	50	7,5
Non-réponse	4	0,6

Mais le féminisme marocain postule que la réforme du Code du Statut Personnel dans un sens anti-sexiste est en elle-même un facteur d'évolution. Le droit aide à la transformation du réel social, à la construction d'une économie sexuelle égalitaire. D'ailleurs, ce qui augure de la possibilité d'une évolution féministe générale, c'est ce pourcentage de 26 % de gens défavorables au wali. Il y a trente cinq ans, le rejet du wali était impensable dans la mentalité collective. Actuellement, ce n'est plus qu'un impensé. Le marché matrimonial ne pouvait être conçu sans le contrôle masculin.

Comment se répartissent les gens qui pensent que le wali n'est pas nécessaire ? Cette question permet de relever quelques attitudes "curieuses", celle des femmes en particulier. En effet, les femmes sont moins nombreuses que les hommes (25,5 % contre 26,6 %) à être défavorables à la nécessité du wali dans l'établissement du contrat de mariage. Par là, leur majorité manifeste docilité et conformisme, ce qui les fait passer pour des femmes porteuses d'une volonté "traditionnalisante", fidèle à l'esprit de famille. C'est là une image que chaque jeune fille, de "bonne famille" comme on dit, essaie de donner d'elle-même. Un mariage sans la

bénédiction du père, wali dans la majorité des nikahs de la
jeune fille célibataire, est mal vu, et mal vécu. Cependant,
l'écart entre les attitudes de rejet, masculine et féminine, à
l'égard du wali n'est pas significatif, il est à peine de 1,1
point en faveur des hommes. En conséquence, la variable
"sexe" ne semble pas jouer un rôle de première importance
dans l'attitude à l'égard du wali, même si la présence de
celui-ci dans la validation du mariage confère une prééminence indéniable à l'homme. La femme n'est jamais tutrice
matrimoniale, mais "la tutelle matrimoniale est un droit organisé au profit de la femme" (Code du Statut Personnel,
art. 12, et 1e). Malgré cela, la question ne paraît pas poser
de problème aux femmes. Chez les hommes comme chez
les femmes, près de 70 % sont favorables à l'institution du
wali-homme, ce qui démontre la force de l'enracinement
du rite malékite dans la psyché collective.

Un autre résultat "curieux" réside dans l'attitude des
célibataires. Ceux-ci sont également moins nombreux que
les mariés à rejeter l'institution du wali : 24,8 % contre
27,3 %. La jeunesse des célibataires les prédisposerait en
principe à être plus affranchis du poids des coutumes, fussent-elles d'origine religieuse.

La variable de l'âge permet en effet de confirmer cette
hypothèse. Par rapport à la tranche 60 ans et plus (14,2 %
de rejets du wali), la tranche 15 – 29 ans enregistre presque
le double (27,2 %).

Les islamistes sont enfin peu nombreux à être contre le
wali (12,9 %, contre 26,6 % chez les non-islamistes). Cette
attitude n'a rien d'hérétique ou d'anti-islamique, elle exprime seulement un refus de s'emprisonner dans la doctrine
malékite et une ouverture sur le hanafisme par exemple.

La variable "résidence" permet de faire ressortir des
différences intéressantes entre les quartiers.

Tab. 61 : Attitude à l'égard du wali selon le quartier de résidence

Attitude Quartier	Favorable	Hésitante	Défavorable	Non-réponse
Oued Zitoune	55,4	3,9	40,5	0,0
Douh	83,4	3,7	12,7	0,0
Aïn Qadous	57,0	4,6	38,3	0,0
Aouinet Hajjaj	78,6	0,0	21,3	0,0
Lidou	68,8	4,8	24,8	0,1
Triq Imouzzer	68,3	7,1	22,4	2,0

Ce tableau permet de relever que tous les quartiers sont favorables à l'institution du wali (majorité absolue dans les six cas). En outre, il apparaît que les deux quartiers de la médina affichent des attitudes contradictoires : Oued Zitoune est le moins favorable et le plus défavorable, tandis que Douh est le plus favorable et le moins défavorable. En conséquence, Oued Zitoune, suivi de Aïn Qadous, sont les deux quartiers où l'on trouve le plus de prédisposition à libérer la femme de la tutelle matrimoniale. Mais aucun quartier n'est indemne de l'influence féministe en la matière. En effet, c'est sous la poussée d'un féminisme objectif (évolution de la condition de la femme dans le sens d'une participation plus grande) que les gens commencent à concevoir la possibilité de s'inspirer des sources non malékites pour élaborer un droit moins sexiste.

Anne-Marie Baron avait déjà révélé au début des années 1950 à Casablanca, l'existence d'une pratique juridique appelée "muqarara", par laquelle un homme et une femme se reconnaissent mutuellement comme mari et femme devant le juge, sans wali, après une vie commune plus ou moins longue. Cette "muqarara" [102] a été même la forme la plus fréquente de mariage dans les quartiers populaires de Casablanca (Ben Msik et Carrières Centrales).

Elle ne nécessite pas de témoins et, en ce sens, elle est anti-canonique. Ce fut pour le Cadi, sous l'influence des autorités du Protectorat, une manière de conférer une légitimité "charaïque" à des relations sexuelles durables, c'est-à-dire un moyen de régulariser des unions libres, de prostitution aux yeux du fiqh, et d'assainir une situation de pathologie sociale. Ce souci l'a emporté sur les considérations juridiques (nécessité d'observance d'un délai de veuvage et séparation des corps). A la même époque, cette pratique n'existait pas à Fès, ville-citadelle de l'orthodoxie. La comparaison que nous avons effectuée [103] entre les formes de mariage dans les deux villes a conclu en effet à l'inexistence de la "muqarara" dans les pratiques judiciaires contemporaines de Fès. Le wali, qui fait du mariage islamique un échange de femmes entre les hommes, a toujours été présent.

L'histoire du mariage au Maroc révèle donc l'existence d'une forme d'union conjugale qui ne fait pas appel au wali. Est-il possible de considérer cette pratique comme un "a'mal", un acte de jurisprudence inspiré d'un dire mineur à l'intérieur de la doctrine malékite ? Nous ne le pensons pas. Mais même si cela était le cas, la science islamique des sources du droit (Ouçoul al fiqh) ne considère pas la jurisprudence comme une source de législation. Le "a'mal" est, selon l'expression de Berque, un "pis-aller juridique" [104], c'est-à-dire une solution para-légale temporaire dictée par les nécessités et les intérêts de son époque. Dès que celles-ci disparaissent, le retour à la règle s'impose. La révision de la Moudawana, en instituant la légitimité du mariage sans wali de l'orpheline (sage / "rashida") le 10 Septembre 1993, rouvre-t-elle les portes de l'a'mal ? Ou mieux, celles de l'ijtihad [105] ?

L'ENTRETIEN

La question de l'entretien de l'épouse (par le mari) est l'occasion de constater que l'attitude majoritaire est défavorable à l'opinion socio-religieuse traditionnelle. Nous avons là une illustration d'incohérence dans l'attitude religieuse. Si la majorité est favorable à la tutelle matrimoniale masculine, elle ne l'est plus à l'égard de l'obligation d'entretien. Les hommes ne peuvent-ils plus remplir leur devoir d'entretenir leur épouse ? De leur côté, les femmes ne veulent-elles plus être entretenues comme des corps-objets inactifs ? La prééminence masculine justifiée par le pouvoir économique du mari est-elle en train de s'effriter, sapée à la base ?

A la proposition "l'entretien de l'épouse incombe au mari", les réactions suivantes sont enregistrées.

Tab. 62 : Fréquence des attitudes à l'égard de l'entretien

Attitude \ Fréquence	Absolue	Relative %
Entièrement d'accord	70	10,4
D'accord	202	30,2
Hésitant	26	3,9
En désaccord	278	41,6
En désaccord total	86	12,8
Non-réponse	5	0,7

La majorité absolue (54,4 %) est donc défavorable à l'entretien de l'épouse par le mari, contre 40,6 % affichant une attitude plus traditionnelle, plus canonique et plus patriarcale. Ce résultat n'est pas étonnant eu égard à la situation économique de la plupart des ménages des classes moyennes et populaires, où le mari ne peut plus se passer de l'aide financière de l'épouse. Le salaire de l'épouse n'est plus perçu comme un luxe ou un "salaire d'appoint", il est désormais un élément capital dans les revenus du couple. A ce titre, il est l'objet de conflits fréquents entre les époux, il est monnayé par la femme dans la conquête d'une part de pouvoir dans l'espace conjugal.

Quel est le pourcentage des hommes qui se désistent de l'obligation canonique de l'entretien? Les hommes sont-ils plus nombreux que les femmes à être favorables à la participation de la femme à l'économie domestique?

Tab. 63 : Attitude à l'égard de l'entretien de la femme selon le sexe

Sexe \ Attitude	Favorable	Défavorable
Hommes	39,1	55,9
Femmes	42,1	53,2

Les différences entre les deux sexes ne sont pas grandes, mais elles montrent une tendance générale à dépasser l'image traditionnelle de la femme entretenue. A ce sujet, le pourcentage des hommes est un peu plus élevé. Mais, les femmes sont un peu plus nombreuses à rester attachées au rapport économique domestique traditionnel, même lorsqu'elles ont un travail rémunéré. Elles arguent du fait que le mari ne participe pas (ou peu) aux tâches domestiques. Ces attitudes mettent en évidence la tendance de chaque sexe à défendre ses intérêts économiques stricts et particuliers, sans les intégrer dans une vision globale de la relation conjugale. Il en découle alors un divorce entre les niveaux économique et politique, ou en tout cas une nécessité de plus en plus ressentie de repenser, de redéfinir le pouvoir dans le couple. Rejeter l'obligation d'entretien est un acte de passage à une autre image de la femme. Celle-ci n'est plus désormais conforme à la définition de la Moudawana : "toute personne subvient à ses besoins par ses ressources propres à l'exception de l'épouse, dont l'entretien incombe à son époux" (art. 115). Pour une majorité absolue d'hommes et de femmes, l'épouse est appelée à participer aux frais de logement, de nourriture, d'habillement et de soins médicaux. Cependant, les articles 117 et 123 obligeant le mari à assurer l'entretien de l'épouse n'ont pas été touchés par la révision du code. Car exiger, au niveau du droit, une participation économique de l'épouse, c'est reconnaître la nécessité de lui garantir un revenu régulier, c'est-à-dire un emploi.

Par ailleurs, une majorité absolue d'islamistes (61,2 % contre 39,7 % chez les non-islamistes) reste attachée à l'obligation canonique de l'entretien. Mais ce qui est original, c'est de constater que 29 % parmi eux ne sont pas d'accord avec cette obligation, et préconisent en conséquence une participation de la femme. La dégradation du salaire masculin, son insuffisance, conduisent donc un tiers des islamistes à une "déviation" de poids dans la mesure où l'apport économique de l'épouse remet en cause son obligation d'obéissance, voire son statut d'infériorité. Dans les rangs des non-islamistes, 55,7 % rejettent l'obligation d'entretien.

La variable "statut matrimonial" fait ressortir que les célibataires viennent en tête de ceux qui rejettent l'entretien (59,3 % contre 56,8 % chez les divorcés et veufs et 50,6 % chez les mariés). De son côté, la variable de l'âge montre que plus on est jeune, plus on est défavorable à l'obligation d'entretien :

— tranche 15 – 29 ans :	60,0 %
— tranche 30 – 44 ans :	50,8
— tranche 45 – 59 ans :	43,6
— tranche 60 et plus :	28,5

La variable "quartier de résidence" est susceptible de relier l'attitude envers l'entretien à la situation économique du mari. Le rejet de l'obligation d'entretien, caractéristique des classes moyennes surtout, ne se retrouverait pas, en principe, à Triq Imouzzer. Dans quelle mesure les résultats confirment cette hypothèse?

Tab. 64 : Attitude à l'égard de l'entretien selon le quartier (%).

Attitude Quartier	Favorable	Hésitant	Défavorable	Non-réponse	Total
Oued Zitoune	42,5	5,9	50,4	0,9	100
Douh	40,6	5,2	54,1	0,0	100
Aïn Qadous	22,4	5,6	71,9	0,0	100
Aouinet Hajjaj	37,8	0,0	62,1	0,0	100
Lidou	53,6	1,6	43,2	1,6	100
Triq Imouzzer	45,9	5,1	46,9	2,0	100

Les résultats montrent que Triq Imouzzer n'est pas un quartier particulièrement favorable à l'obligation d'entretien. A ce sujet, sa population est la seule à être partagée entre les deux opinions d'une manière quasiment égale. De son côté, le Lidou est le seul quartier où la majorité absolue est favorable à l'obligation d'entretien, quoique ce quartier soit habité par une classe moyenne. Cette comparaison entre Triq Imouzzer et Lidou démontre que l'aisance économique du mari n'est pas le seul facteur déterminant dans l'acceptation de l'entretien. Dans le même sens, l'opposition totale entre Triq Imouzzer et Oued Zitoune, aux niveaux économique, type d'habitat, densité, ne débouche pas sur une différence d'attitude pertinente. Les rejets de l'entretien à Triq Imouzzer et à Oued Zitoune ne sont séparés que par 3,5 à l'avantage de Oued Zitoune. Les taux les plus forts de rejet, en étant enregistré s à Aïn Qadous (71,9 %) et à Aouinet Hajjaj (62,1 %), co' irment cependant la corrélation entre une situation économique précaire et la nécessité d'une participation de la femme à l'entretien du ménage.

Il y a donc un passage certain, au niveau de l'attitude du moins, de l'entretien de la femme (par le mari) à l'entretien du foyer par le couple. Les textes de loi sont donc en retard par rapport aux aspirations actuelles. Par ailleurs, aucune étude nationale n'a été entreprise sur les revenus, afin de ne pas mettre à nu le grand écart entre les revenus des deux sexes. Les statistiques commencent à peine à se mettre au service de la cause féminine, grâce à la pression de la société internationale. Les études disponibles réalisées par la Direction de la Statistique portent surtout sur la consommation et les dépenses des ménages. L'écart des dépenses entre les 10 % les plus riches et les 10 % les plus pauvres aurait été de 29,4 en 1970, et serait passé à 16 en 1985, pour tomber à 10 en 1992. Les ménages dont les chefs sont femmes constituent 17,2 % de l'ensemble des ménages en 1984 – 85, mais ces ménages sont mono-parentaux, désintégrés, à la suite d'un divorce ou d'un veuvage. A Fès, une enquête officielle sur la famille (1991 – 92) a révélé qu'un actif occupé entretient trois personnes en moyenne.

L'attitude de la population à l'égard de l'entretien traduit une inquiétude, une aspiration, un passage. La cherté de la vie, la baisse du niveau de vie imposent désormais une participation de la femme à l'entretien du foyer et à la production des biens et des services. Le travail de la femme est une condition de la croissance et du développement. Une telle vision s'oppose d'une manière inéluctable à l'institution de la polygamie. En rejetant l'entretien de l'épouse par le mari, la population reste-t-elle conséquente avec elle-même en rejetant la polygamie ? Ya-t-il au contraire une autre incohérence à ce sujet ?

La polygamie

A titre indicatif, les familles polygames représentaient uniquement 2 % des ménages casablancais au début des années 1950. Mais ce taux atteignait, selon Baron et Pirot, 21 % dans les familles aisées [106] où la polygamie est une conduite de luxe érotique, en plus de sa fonction utilitaire procréative (force de la lignée, main-d'œuvre familiale). En 1980, 6,6 % d'hommes marocains sont polygames selon P. Fargues [107].

Au sein de notre échantillon, la polygamie est rejetée par une majorité absolue de 58,5 % qui pense que l'homme ne doit plus épouser deux femmes ou plus en même temps. Mais le tiers (32,9 %) reste convaincu de la nécessité de préserver ce droit à l'homme.

La variable "sexe" joue un rôle décisif dans l'apparition d'une attitude féminine de refus, nettement distincte de l'opinion masculine mitigée.

Tab. 65 : Attitude à l'égard de la polygamie selon le sexe (%).

Attitude \ Sexe	Hommes	Femmes	Ensemble
Entièrement d'accord	10,5	5,30	7,8
D'accord	34,3	17,00	25,1
Hésitant	7,9	7,30	7,6
En désaccord	30,2	38,50	34,6
En désaccord total	16,2	3,08	23,9
Non-réponse	0,6	0,80	0,7
Total	100,0	100,0	100,0

La majorité absolue des femmes (69,3 %) est défavorable à la polygamie, tandis que l'attitude des hommes est partagée entre deux courants contradictoires d'égale importance statistique. Il semble que la polygamie soit la disposition islamique la plus rejetée par la gente féminine, malgré toutes les justifications qu'un fiqh patriarcal a accumulé au cours de son histoire. La co-épouse est appelée "darra", qui signifie celle qui porte préjudice, ou celle qui fait mal.

Les mariés, conscients des difficultés de l'entretien et des devoirs conjugaux, sont plus défavorables (59,7 %) à la polygamie que les célibataires (56,6 %). Les divorcés et les veufs sont encore plus défavorables (60,2 %). Mais les différences ne sont pas assez grandes pour être significatives, et pour faire de la variable matrimoniale un facteur explicatif de la variation d'attitude envers la polygamie. Les plus âgés sont également les moins défavorables à la polygamie. A titre d'exemple, 60,8 % de la tranche 30 – 44 ans rejettent la polygamie, contre 28,5 % seulement dans la tranche 60 ans et plus.

Les islamistes sont favorables à la proposition de garder le droit du mari à la polygamie. La condition de l'équité entre les co-épouses, même si elle est impossible à réaliser en pratique, ne permet pas selon les islamistes de supprimer un droit clairement exprimé.

Tab. 66 : Attitude à l'égard de la polygamie selon l'engagement religieux (%).

Eng. religieux / Attitude	Non-islamistes	Islamistes
Entièrement d'accord	6,6	32,2
D'accord	25,0	29,0
Hésitant	7,5	9,6
En désaccord	35,8	9,6
En désaccord total	24,2	19,3
Non-réponse	0,7	0,0
Total	100,0	100,0

La majorité absolue (61,2 %) des islamistes est favorable à la polygamie, tandis que la majorité absolue (60,2 %) des non-islamistes lui est défavorable. En plus des raisons canoniques de la légitimité de la polygamie d'une part, et du coefficient élevé de la phallocratie arabe, les islamistes sont pour la maintenance de la polygamie pour une raison d'hygiène sociale. Selon 51,5 % d'islamistes, la polygamie est un facteur susceptible de faire disparaître la prostitution. Le raisonnement est le suivant:

1) Il n'y a pas assez d'hommes capables de nikah, d'entretien,

2) La prostituée est une femme qui ne trouve pas de mari,

3) Il vaut mieux pour la femme partager un mari que de se prostituer.

Dans ce "raisonnement", le travail rémunéré de la femme, au cas où il serait assuré, ne pourra pas lui procurer une satisfaction sexuelle et une sécurité affective. En raison de la pénurie d'hommes aptes à l'entretien (al ba'a), et pour éviter la turpitude du "zina", la satisfaction du désir féminin doit être recherchée dans le cadre d'un nikah polygame. Ainsi, la logique islamiste met la femme face à une alternative peu séduisante: polygamie ou prostitution.

L'Islam ne condamne pas la polygamie, mais plutôt les conditions de son excercice. Le croyant, laissé seul face à sa conscience, est le seul à pouvoir juger s'il est capable d'équité envers ses épouses. Mais il faut reconnaître que le fiqh ne manque pas d'être complaisant envers le mari en allégeant l'interprétation du devoir d'équité. Des juristes marocains, et non des moindres à l'instar de Taoudi Bensouda, M. Rahhouni, A. El Haik, M. Ouazzani, ont produit des fatawi qui donnent au mari polygame les droits suivants:

faire cohabiter les épouses dans un seul logement sans leur consentement, le devoir de partage des nuits n'entraîne pas le devoir du coït, la limitation de l'équité au néces- saire... [108]. Le Code du Statut Personnel, après la révision, donne au juge le droit d'apprécier les capacités du mari à être équitable avant de lui accorder la permission de poly- gamie. Mais la notion d'équité reste vague et indéfinie.

L'attitude de la population urbaine à l'égard de la po- lygamie est donc, comme on l'a vu, marquée par le rejet. Peut-être que l'établissement de cette attitude, majoritaire, aidera à la promulgation de l'interdiction de la polygamie. Mais la question n'est pas aussi simple, car le rapport entre le droit et la société en terre d'Islam, et au Maroc en par- ticulier, n'obéit pas à une logique matérialiste où le droit se réduirait à un reflet mécanique de l'évolution infra- structurelle. Au contraire, le droit musulman se pose et se veut encore, à cause de son implication politique, un fac- teur d'organisation sociale, et plus particulièrement de ré- gulation des rapports entre les sexes. La raison d'Etat ne peut qu'obtempérer, elle-même y puise une base fonda- mentale de sa légitimité. Elle ne peut, impunément, répu- dier le droit musulman.

LA REPUDIATION

L'attitude de la population à l'égard de la répudiation unilatérale est sans équivoque. Elle exprime un rejet géné- ral de la pratique répudiatrice courante qui consiste, de la part du mari, à dissoudre les liens du mariage sans fournir de justifications plausibles, et sans même que l'épouse ait la capacité de se défendre. Une majorité absolue de 86,2 % est défavorable à ce "droit" classique et traditionnel du mari. On peut donc affirmer que la révision des articles relatifs à la répudiation vient à point nommé pour essayer d'endiguer la vague sociale des répudiations arbitraires. Celles-ci sont évidemment à l'origine de l'éclatement de la structure familiale, et de toutes les formes de pathologie sociale. Désormais, le mari est dans l'obligation de motiver son acte répudiatoire au cours d'un divorce presque judiciaire où l'épouse doit être entendue. Beaucoup de divorces reflètent l'incapacité du mari face à l'entretien de sa famille, et expriment une fuite devant les responsabilités conjugale et paternelle. La révision a également pour but de veiller sur les droits de l'épouse et des enfants à l'entretien après la répudiation. C'est même une clause qui conditionne la possibilité de la répudiation. Certes, les contraintes procédurières ne seront pas un facteur d'entente et d'harmonie conjugale, mais elles joueront un rôle dissuasif et stabilisateur. Le droit de la famille, s'il est scrupuleusement appliqué, ne pourra plus être exploité par l'homme à des fins égoïstes.

Les résultats mettent en évidence la faiblesse des attitudes favorable, d'hésitation et de non-réponse.

Tab. 67 : Attitude à l'égard de la proposition "le mari a le droit de répudier sans que l'épouse soit entendue" selon le sexe (%).

Attitude \ Sexe	Hommes	Femmes	Ensemble
Entièrement d'accord	2,5	1,1	1,8
D'accord	11,1	5,1	7,9
Hésitant	5,4	1,7	3,4
En désaccord	49,3	38,8	43,7
En désaccord total	31,5	52,4	42,5
Non-réponse	0,0	0,8	0,4
Total	100,0	100,0	100,0

Comme prévu, les hommes sont plus favorables au droit de répudiation unilatéral et inconditionnel ; c'est là un de leurs "privilèges" séculaires majeurs. Il est par conséquent normal qu'ils soient plus attachés aux signes de leur prééminence socio-historique. Mais la proportion de ces hommes conservateurs et traditionnalistes demeure faible (13,6 %), même si elle représente plus du double de la proportion féminine correspondante (5,2 %). Les femmes sont plus vigilantes, plus radicales à l'encontre d'un acte déterminant dans leur trajectoire sociale. Il est rare que les femmes divorcées se remarient. Elles sont, avec les enfants, les victimes principales de la répudiation arbitraire. Elles sont par conséquent 91,2 % à être contre.

Les islamistes sont également plus nombreux à rejeter cette forme de répudiation, ils sont 93,5 % à le faire, contre 86 % chez les non-islamistes. Pour les islamistes, la répudiation unilatérale est une trahison du droit et de l'esprit de l'Islam ; elle est une déviation d'ordre social et historique, elle ne signifie pas qu'elle peut être arbitraire et injustifiée. La répudiation unilatérale est, selon la logique islamique, un droit que le croyant se doit d'utiliser à bon escient.

La variable de la résidence, le quartier, révèle également la faiblesse générale de l'attitude favorable à la répudiation unilatérale. Douh est le quartier le moins favorable(5,2 %), tandis que le Lidou est le plus favorable (16 %). Le classement des quartiers, selon l'attitude défavorable, donne l'ordre suivant :

1 – Douh	95,0 %
2 – Aïn Qadous	87,7
3 – Triq Imouzzer	84,6
4 – Oued Zitoune	84,1
5 – Aouinet Hajjaj	83,4
6 – Lidou	81,6

On constate que, dans le pire des cas (Lidou), quatre individus sur cinq sont défavorables à la répudiation unilatérale. Le féminisme marocain a, dans cette attitude, de quoi se réjouir. Par ailleurs, le quartier Triq Imouzzer ne se démarque pas par rapport aux autres quartiers, même si l'on peut supposer, à juste titre, que la fréquence des répudiations unilatérales (et des divorces en général) y est basse. Les enjeux économiques des mariages des grandes familles constituent un facteur de dissuasion à l'encontre de toute velléité répudiative.

SYNTHESE

L'approche des attitudes à l'égard de quelques dispositions juridiques relatives à la condition de la femme révèle une évolution certaine de la mentalité. A part la question du tuteur où les gens sont encore nombreux à définir le mariage comme un échange de femmes entre les hommes, les autres questions étudiées fournissent une preuve indéniable de l'évolution caractéristique de l'image sociale de la femme. En effet, si l'institution du wali (tuteur matrimonial) emporte encore l'adhésion de la majorité, il n'en est plus de même pour ce qui concerne l'entretien de l'épouse par le mari, la polygamie et la répudiation. A toutes ces questions, les femmes réagissent, poussées par les nécessités de la vie sociale. La majorité de la population n'est plus favorable ni à l'entretien de l'épouse par le mari, ni au mariage polygamique, ni à la répudiation unilatérale. Ce courant général de l'opinion publique donne une assise sociale à la revendication féministe, et témoigne d'une coupure avec la minorisation juridique de la femme par un Islam patriarcal. C'est un courant qui ouvre le champ à deux directions de l'action féministe, celle d'un Islam éclairé et anti-sexiste, et celle de la laïcisation pure et simple du droit de la famille. Mais il semble que les pouvoirs publics, conscients de l'importance réactualisée de la carte islamique dans le jeu politique, ont opté pour une révision en douceur du code de la famille, largement basé sur le droit musulman. Selon Belhassan et Bessis, "l'Etat marocain fait preuve de génie politique en ôtant aux islamistes la possibilité de le critiquer sur le sujet des femmes" [109].

L'Islam continue donc de résister, et de se poser encore comme un projet de société, capable d'ériger les lois et d'organiser la consommation de l'espace de la ville. La question serait alors de savoir dans quelle mesure une population urbanisée et critique vis-à-vis d'un droit musulman sexiste est disposée à respecter le mode islamique de l'organisation de l'espace. Quel est le degré d'adhésion au mode territorial, c'est-à-dire à la division de l'espace urbain selon le critère de l'identité sexuelle ? Le rejet du droit musulman, jugé sexiste, peut-il coexister avec l'organisation sexiste de l'espace ?

Au lendemain de l'indépendance, la femme marocaine a affronté la question du voile et de la mixité. La construction d'un Maroc moderne, pris par l'idéologie du développement, ne pouvait se faire sans la femme (devant rester confiné dans les espaces domestiques, intérieurs). La consommation de l'espace public par la femme obéissait à un code, et n'était ni libre ni totale. Les forces nationales, soucieuses d'insérer la femme en tant que sujet dans le processus du développement, devaient livrer une bataille contre la dénotation islamique de la division sexuelle de l'espace. Il fallait distinguer Islam et réclusion des femmes. Dans ce sens, et dès 1952, Allal el Fassi écrivait : "la femme voilée n'est pas moins exposée que la femme dévoilée au danger de la prostitution"[110]. Il allait plus loin en accusant la séparation des sexes d'être responsable de l'homosexualité masculine et féminine[111], et en reconnaissant que les emplois donnés à la femme en URSS sont venus à bout de la prostitution[112]. Reprenant ces directives du Maître consignées dans "L'auto-critique", Souad Balafrej intitule un article de la manière suivante : "Le voile : source de mystère et de poésie… ou symbole de servitude"[113]. Le dilemme est caractéristique de l'époque, mais l'auteur adopte une vision moderniste sans ambiguïté : "Devant une situation nouvelle, il faut une attitude nouvelle. Est-il logique qu'elle reste voilée, cette jeune fille qui passe sa journée sur un banc d'école… Le voile était bon pour l'être mineur et irresponsable d'autrefois ; pour l'être normal et actif qu'implique la vie moderne, il est inutile et même dangereux".

La bataille du voile est symbolique, car elle a traduit la nécessité historique de l'irruption de la femme, en tant que force productive, dans l'espace masculin de la formation et de l'emploi. Par là, la femme se posera comme rivale de l'homme, mais cette rivalité s'efface devant le primat de la participation de toutes les potentialités dans l'œuvre de construction nationale. Le voile n'est plus alors perçu comme un signe de résistance à la colonisation [114]. S'en libérer, c'est se libérer de l'image patriarcale de la femme au foyer, objet de plaisir et "coffre à grossesses" (Chraïbi).

La défaite arabe de Juin 1967 signe le commencement d'une ère nouvelle marquée par le retour aux sources, à l'identité arabo-islamique. Le voile redevient un marqueur d'identité, d'une identité rebelle contre une modernité illusoire. Il se transforme subrepticement en question politique lorsque le gouvernement tunisien en interdit le port dans les établissements publics, et quand, plus tard, la France en fait de même afin de défendre la laïcité de l'école contre la menace du "foulard islamique". Dans la logique islamiste archétypale, la mixité publique sans l'observance des règles islamiques conduit au désordre et à la luxure ; elle est un retour à la "Jahiliya", à l'ignorance. Certes, il ne saurait être question, pour le discours islamiste littéral, de revendiquer le retour pur et simple de la femme au foyer, quoique la causalité économique de la ségrégation sexuelle, patente dans un cadre général de

récession, "légitimerait" une telle revendication. La réclusion de la femme semble définitivement révolue,
même là où l'islamisme est au pouvoir, c'est-à-dire là où
il n'est pas l'expression inconsciente de la misère (monar-
chies pétrolières du Golfe, Iran). En revanche, l'islamisme
insiste sur la nécessité d'une organisation de l'espace fondée sur "l'évitement" des sexes et sur le port du voile. La
dichotomie traditionnelle entre l'espace masculin et l'espace féminin devient un principe d'organisation de l'espace public, dans la mesure où cet espace ne peut plus,
grâce à la modernité, redevenir un espace masculin pur.
Le voile retrouve en quelque sorte la fonction qu'il avait
dans les médinas islamiques, il permettait à la femme de
participer à l'espace public tout en préservant le caractère
sacré des frontières sexuelles. Dans la logique islamiste
qui s'approprie le féminisme, le voile est un instrument de
la libération de la femme, celle-ci se libère du souci de
soi, du souci d'un corps vêtu, ou dévêtu, ou à la mode,
comme elle peut sortir librement sans être l'objet d'une
agression.

Comment réagit la population étudiée devant la problématique islamiste de l'espace ? Comment se situe-t-
elle par rapport aux thèses islamistes de l'évitement et du
voile ?

L'ÉVITEMENT DES SEXES

Dans notre questionnaire, nombre d'items traitent de la
question de la mixité et de l'évitement des sexes dans les
lieux publics (champ scolaire, lieu de travail, autobus).
Quelles sont les réactions enregistrées ?

Tab. 68 : Attitude à l'égard de l'évitement (%).

Attitude / Champ	Favorable	Hésitant	Défavorable	Non-réponse	Total
Etudes	39,6	3,6	55,6	0,9	100
Travail	42,7	4,5	51,5	1,2	100
Autobus	47,7	5,8	44,9	1,3	100

Ce tableau montre que l'opinion publique est partagée entre deux courants contradictoires. La mixité scolaire et professionnelle l'emporte avec une majorité absolue, sans être suffisamment forte pour ne laisser planer aucun doute. Car l'attitude ségrégationniste et/ou sexiste, n'ayant jamais disparu totalement de la psyché et de la conduite, réanimée par la vague intégriste, est loin d'être faible. D'ailleurs, le séparatisme l'emporte avec une majorité relative dans le cas de l'autobus. Les conditions du transport en commun en ville sont effectivement d'un niveau qui ne respecte ni les lois sociales de la proximité, ni la dignité humaine du citoyen. Il en découle que le rejet de la mixité dans les autobus n'est pas nécessairement l'indice d'une attitude intégriste, mais uniquement intègre. Cependant, la nécessité d'emprunter ce moyen de transport oblige la plupart des gens à manquer d'intégrité, d'où le cri islamiste devant le spectacle des corps qui se touchent (parfois volontairement et par la force) dans une promiscuité indigne et désolante.

La variable "sexe" révèle que les femmes sont moins favorables à la ségrégation dans les études et le travail, mais plus favorables à la séparation dans les autobus. Ce sont les femmes qui, en fait, sont victimes des attouchements sexuels dans les autobus, comme si elles payaient de cette manière leur conquête de l'espace public, encore psychiquement monopolisé par l'homme. Le tableau suivant résume la comparaison entre les hommes et les femmes à ce sujet.

Tab.69 : Attitude d'évitement selon le sexe.

Sexe / Champ	Hommes	Femmes
Etudes	43,8	35,9
Travail	47,6	38,1
Autobus	44,8	50,4

Les femmes sont moins nombreuses à être favorables à la ségrégation dans les études et le travail, car elles sont conscientes de l'importance capitale du facteur de la mixité dans la démonstration de l'égalité des sexes. Ce sont les champs qui permettent à la femme de se mesurer à l'homme, de prouver qu'elle peut le battre sur "son" terrain. L'orgueil du mâle explique par contre la fuite devant la mixité, parce que celle-ci est le cadre potentiel de l'inversion des hiérarchies traditionnelles, de la suprématie masculine. En revanche, les hommes sont plus favorables à la mixité dans les autobus, ce qui peut connoter (aussi) l'existence d'une frustration sexuelle plus aiguë chez le mâle. Les faits divers et les blagues relatifs à ce sujet corroborent cette hypothèse.

La variable de "l'engagement religieux" permet de relever que les islamistes sont, dans leur majorité absolue, favorables à la séparation des sexes dans les études, le travail et l'autobus. Le tableau suivant le montre clairement.

Tab. 70 : Attitude d'évitement selon l'engagement religieux.

Eng. religieux / Champ	Non-islamiste	Islamiste
Etudes	38,0	74,1
Travail	41,6	64,5
Autobus	46,0	83,8

Indéniablement, les islamistes prônent la conduite d'évitement beaucoup plus que les non-islamistes.

Quel rôle joue le facteur socio-économique, à travers le quartier de résidence dans l'attitude de l'évitement ? Les résultats du tableau suivant tendent à établir une corrélation positive entre le quartier le plus pauvre (Aouinet Hajjaj) et l'attitude d'évitement.

Tab. 71 : Attitude d'évitement selon le quartier de résidence

Champ Quartier	Etudes	Travail	Autobus
Oued Zitoune	46,5	47,5	62,3
Douh	40,6	42,1	41,3
Ain Qadous	28,6	29,9	45,7
Aouinet Hajjaj	58,2	58,2	56,3
Lidou	43,2	50,4	40,8
Triq Imouzzer	20,4	26,4	43,8

Ce tableau permet de faire les constatations suivantes :

Les attitudes d'évitement touchent dans la majorité des cas des pourcentages supérieurs à 40 %, sauf dans les cas de Aïn Qadous et de Triq Imouzzer à propos des études et du travail. La population de ces deux quartiers est peu favorable à la ségrégation sexuelle dans les champs scolaire et professionnel. Dans le domaine des études, une différence de 7,6 points sépare les deux quartiers, pour tomber à 3,5 points à propos du travail. Les autres quartiers affichent des attitudes d'évitement sexuel plus fortes, allant jusqu'à la majorité absolue à Aouinet Hajjaj. L'écart entre Triq Imouzzer et les autres quartiers laisse entendre que plus on descend dans la hiérarchie sociale, plus on revendique l'évitement des sexes. La corrélation est positive entre la pauvreté et la nécessité d'un contrôle extérieur, entre la frustration et la revendication d'une défense, d'une protection. Mais la proximité entre les attitudes de Triq Imouzzer et de Aïn Qadous prouve que l'attitude islamiste d'évitement des sexes n'est pas une conséquence mécanique des conditions d'habitat.

Dans l'autobus, là où la tentation est plus facile, l'attitude d'évitement est plus forte ; elle atteint 62,3 % à Oued Zitoune. L'attitude des quartiers Triq Imouzzer et Aïn Qadous rejoint celle des autres (> 40 %).

Aouinet Hajjaj est le seul quartier où une majorité absolue adopte l'attitude d'évitement dans les trois domaines en question. Cette attitude est probablement l'expression d'un intégrisme latent, c'est-à-dire d'une opposition "sauvage", non intégrée dans les canaux politique et syndical, ou qui les déborde facilement.

Par ailleurs, il est possible d'avancer que la population est moins défavorable à l'évitement dans les études que dans le travail, et moins défavorable à l'évitement dans le travail que dans l'autobus. Autrement dit, le rejet de la mixité concerne d'abord l'autobus, ensuite le travail, et enfin les études. Si la mixité dans les autobus va parfois "au-delà de toute pudeur", la mixité dans le travail conduit à des abus de pouvoir, et à la corruption par le sexe. Le rapport administratif est souvent un combat entre le pouvoir de l'homme et la séduction de la femme. Feu Mekki Naciri avait refusé la mixité au sein du ministère des Affaires islamiques et confié des postes d'autorité à des femmes coiffant des femmes. Dans son esprit, la femme fonctionnaire ne devait pas se retrouver hors de son foyer sous une autre tutelle mâle[115]. Pourtant le Cheikh n'était pas un islamiste, c'est en tant que "alem" qu'il réagissait contre la dégénérescence des mœurs. Dans le système politico-religieux marocain, l'alem est produit, depuis la création des Conseils des Oulémas en 1979, comme une digue contre le débordement de l'extrêmisme islamiste. La décision du Cheik-ministre, en étant antérieure à la révolution iranienne, montre comment "l'alem est un isalmiste en puissance"[116]

Que pense la population de cette ségrégation? En fait, même si l'histoire remonte à plus de 20 ans, il n'a jamais été question de sonder l'opinion publique à ce sujet. Mais celle-ci n'est jamais consultée lors de la prise d'une décision, ce n'est pas là une tradition, d'essence démocratique, acquise. Que pensent donc les gens de la proposition suivante : "Au travail, le supérieur d'une femme ne doit pas être un homme".

Les fréquences suivantes ont été enregistrées.

Tab. 72 : Attitude à l'égard de la proposition "Au travail, le supérieur d'une femme ne doit pas être un homme" selon le sexe (%).

Sexe Attitude	Hommes	Femmes	Ensemble
Favorable	31,5	25,4	28,3
Hésitant	9,2	9,0	9,1
Défavorable	58,5	64,0	61,4
Sans-réponse	0,6	1,4	1,0
Total	100,0	100,0	100,0

Une majorité absolue de 61,4 % est donc défavorable à la nécessité de donner un supérieur féminin à la femme au travail. Les femmes sont même plus nombreuses que les hommes à adopter cette attitude. Cela peut se comprendre soit comme l'indice d'une opinion anti-ségrégationniste, soit comme la preuve de la participation de la femme au paradigme patriarcal qui associe le pouvoir au phallus. Mais les deux hypothèses ne sont pas incompatibles et peuvent concourir toutes les deux à rendre compte de l'ambiguïté de l'attitude féminine. Une troisième piste réside dans l'explication caractérologique (étude psychologique des types de caractère), avancée par une enquêtée qui dit : "Si la femme est chef au travail, elle est tyrannique et aime faire obéir tout le monde à ses ordres". Selon cette explication, la femme, narcissique, ne serait pas faite pour commander, car elle n'est pas disposée, a priori, au dialogue et à l'écoute de l'autre.

Les célibataires (19,6 %) sont, par rapport aux mariés (32,9 %) et aux divorcés et veufs (37,9 %), moins nombreux à être favorables au commandement par une femme. Pour les célibataires masculins qui n'ont pas d'épouse dont le chef est un homme, la question de la jalousie ne se pose pas encore ; pour les jeunes filles, avoir un chef-homme peut être l'occasion d'une promotion plus facile et plus rapide, voire d'un mariage.

Comme l'on peut s'y attendre, les islamistes sont plus favorables à ce que le supérieur de la femme au travail ne soit pas un homme ils sont 35,4 % à opter pour. Chez les non-islamistes, on enregistre un pourcentage de 27,9 %. Si ce dernier pourcentage reste dans la norme, celui des islamistes paraît, contre toute attente, inférieur. Car près des deux tiers des islamistes ne voient pas d'inconvénient à ce que la femme soit sous une tutelle autre que celle du père ou du mari. Si donc la décision du Cheikh Mekki Naciri était à reprendre, elle ne trouverait que peu d'écho dans l'opinion publique actuelle, à un moment où l'intégrisme semble plus renforcé.

Le tête-à-tête, dans un cadre administratif, entre un directeur d'entreprise et son employée par exemple, représente une situation qui implique deux éthiques antagonistes. La rationalité bureaucratique conçoit sans peine ce tête-à-tête comme une nécessité de travail, tandis que la morale islamique le condamne, parce que le démon (le désir) y est nécessairement présent. Pour la théorie de l'organisation, le tête-à-tête débouchera sur le rendement; pour le fiqh, il débouchera inéluctablement sur le "haram", c'est-à-dire sur le "zina". Comment se positionne la population par rapport aux questions du tête-à-tête et de la mixité productrice de haram ?

Le tête-à-tête est condamné par une majorité relative (47,7 %), alors qu'une majorité absolue (65,7 %) estime que la mixité conduit au "zina".

Tab. 73 : Attitude à l'égard du tête-à-tête et de la mixité (%).

Item \ Attitude	Accord	Hésitation	Désaccord	Non-réponse	Total
Tabou du tête à tête	47,7	7,8	42,3	1,9	100
Mixité / Haram-zina	65,7	8,1	25,3	0,7	100

Le tête-à-tête est moins condamné que la mixité, même s'il est plus susceptible de conduire à la fornication. D'une part, il est plus facile d'être intégriste au niveau d'un principe général (la mixité), d'autre part, la situation du tête-à-tête, cautionnée par l'aval des études ou du travail, bénéficie de toute le poids du pragmatisme.

Les différences entre les sexes à ce sujet ne sont pas significatives. Une majorité relative de 46,1 % chez les hommes et de 49,3 % chez les femmes, favorable au tabou du tête à tête, rend la variable "sexe" inefficiente dans la définition d'attitudes différenciées à ce niveau. Il en est de même à propos de la perception de la mixité comme facteur de fornication : 67,5 % chez les hommes et 64,3 % chez les femmes. Mais ces résultats dégagent quand même une différence entre les sexes : les femmes condamnent davantage le tête-à-tête que les hommes, elles en sont en général les victimes (harcèlement sexuel) ; les hommes condamnent la mixité plus que les femmes, ils en sont les victimes principales en perdant le contrôle de la circulation des femmes (les leurs en particulier) dans l'espace urbain.

Les différences entre quartiers sont assez importantes pour mériter d'être relevées, surtout en ce qui concerne le tête-à-tête. En effet, 60,8 % parmi les habitants de Douh sont d'accord pour dire que les études et le travail ne permettent pas le tête-à-tête entre l'homme et la femme. A Triq Imouzzer, on trouve seulement 32,5 % de gens qui ont la même attitude. Les autres quartiers sont plus proches de l'attitude de Douh, à l'exception de Aïn Qadous.

Tab. 74 : Classement des quartiers selon l'attitude défavorable à l'égard du tête-à-tête.

Quartier	Fréquence relative de l'attitude défavorable
1) Douh	60,8 %
2) Aouinet Hajjaj	54,3
3) Oued Zitoune	48,4
4) Lidou	47,2
5) Aïn Qadous	39,2
6) Triq Imouzzer	32,5

Cette proximité de l'attitude de Ain Qadous de celle de Triq Imouzzer, rend, une fois de plus, problématique la détermination de l'attitude par les conditions d'habitation. Mais il reste établi que les quartiers populaires (comme Douh et Aouinet Hajjaj) sont en général beaucoup plus défavorables au tête-à-tête que Triq Imouzzer, le quartier huppé de Fès.

La proposition qui considère la mixité comme une cause de fornication réalise en revanche la majorité absolue dans tous les quartiers. Elle obtient 77,6 % à Aouinet Hajjaj, 75,1 % à Douh, 70,4 % au Lidou, 59,4 % à Oued Zitoune, 55,1 % à Aïn Qadous et 53 % à Triq Imouzzer. Cette majorité exprime-t-elle une revendication de retour aux frontières spatio-sexuelles traditionnelles ? Pas nécessairement. Car il faut, à notre avis, dissocier la corrélation "mixité/haram" du choix islamiste de retour. Au niveau de l'analyse, la sociologie spontanée et le sens commun sont capables de voir dans la mixité un facteur qui favorise les rapports sexuels extra-conjugaux. Mais cette analyse ne produit pas mécaniquement une conscience islamiste, dans la mesure où la notion de "haram" est un terme qui recouvre désormais une pratique sexuelle qui s'impose comme une nécessité socio-psychologique incontournable, et qui tend à s'ériger comme une norme sociale nouvelle, légitimée par la science. Autrement dit, le "haram" est réduit à n'être plus qu'un point de vue, culpabilisant certes, mais incapable de stopper le processus irréversible de la valorisation sociale et du plaisir en soi. La transformation de l'analyse spontanée (mixité = "haram") en politique conséquente (islamisme) n'est pas une opération spontanée, elle nécessite un volontarisme idéologique. Pour le moment, malgré son caractère "haram", la sexualité extra-conjugale favorisée par la mixité se transforme en "un moyen de se distraire, un amusement que l'on peut se procurer facilement" [117], en un jeu [118] caractérisé par la frivolité et l'inconstance.

Que pensent les islamistes eux-mêmes du tête-à-tête et de la mixité en tant que facteur de fornication ? A l'évidence, ils sont plus nombreux que les non-islamistes à rejeter ces deux pratiques de la vie quotidienne, mais la majorité des non-islamistes fait de même. Le tableau suivant permet de constater cela.

Tab. 75 : Attitude défavorable à l'égard du tête-à-tête et de la mixité selon l'engagement religieux.

Eng. religieux Item	Non-islamiste	Islamiste
Tête-à-tête	47,1	61,2
Mixité	65,0	80,5

Les islamistes sont donc plus rigoureux en matière d'évitement des sexes. Mais ils ne sont pas unanimes sur le rejet du tête-à-tête et sur le rôle immoral de la mixité. Il est en conséquence illégitime de croire que l'islamisme renvoie à une attitude unique et unifiante à l'égard d'une question aussi capitale et aussi complexe. La seule fidélité aux textes (contradictoires d'ailleurs) ne suffit pas dans la production de "fatawi" adaptées à des situations inédites d'un point de vue socio-historique. Les textes eux-mêmes semblent inappropriés, conçus pour une ère précapitaliste qui n'a pas produit le tête-à-tête et la mixité comme des phénomènes sociaux fonctionnels, et par conséquents normaux.

Des islamistes recommandent de salarier le travail domestique, en signe de reconnaissance de la valeur productive du travail féminin, et surtout pour éviter le mal de la mixité et l'irruption de la femme dans l'espace public. Ils s'appuieraient en cela sur un hadith qui condamne l'homme qui ne paie pas l'ouvrier qu'il emploie, et assimilent de cette manière le statut de l'épouse à celui de l'ouvrier. La Moudawana estime au contraire que les travaux ménagers sont un devoir de l'épouse au profit du mari, en contrepartie de l'entretien de l'épouse par le mari. Mais dans une "fetwa" marginale du Xe / XVIe siècle, rejetée par les Oulémas de Fès, Ibn Ardun avait adopté le raisonnement islamo-féministe actuel, en proposant de récompenser le

travail domestique de la femme après le divorce ou le veuvage, et d'octroyer à l'épouse la moitié de la fortune du
mari, puis sa quote-part charaique dans l'autre moitié (1/4
si elle n'a pas d'enfant, 1/8 si elle en a). Ibn Ardun appelait
cette moitié gagnée à la sueur du front "la récompense de
la peine". Cette "fetwa" a fait jurisprudence dans le Nord-
Ouest rural du Maroc (pays Ghomara en particulier), jusqu'à la fin du XIXe siècle selon Mehdi el Ouazzani dans ses
"Nawazil" [119]. De leur côté, beaucoup d'études féministes [120] soulignent aujourd'hui l'importance du travail domestique féminin dans la reproduction de la force du travail, et par là dans les économies nationales. Pour les féministes comme pour les islamistes, la question qui se pose
après cette reconnaissance est de savoir qui paiera le salaire de la femme au foyer. Selon Farida Bennani [121], deux
solutions sont proposées par les différents auteurs : le travail domestique féminin peut être rémunéré soit par l'entreprise où travaille le mari, soit par l'Etat.

Sans arriver à cette dernière question, nous avons proposé l'item suivant à la population étudiée : "Il vaut mieux
pour la femme qu'elle travaille à la maison et soit payée".
Les réponses enregistrées sont les suivantes.

Tab. 76 : Attitude à l'égard de la salarisation de la femme au foyer
selon le sexe (%).

Sexe / Attitude	Hommes	Femmes	Ensemble
Entièrement d'accord	15,2	17,5	16,4
D'accord	46,1	36,2	40,9
Hésitant	4,1	5,9	5,1
En désaccord	27,7	28,9	28,3
En désaccord total	6,6	10,2	8,5
Non-réponse	0,0	1,1	0,6
Total	100,0	100,0	100,0

Ces résultats montrent que la majorité absolue (57,3 %) est favorable au retour de la femme au foyer, à condition que ce retour s'accompagne d'une rémunération du travail domestique. Cette attitude peut se comprendre dans une double direction : soit elle est l'indice d'un intégrisme latent qui considère la mixité comme une anomie, soit elle renvoie à un féminisme en soi, partiel et ambigu, qui, devant la double journée éreintante de la femme, domestique et professionnelle, opte pour le retour rémunéré au foyer en attendant l'avènement d'une meilleure organisation sociale du travail. Dans ce cas, la femme sacrifierait pour le moment toute formation reçue, et la société n'aura il plus à se soucier de la question de l'emploi féminin.

Quoi qu'il en soit, les hommes sont plus nombreux (par rapport aux femmes) à être favorables à la salarisation de la femme au foyer, donc à son retrait de l'espace public. Par conséquent, les femmes semblent être plus conscientes du danger d'une telle proposition, et de son effet négatif sur le devenir de leur statut général dans la société. Car la rémunération du travail domestique conduit, selon Labica[122], à la réclusion quasi-définitive de la femme dans l'ordre du privé. Mais les femmes qui sont favorables à une telle réclusion constituent une majorité absolue de 53,7 % (contre 61,3 % chez les hommes). Les femmes défavorables au retour salarié au foyer constituent seulement 39,1 % (contre 34,3 % chez les hommes).

Il serait intéressant de voir comment les femmes réagissent à cette proposition selon leur catégorie socioprofessionnelle. Les femmes au foyer réagissent-elles de la même manière que les étudiantes et les cadres par exemple ?

Tab. 77 : Attitude féminine à l'égard de la salarisation de la femme au foyer selon la catégorie socio-professionnelle (%).

Attitude Catég. socio-profess.	Favorable	Hésitante	Défavorable	Non-réponse	Total
Cadres moyens	39,1	8,7	52,1	0,0	100
Employées	42,8	4,7	52,3	0,0	100
Ouvrières / salariées agr.	67,6	4,8	27,3	0,0	100
Services / Vendeurs amb.	66,6	6,6	26,6	0,0	100
Chomeuses	37,4	6,2	56,2	0,0	100
Inactives	54,6	6,2	36,9	2,0	100

Les femmes les plus favorables au retour salarié de la femme au foyer se retrouvent dans les catégories socio-professionnelles des "ouvriers", des "services" et des "inactifs". La journée pénible (de l'ouvrière) ou monotone (de l'employée) explique ce désir de retour au foyer, tandis que l'activité des femmes des "services" (les bonnes par exemple), tout en n'étant guère différente des travaux domestiques des femmes au foyer, est en outre socialement dégradée et dégradante. Il est de loin préférable, selon l'éthique dominante, de faire le ménage chez soi. Pour ces raisons, ces femmes n'arrivent pas à percevoir la différence entre l'activité professionnelle et l'activité domestique. Elles ne ressentent pas leur activité professionnelle comme une carrière, une réalisation de soi distincte du rôle de la ménagère. Ces activités féminines subalternes sont une "pure nécessité économique", qui n'arrive pas à transformer le travail en valeur dans la conscience féminine. Etre ouvrière, employée ou bonne n'apporte ni gloire ni libération. Adam avait raison de dire que "très rares sont les ouvrières conscientes d'avoir conquis par leur travail une condition supérieure à celle que la société traditionnelle assignait à la femme"[123]. Dans les classes moyennes et supérieures, le travail de la femme, lié à l'instruction, apporte relativement plus de satisfaction. Cela explique en partie que l'attitude favorable au retour de la femme au foyer soit moins fréquente dans ces catégories, comme on le constate chez les cadres moyens et chez les chômeuses. La plupart de ces dernières sont en général des étudiantes, ayant un niveau de licence, en quête d'un emploi.

De ces résultats, il apparaît que plus on descend dans la hiérarchie sociale, plus le travail professionnel de la femme est insatisfaisant, et plus l'attitude favorable au retour salarié de la femme au foyer est fréquente.

La variable religieuse ne débouche pas sur une grande différence entre les islamistes et les non-islamistes. Les deux groupes sont également favorables au retour de la femme au foyer (contre salaire) avec une majorité absolue plus forte dans le cas des islamistes, 67,7 % (contre 56,8 %). Cependant, les "entièrement d'accord" représentent 41,9 % des islamistes, alors que chez les non-islamistes, ils ne constituent que 15,2 %. Ces résultats, tout en mettant en évidence la forte corrélation entre l'islamisme et le retour de la femme au foyer, permettent en même temps de conclure que la différence entre islamistes et non-islamistes est uniquement une différence de degré. Ce qui laisse entendre que l'islamisme est en dernière analyse un continuum, une échelle sur laquelle on peut classer l'ensemble des individus de la population, en allant de l'islamisme le plus latent à l'intégrisme le plus virulent.

Que conclure à propos de l'évitement des sexes en tant qu'expression du mode territorial ? Existerait-il une attitude générale favorable à l'évitement des sexes qui permettrait de prévoir le retour à la division sexuelle de l'espace ?

Les variables à travers lesquelles l'attitude à l'égard de l'évitement des sexes a été étudiée sont au nombre de sept.

Ces variables montrent que l'attitude de la population n'est pas homogène, tantôt pour, tantôt contre, ambivalente à souhait. L'attitude défavorable à l'évitement se rencontre à propos des études, du travail et de la relation hiérarchique. Pour schématiser, la mixité dans les champs scolaire et professionnel n'est pas rejetée. Egalement, le fait que l'homme soit le supérieur hiérarchique de la femme ne pose pas de problème. Ce qui, dans ces deux champs, est condamné d'une manière concise, c'est le tête-à-tête entre un homme et une femme susceptibles d'avoir des rapports sexuels. La relation estudiantine ou professionnelle ne justifie pas l'isolement. En plus de la condamnation du tête-à-tête, la mixité dans l'autobus est également fustigée. L'attouchement des corps y est l'aspect le plus visible du "haram", et prouve à quel point la mixité peut se transformer en facteur de déviance par rapport à la norme socio-islamique. Le retour de la femme au foyer, bien vu, est aussi une variable qui confirme la tendance à l'évitement des sexes. Cette re-territorialisation sexuelle n'est peut-être que l'expression aliénée de la récession économique et, plus généralement, de l'échec du développement et de la modernisation. Mais dans la conscience commune, elle est le signe du retour de l'identité islamique, indiquée également par le retour en force du voile féminin.

LE VOILE

Ni l'Etat ni l'entreprise privée ne peuvent actuellement salarier le travail de la femme au foyer. Ce n'est même pas un objectif déclaré. En conséquence, la mixité demeure incontournable. Pour la rendre moins nocive, qu'elle ne détruise pas les valeurs islamiques, les différents mouvements intégristes prônent le port du voile, afin que l'apparition de la femme dans l'espace public ne soit pas un facteur d'intoxication sexuelle. Le port du voile est considéré comme "l'arme du combat actuel" contre l'éthique sexuelle occidentale.

Comment la population perçoit-elle le voile ? Est-il considéré comme une obligation religieuse pour la femme ? La femme voilée est-elle la seule à mériter le respect (des hommes) ? La femme voilée est-elle la véritable musulmane ?

Telles sont les trois items proposés afin de dégager l'attitude de la population à l'égard du voile, et indirectement à l'égard du retour du mode territorial de la relation espace-sexe.

Quelles sont les réactions enregistrées à propos du premier item ? Force est de reconnaître que près de 70 % des personnes interrogées estiment que le voile est une obligation religieuse pour la femme.

Tab. 78 : Attitude à l'égard du voile comme obligation religieuse selon le sexe (%).

Attitude \ Sexe	Hommes	Femmes	Ensemble
Favorable	64,6	74,2	69,6
Hésitante	6,6	4,5	5,5
Défavorable	28,3	20,1	23,9
Non-réponse	0,3	1,1	0,7
Total	100,0	100,0	100,0

Selon la logique islamiste, la question ne devrait pas être posée en termes d'opinion, eu égard à l'existence de textes sacrés en la matière (les "a'ya't" de La Sourate de la Lumière). Elle serait une question de connaissance, une occasion de différencier ceux qui savent et ceux qui ne savent pas. La population se scinderait en deux camps, mais cette logique simpliste et manichéenne ne signifie pas, à notre avis, que la question est tranchée au niveau de la connaissance, que le port du voile doit être considéré comme une obligation religieuse au même titre que la prière par exemple. Les "a'ya't" de référence en la matière sont l'objet de controverses multiples, au point de faire de la question du voile une question d'opinion. En fait, on doit distinguer trois attitudes principales, celle qui estime que le voile est un devoir et qui l'observe, ensuite celle qui est convaincue de son obligation mais qui ne débouche pas sur une pratique adéquate, enfin celle qui considère que le voile n'est pas du tout une obligation islamique. Cette dernière attitude ne saurait être taxée d'ignorance. Elle est une opinion islamique au même titre que les autres. Le fait que la majorité soit favorable à considérer le voile féminin comme une obligation canonique traduit uniquement une conformité dominante au texte littéral. Par ailleurs, il est normal que le conformisme soit prépondérant dans l'approche commune du Coran, en vertu du niveau socio-économique de la population, relativement bas. Pour cette raison, il nous semble que cette majorité est également l'expression d'un besoin du voile reflétant un besoin social dominant. C'est la force de ce besoin social qui détermine la force du conformisme.

Chez l'homme, l'existence d'un surplus psychique de désir et d'un manque de confiance, en la femme et en soi, conduit à ressentir le besoin du voile comme un besoin de se protéger. Le retour au voile est, magiquement, retour du pouvoir mâle et retour au contrôle du corps féminin par le mâle. Chez la femme, le besoin du voile renvoie à une demande plurielle plus complexe. Mais soulignons d'abord cette proportion de femmes plus grande, en comparaison avec celle des hommes, à voir dans le voile une obligation religieuse : 74,2 % contre 64,6 %. Est-ce là le signe d'une plus grande aliénation féminine ? D'une absence de conscience sexuelle ? Hypothèses féministes par excellence. Ces pourcentages, forts, débouchent, dans un premier temps, sur la nécessité de dissocier le voile de l'islamisme. Considérer le voile comme une obligation religieuse ne signifie pas mécaniquement que l'on soit islamiste. Car, rappelons-le, les femmes islamistes ne constituent que 4,2 % du sous-échantillon des femmes, de même, les hommes islamistes ne représentent que 5,1 % du sous-échantillon des hommes. En conséquence, le nombre des femmes et des hommes qui voient dans le voile féminin une obligation religieuse déborde largement la proportion du groupe islamiste dans l'échantillon, et dans la réalité. Le musulman culturel, le moins pratiquant et le plus commun, le moins censeur, est susceptible de voir dans le voile une obligation religieuse. Dans un deuxième temps, il est possible d'avancer que les motivations inconscientes de cette attitude, par-delà une volonté officielle de conformité au Coran , relèvent de l'histoire, de la sociologie et de la psychologie. Autrement dit, la sacralisation du voile est, en dernière analyse, la justification idéologique d'un besoin psychosocial polymorphe. Tour à tour, le voile est, selon Belhassan [124], révélation, délivrance, refuge, ou cache-laideur, cache-misère. Dans la même ligne, Hind Taarji le considère comme un moyen d'asexuer la femme, de nier la spécificité (et la beauté) du corps féminin [125]. Il traduit justement cette incapacité socio-économique de répondre aux canons de la beauté féminine, sans cesse inventés par les marchés de la mode et de la publicité.

Cette reflexion induit la nécessité de débusquer une manifestation de l'islamisme latent dans les couches les plus démunies de la population. Mais que se passera-t-il, au niveau de l'interprétation, si l'on découvre que les couches privilégiées ont, elles aussi, la même attitude ? Cela reviendrait-il à reconnaître que le port du voile ne traduit pas uniquement la misère ? Cela imposerait-il, encore une fois de dissocier voile et islamisme ?

Quel enseignement nous livre la comparaison entre les quartiers à ce sujet ?

Tab. 79 : Attitude à l'égard de la sacralisation du voile selon le quartier (%).

Attitude / Quartier	Favorable	Hésitant	Défavorable	Non-réponse	Total
Oued Zitoune	66,3	8,9	22,7	1,9	100
Douh	82,7	6,0	11,2	0,0	100
Aïn Qadous	63,5	3,7	32,7	0,0	100
Aouinet Hajjaj	72,5	1,9	25,2	0,0	100
Lidou	68,0	3,2	28,0	0,8	100
Triq Imouzzer	61,2	10,2	26,5	2,0	100

Ce tableau montre que, dans l'ensemble des quartiers, la majorité absolue est favorable à la sacralité du voile. Cependant, le quartier le moins favorable au caractère obligatoire du voile est justement Triq Imouzzer. La culture religieuse est à coup sûr plus ancrée dans ce quartier, car traditionnellement liée à la bourgeoisie, mais malgré cette corrélation historique, les habitants de Triq Imouzzer sont les moins nombreux à produire une lecture littérale des textes sacrés. Là, on est forcé de reconnaître l'impact de la condition sociale dans la réception du Texte, et d'admettre le rôle du standing social dans la production d'une sacralité plus ouverte, et moins rigide.

Le niveau d'instruction fait également partie de la condition sociale. A ce propos, il est courant de supposer que plus ce niveau s'élève, moins on est nombreux à être littéraliste dans la compréhension des textes sacrés. Les résultats confirment cette hypothèse. En effet, parmi les analphabètes, 76,1 % considèrent le voile comme une obligation, alors que parmi ceux qui ont un niveau universitaire, ce pourcentage descend à 62,6 %. Entre ces deux extrémités, nous trouvons les primaires avec 75,1 %, et les secondaires avec 68,2 %.

L'approche psychosociologique voit donc dans le voile une conduite significative d'autre chose que de la foi et de la piété. C'est une analyse qui est en même temps un acte d'accusation, de soupçon au moins. La définition du voile comme compensation par les sciences sociales est reprise par les islamistes, mais ils la tournent à leur avantage : le voile compensatoire se transforme en acte de résistance à l'aliénation occidentale, et de rébellion contre les modèles illusoires de développement. Le retour au voile chez les femmes islamistes, par exemple, est le signe d'un engagement religieux de type nouveau qui, au lieu de marginaliser la femme, lui donne le droit de lire le Coran et de dire la Loi. Selon Herzbrun [126], le voile, au dire des islamistes elles-mêmes, les libère de l'interprétation phallocrate dominante du Coran d'une part, et de l'humiliation occidentale d'autre part.

L'interprétation littérale des textes varie lors de la comparaison entre les islamistes et les non-islamistes. Les premiers sont beaucoup plus nombreux pour dire que le voile est une obligation religieuse. Ils sont 93,5 % à être de cet avis, c'est-à-dire à être conformistes et littéralistes. Les autres islamistes qui restent hésitent (6,4 %). Il n'y a aucun islamiste pour dire que le voile n'est pas une obligation.

Tab. 80 : Attitude à l'égard de la proposition "Le voile est une obligation religieuse" selon l'engagement religieux (%).

Attitude \ Eng. religieux	Non-islamiste	Islamiste
Entièrement d'accord	30,0	61,2
D'accord	38,5	32,2
Hésitant	5,5	6,4
En désaccord	18,8	0,0
En désaccord total	6,2	0,0
Non-réponse	0,7	0,0
Total	100,0	100,0

Presque les deux tiers des islamistes sont "entièrement d'accord" et un tiers "d'accord" avec la proposition. L'ensemble forme une majorité absolue de 93,4 %. Finalement, on ne trouve qu'un non-islamiste sur quatre (25 %) pour dire que le voile n'est pas une obligation islamique.

Cependant, si le port du voile est, aux yeux de la majorité des islamistes, une obligation canonique, cette majorité n'est plus que de 45,1 % pour alléguer que le voile est suffisant pour définir la véritable musulmane. Autant la question doctrinale ne les embarrasse pas, autant cette question de conduite vestimentaire leur fait perdre leur certitude. C'est là une question qui les embarrasse, car ils sont conscients de l'utilisation quelquefois démagogique du voile. Cela pousse également 22,5 % d'entre eux à suspendre leur jugement, à hésiter. Le port du voile, quand il passe du niveau "doctrinal" théorique au niveau de la pratique sociale, ne peut être considéré mécaniquement comme l'indice d'une observance stricte. En reconnaissant qu'il n'est pas une preuve suffisante de piété, des islamistes donnent indirectement raison aux motivations des sciences sociales. En admettant que le port du voile peut être un geste théâtral, faux, ils cautionnent eux-mêmes la possibilité d'un islamisme machiavélique.

Mais ils ne sont pas les seuls à détecter, derrière le port du voile, une forme autre de la ruse féminine, un signe d'hypocrisie sociale, un acte intéressé. Nous trouvons 71,3 % des non-islamistes pour dire que la femme voilée n'est pas nécessairement la véritable musulmane. Mais cette attitude est plus normale ; elle est probablement une manière, pour les non-islamistes, d'affirmer leur Islam, c'est-à-dire un islam sans voile. C'est une majorité qui refuse de placer la question de l'identité religieuse de la femme sur le terrain de la conduite vestimentaire. Etre voilée ou dévoilée, là n'est pas la question islamique, pourrait-on dire.

Au sein de la population globale, la majorité absolue (69,5 %) refuse, par conséquent, de réduire l'islamité de la femme au port du voile, tandis qu'une minorité de 8 % n'arrive pas à prendre position. Il n'y a qu'une personne sur cinq finalement (20 %) pour affirmer que le voile est une preuve de l'islamité véritable de la femme.

L'ensemble de ces résultats est confiné dans le tableau suivant.

Tab. 81 : Attitude à l'égard de la proposition "La femme voilée, c'est la musulmane véritable" selon l'engagement religieux (%).

Catég. / Attitude	Non-islamiste	Islamiste	Ensemble
Favorable	20,6	45,1	21,8
Hésitant	7,2	22,5	7,9
Défavorable	71,3	32,2	69,5
Non-réponse	0,6	0,0	0,6
Total	100,0	100,0	100,0

Les pourcentages de l'ensemble (moyennes) sont, comme on le constate dans le tableau, plus proches des pourcentages des non-islamistes. Ce résultat est dû à l'inégalité statistique des deux sous-échantillons (islamiste et non-islamiste), et rappelle que la comparaison entre ces deux groupes n'est pas strictement rigoureuse.

Malgré la probabilité d'un voile machiavélique, une majorité relative des islamistes (45,1 %, contre 20,6 % chez les non-islamistes) affirme que le voile est un marqueur de l'identité de la musulmane véritable. Nous avons là une belle preuve de l'attitude anti-spiritualiste, matérialiste en quelque sorte, de l'islamisme. Selon ce dernier, l'Islam est réductible à un comportement observable, matériel (voile, barbe, prière, pélerinage…). L'islamisme est, pour l'Islam, ce qu'est le behaviorisme pour la psychologie ; tous les deux produisent un "objet" sans conscience, et sans intériorité. Car l'islamisme exprime et s'adresse à la masse, et à l'individu encore prisonnier des problèmes sociaux de survie, qui vit sous le regard censeur des autres, de la totalité. L'Islam intérieur, spiritualiste et individualiste, en rupture avec le pouvoir, avec les choses, reste une voie mineure et marginale, impopulaire et non générale. Elle n'est pas la voie des islamismes au pouvoir, elle n'est pas une voie érigée en modèle islamique contemporain dominant.

La variable "quartier de résidence" ne dégage pas non plus un quartier qui ferait du part du voile la marque de "l'islamité". C'est dans le Lidou que l'on trouve la plus grande fréquence de cette attitude, mais celle-ci ne touche que 36 % de gens en fin de compte. A Triq Imouzzer, elle est beaucoup moins répandue (10,1 %). Les autres quartiers sont situés entre ces deux extrêmes. Cela signifie que, dans tous les quartiers, la majorité absolue adopte une attitude qui dissocie le voile de l'islamité véritable de la femme. Une femme dévoilée peut, selon la logique de cet

Islam intérieur plus spiritualiste, être plus musulmane qu'une femme voilée, plus croyante et plus sincère.

Si le port du voile n'est donc pas, malgré la position de l'islamisme behavioriste à ce sujet, une preuve suffisante de "l'islamité" réelle de la femme, a fortiori, il n'engendrera pas le respect automatique de la femme de la part des hommes. Mais cette déduction logique ne correspond pas aux déclarations de la population. En effet, une majorité de 60,6 % pense que le port du voile par la femme conduit au respect de celle-ci (32 % ne sont pas d'accord, les autres hésitent). Ce paradoxe n'est qu'apparent à notre avis. La question du respect lié au voile a été, dans l'ordre des questions, placée juste avant celle qui concerne l'islamisme de la femme voilée. Par conséquent, il est normal que l'enquêté commence par admettre que le voile entraîne le respect de la femme, puis affirme, sans se contredire, que le voile n'est pas suffisant pour prouver "l'islamité", ce qui est vrai. C'est comme s'il disait que le respect est avant tout exprimé au voile lui-même, à sa teneur symbolique de frontière et de passage.

A ce propos, les hommes sont plus nombreux (que les femmes) à affirmer que le voile conduit au respect de la femme (63,7 % contre 58 %). Il en est de même pour les islamistes par rapport aux non-islamistes (87 % contre 59,4 %). Les divorcés et veufs (70,6 %) sont également plus nombreux à avoir cette attitude, en comparaison avec les mariés (61,6 %) et les célibataires (57 %). Même parmi les jeunes, tranche 15 – 29 ans, une majorité absolue de 55,1 % adopte ce point de vue. Dans les autres tranches d'âge, les majorités sont plus fortes. Dans chaque quartier enfin, sans exception, la majorité absolue estime que le voile conduit au respect de la femme.

Ces pourcentages montrent que toutes les catégories de la population sont favorables au port du voile par la femme. Celui-ci est considéré comme une condition de respect.

L'examen des trois items relatifs au voile (le voile/obligation religieuse, le voile/islamité de la femme, le voile/respect de la femme) révèle donc en dernière analyse que l'attitude générale de la population reste positive à son égard. Certes, le voile n'est pas considéré comme un signe véritable d'islamité de la femme, mais la population tend à le considérer comme une obligation religieuse, et surtout comme une condition de respect de la femme. Donc au-delà de la femme voilée, c'est la société qui, assignant à chaque sexe un espace distinct où s'écrit une identité sexuelle distincte, mérite le respect et mérite d'être recherchée et réalisée. La mixité est vécue actuellement comme une réalité quotidienne immorale, honteuse presque, illicite. Elle n'est pas vécue sur le mode du respect mutuel entre les sexes, car elle permet et favorise la "drague". Or, "l'anthropologique" dominante, tout en n'étant pas islamiste en acte, considère que toute personne draguée ou draguable ne peut pas être en même temps un objet de respect. Plus que cela, toute relation sexuelle non-conjugale se fait dans l'irrespect entre les deux partenaires, tous deux se sentant coupables envers la société et envers Dieu. Seul le cadre conjugal est apte à conférer de la respectabilité à la relation sexuelle, le "nikah" étant justement, d'après l'excellente définition de Bouhdiba, un "coït transcendé" [127]. Sexe et respect s'excluent, et c'est en dépassant la seule dimension sexuelle wat') que le nikah devient objet de respect.

Cette attitude représente, à notre avis, une forme d'islamisme latent, favorable au développement de l'intégrisme, sexuel en particulier. La mixité et le dévoilement, liés initialement à la problématique du développement national, ont fini par devenir, pour le sens commun, un synonyme de débauche et de luxure. La conscience populaire finit alors par revendiquer le retour aux frontières spatio-sexuelles, en tant que mécanismes de défense (inconscients) contre une mixité moderne inaccessible, donc agressive et anxiogène.

Quelle est la force de ce retour ? Quelle est la force de cet islamisme latent ? L'échelle d'attitude islamiste, proposée dans le chapitre suivant, tentera d'apporter une réponse à cette question.

SYNTHESE

La question de cette quatrième partie est celle de l'identification du degré de présence du mode territorial dans la mentalité de la population. Pour apporter des éléments de réponse à cette interrogation, nous avons commencé par dégager l'image actuelle de la femme à partir des attitudes à l'égard du code de la famille. C'est un pas nécessaire, car il faut savoir entre quels acteurs sexuels, entre quel homme et quelle femme, se fait le partage de l'espace public. C'est l'identité sociale de la femme, et de l'homme, qui détermine le mode de consommation de l'espace. En conséquence, si la société opte pour une définition patriarcale et phallocrate de la femme, l'espace sera organisé selon le mode territorial.

A partir des attitudes à l'égard de quelques dispositions de la Moudawana, il semble que la population soit en train de s'orienter vers une image positive de la femme, de reconnaissance et de responsabilisation. En effet, appeler à une participation financière de l'épouse dans le cadre de l'entretien du foyer, rejeter la polygamie et la répudiation unilatérale sont des manières d'exprimer la rupture avec l'image de la femme-objet. Mais cette rupture

n'est pas totale, car il y a encore un attachement à l'institution du wali, ce qui prouve que le marché matrimonial
reste un échange de femmes entre les hommes, c'est-à-
dire un marché contrôlé par les hommes. Le pouvoir masculin n'abdique pas totalement devant la montée de la
femme, et continue de résister. Pour cette raison, l'image
de la femme responsable, citoyenne de droit, et à plein
droit, reste un avenir, un idéal en cours de réalisation.

Cette image de la femme, tiraillée entre le poids réifi-
cateur du passé et l'attrait d'un futur libérateur, cette image
double et contradictoire ne débouchera pas sur une organisation monologique de l'espace. La réponse au mode de la
consommation de l'espace par la femme n'a pas été effectivement sans ambivalence. Nous avons rencontré des attitudes favorables à la fois à la mixité scolaire et professionnelle et au retour de la femme au foyer. Cette attitude ne
peut être assimilée à une contradiction de type logique ;
elle est l'expression d'une perte de la référence unique, et
de l'adoption inconsciente et non convaincue, accidentelle
presque, d'une conduite pragmatique aveugle. L'évitement
des sexes dans l'espace public est loin d'être une question
résolue. Personne n'est totalement pour, et personne n'est
totalement contre.

De son côté, le voile qui, dans la cité, apportait une
réponse adéquate à la question de la mixité dans l'espace
public semble aujourd'hui incapable de rallier tous les
suffrages. Certes, la majorité le considère comme une
obligation religieuse, et surtout comme un moyen pour la
femme d'être respectée, mais il n'est pas considéré
comme un moyen de définir la véritable musulmane. Le
voile est soupçonné d'être l'expression, non de la foi,
mais du machiavélisme féminin. Il est un moyen que jus-
tifient des fins anti-islamiques (cache-laideur, refus de la
condition sociale, image de soi, recherche du mari). Le

voile d'aujourd'hui, c'est le voile paradoxal. Cette attitude de respect et de soupçon à l'égard du voile trahit, en même temps, et le désir de retour à la frontière spatio-sexuelle et la conscience malheureuse de l'impuissance de cette frontière à garantir la ré-islamisation de la société, et de la femme en particulier.

CINQUIEME PARTIE

ECHELLES D'ATTITUDE ET CORRELATIONS

Introduction

Plusieurs items de notre questionnaire n'ont pas été abordés encore. En fait, ils ne le seront pas car ils ont été initialement conçus dans l'esprit de faire partie d'une échelle d'attitude. Pour cette raison, dans cette partie, tous les items seront traités, mais pas individuellement. Chaque item va prendre sa place dans l'échelle d'attitude où il a été conçu, et concourrir à noter une attitude collective.

Les trois variables principales, le logement, la sexualité et l'islamisme, ont constitué chacune l'objet d'une échelle d'attitude. En conséquence, cette partie présentera les résultats de :

1 – L'échelle de satisfaction habitationnelle.

2 – L'échelle d'attitude sexualiste (favorable à la sexualité).

3 – L'échelle d'attitude islamiste, qui mesurera le degré d'intégrisme latent des non-islamistes, et celui, manifeste, des islamistes.

Les résultats des trois échelles seront ensuite confrontés dans un chapitre final, afin de mesurer le degré de corrélation entre les trois variables, et avancer de cette manière une réponse chiffrée à l'hypothèse de la médiation sexuelle entre l'insatisfaction habitationnelle et l'islamisme.

CHAPITRE XI

ECHELLE DE SATISFACTION HABITATIONNELLE

Les items de l'échelle de satisfaction à l'égard du logement sont au nombre de dix :

1 – Restez-vous à la maison quand vous n'avez rien à faire dehors ? non-réponse = 0, jamais = 1, peu = 2, quelquefois = 3, souvent = 4, toujours = 5.

2 – Vous sentez-vous à l'étroit là où vous habitez ? beaucoup = 1, assez = 2, quelquefois = 3, peu = 4, jamais = 5.

3 – Quelle est la superficie de votre logement ? (<64m = 1), (64–95m = 2), (96–129m = 3), (130–160m = 4), (>160m = 5).

4 – De combien de pièces votre logement se compose-t-il ? (une pièce = 1), (2 p. = 2), (3 p. = 3), (4p. = 4) , (5p. ou plus = 5).

5 – Que vous manque-t-il à la maison ? presque tout = 1, beaucoup = 2, quelques pièces / services = 3, presque rien = 4, rien = 5.

6 – Aimez-vous le plan de votre logement ? pas du tout = 1, non = 2, un peu = 3, oui = 4, beaucoup = 5.

7 – Combien avez-vous de chambre à coucher ? aucune = 1, une isolée par un rideau = 2, une seule = 3, une par adulte = 4, une par personne = 5.

8 – Comment vous-couchez-vous la nuit ? tous dans la même chambre = 1, les parents + jeune enfant dans une

chambre, les autres dans une chambre = 2, les parents dans une chambre, tous les autres dans une chambre = 3, les parents dans une chambre, les garçons dans une chambre, les filles dans une chambre = 4, les parents dans une chambre, les autre chacun dans une chambre = 5.

9 – Votre logement est-il : un loyer élevé = 1, un bas loyer = 2, une propriété à crédit = 3, une copropriété = 4, une propriété privée = 5.

10 – Etes-vous satisfait de votre logement? très insatisfait = 1, insatisfait = 2, un peu = 3, satisfait = 4, très satisfait = 5.

Chaque réponse est notée de 1 à 5. La note 1 est réservée à la réponse la plus défavorable et la note 5 à la réponse la plus favorable. Prenons comme exemple l'item 3 relatif à la superficie du logement. La note 1, la plus faible, ira à tout logement de moins de 64 m^2, la note 5 sera par contre donnée au logement de plus de 160 m^2, et les notes intermédiaires aux superficies intermédiaires. On suppose ici que plus la superficie est grande, plus le logement a davantage de chances d'être satisfaisant. Il en va ainsi de tous les autres items. Plus donc la réponse indique la satisfaction (par rapport aux normes dominantes), plus elle aura une note élevée. En additionnant les notes, chaque individu obtient un score global qui mesure son degré de satisfaction à l'égard de son logement. Et comme chaque individu appartient à un groupe, ses notes seront additionnées à celles de tous les autres membres du même groupe. De cette manière, on peut obtenir le score de satisfaction de n'importe quel groupe. Le score des hommes par exemple sera comparé à celui des femmes, celui de chaque quartier permettra de le classer par rapport aux autres. Enfin la comparaison des scores islamiste et non islamiste permettra de vérifier plus solidement (ou d'invalider) l'hypothèse de l'origine socio-spatiale de l'islamisme.

Avant d'exposer les résultats de cette échelle, il convient de s'interroger sur son habilitation à juger de la satisfaction à l'égard du logement. Cette interrogation consiste d'abord à évaluer l'aptitude des items de l'échelle, à mesurer la variable cible, et par là leur degré de cohérence.

L'administration de l'échelle de satisfaction à l'égard du logement permet de constater que le score réalisé par chaque item est supérieur à la moyenne. Les items présentent donc une cohérence suffisante, minimale du moins, qui les habilite à être des indicateurs de la même attitude. En étant majoritaires, les réponses favorables signifient que les items se rapportent effectivement tous à l'attitude de satisfaction à l'égard du logement.

Le tableau suivant permet de s'en apercevoir.

Tab. 82 : Vérification des items

Note / Question	5	4	3	2	1	0	Total	Moyenne
Q.1	835	412	564	212	102	0	2125	3,18
Q.2	1340	400	387	194	72	0	2393	3,58
Q.3	490	216	468	446	129	0	1749	2,62
Q.4	845	512	528	250	67	0	2202	3,30
Q.5	455	592	594	230	112	0	1983	2,97
Q.6	390	636	546	240	125	0	1937	2,90
Q.7	415	276	969	34	165	0	1859	2,78
Q.8	610	748	444	180	107	0	2089	3,13
Q.9	1590	228	114	310	96	0	2338	3,50
Q.10	440	812	486	204	111	0	2053	3,07

Ce tableau est constitué de la manière suivante :
— chaque case des colonnes 5, 4, 3, 2, 1 et 0 présente la fréquence absolue de la réponse, multipliée par sa note.
— les fréquences absolues des réponses de la colonne 0 (44 non-réponses) sont multipliées chacune par 0.

— chaque case de la colonne "total" renvoie à la somme du score de chaque question-ligne.

— chaque case de la colonne "moyenne" renvoie au score moyen de chaque question-ligne (total de la ligne par le nombre des individus de l'échantillon : 667)

En partant de la considération que la note maximale à une question est 5, que la note minimale est 0 (non-réponse), que la note moyenne est en conséquence 2,5, nous constatons que tous les items réalisent des scores supérieurs à la moyenne. Les questions peuvent être classées de la manière suivante :

Tab. 83 : Classement des items

Classement	Question	Score moyen
1	Q.3	2,62
2	Q.7	2,78
3	Q.6	2,90
4	Q.5	2,97
5	Q.10	3,07
6	Q.8	3,13
7	Q.1	3,18
8	Q.4	3,30
9	Q.9	3,50
10	Q.2	3,58

La question 3 relative à la superficie, celle qui atteint le score le plus bas, réalise malgré tout une moyenne de 2,62. Il est donc possible de parler d'une adéquation des questions à la problématique de l'échelle, c'est-à-dire la mesure de la satisfaction à l'égard du logement. Les dix items utilisés sont cohérents, leurs notes peuvent être additionnées les unes aux autres.

Malgré ses insuffisances et ses limites, notre échelle permet d'avoir une appréciation plus objective des attitudes collectives à l'égard du logement et donne des éléments de réponse quantifiée aux questionnements majeurs suivants : Qui , des femmes et des hommes, sont plus satisfaits que les autres par le logement ? Dans quel quartier de la ville enregistre-t-on le score de satisfaction le plus faible ? L'échelle de satisfaction confirme-t-elle la déclaration subjective de satisfaction des islamistes ?

FEMMES ET HOMMES FACE AU LOGEMENT

La comparaison des scores masculin et féminin relatifs à la satisfaction à l'égard du logement va révéler que les femmes sont plus satisfaites.

Le calcul du score masculin est effectué dans le tableau suivant :

Tab. 84 : Scores des hommes

Réponse Questions	R. 5	R. 4	R. 3	R. 2	R. 1	R. 0
Q.1	45	29	94	64	82	0
Q.2	129	51	54	48	32	0
Q.3	42	23	72	115	59	3
Q.4	85	60	80	65	23	1
Q.5	48	65	86	58	55	2
Q.6	37	76	72	46	82	1
Q.7	38	30	148	07	84	7
Q.8	62	87	68	45	43	9
Q;9	162	23	12	67	48	2
Q.10	40	98	71	44	61	0
Total par coefficient	688 x 5 = 3440	542 x 4 = 2168	757 x 3 = 2271	559 x 2 = 1118	569 x1 = 569	25 x 0 = 0

Comment lire ce tableau ? Chaque question-ligne présente l'ensemble des fréquences absolues des cinq réponses possibles au sein de l'échantillon. Le total de chaque ligne est en conséquence égal à la taille du groupe étudié (314 dans ce cas, le nombre des hommes dans l'échantillon), car le sujet ne peut choisir qu'une seule réponse à chaque question. Quant aux colonnes, elles représentent chacune l'ensemble des fréquences absolues d'une réponse-note. La colonne R. 5 présente les fréquences absolues de la note la plus favorable aux questions de l'échelle , la colonne R. 1 affiche les fréquences absolues de la note la plus défavorable, et la colonne R. 0 celles de la note égale à 0 (non-réponse). Les colonnes R. 4, R. 3, R. 2 et R. 1 présentent les fréquences absolues des notes intermédiaires. En bas de chaque colonne, le total des fréquences est multiplié par le coefficient correspondant, c'est-à-dire par la note de la réponse.

De cette manière, la somme des totaux des fréquences de chaque réponse, après multiplication de chaque total par le coefficient adéquat est équivalente au score des hommes. Il suffit donc d'additionner les totaux de la dernière ligne du tableau : 3440 + 2168 + 2271 + 1118 + 569 + 0 = 9566. Le score des hommes est donc de 9566 points. Comment l'interpréter ? Que signifie-t-il ? A quel degré de satisfaction renvoie-t-il ? Pour le savoir, il faut d'abord le comparer à la note moyenne, le diviser ensuite par le nombre des individus du sous-échantillon des hommes pour avoir le score masculin individuel. Ce dernier doit être comparé à son tour à la note moyenne individuelle.

La formule suivante permet de calculer la note masculine maximale : (échantillon x note individuelle maximale) x (nombre des items de l'échelle). Cette note est égale à : (314 x 5) x (10) = 15700. La note masculine moyenne (9420) est obtenue en multipliant l'échantillon par la note individuelle moyenne 3 (à condition de ne pas considérer la note 0), alors que la note masculine minimale (3140) est le résultat d'une multiplication de l'échantillon par 1, la note individuelle la plus faible.

Le score masculin collectif est donc légèrement supérieur (9566) à la note moyenne (9420). Cela signifie que les hommes sont moyennement satisfaits à l'égard de leur logement. Le score masculin individuel (moyen), de 30,4 points (9566 : 314), est quasiment égal à la moyenne individuelle (30). Car l'individu peut obtenir un maximum de 50 points et un minimum de 10 points.

Le score des femmes est légèrement supérieur à celui des hommes. Le score féminin individuel moyen est égal à 31,6. Ce score a été obtenu en divisant la somme des totaux des fréquences des réponses, après multiplication de chaque total par le coefficient adéquat, par le nombre des femmes dans l'échantillon.

Tab. 85 : Scores des femmes

Réponse Questions	R. 5	R. 4	R. 3	R. 2	R. 1	R. 0
Q.1	122	74	94	42	20	1
Q.2	139	49	75	49	40	1
Q.3	56	31	84	108	70	4
Q.4	84	68	96	60	44	1
Q.5	43	83	112	57	57	1
Q.6	41	83	110	74	43	2
Q.7	45	39	175	10	81	3
Q.8	60	100	80	45	64	4
Q.9	156	34	26	88	48	1
Q.10	48	105	91	58	50	1
Total x coefficient	794 x 5 = 3970	666 x 4 = 2664	943 x 3 = 2829	591 x 2 = 1182	517 x 1 = 517	19 x 0 = 0

Les femmes semblent donc être plus satisfaites que les hommes à l'égard du logement. Ce résultat est à prendre avec beaucoup de précautions eu égard à la considération suivante : peut-on juger de la satisfaction des deux sexes à l'égard du logement à partir d'une même échelle de mesure ? En effet, la réponse à un item et la note recueillie en conséquence, peuvent être davantage l'expression de la condition sexuelle que de la satisfaction. L'exemple le plus approprié dans l'échelle utilisée est celui de l'item 1. La proportion des femmes qui restent chez elles quand elles n'ont rien à faire dehors est plus grande que celle des hommes, mais cela ne signifie pas nécessairement que les femmes sont plus satisfaites à l'égard du logement. Leur comportement peut être aussi la résultante d'une habitude patriarcale qui valorise la femme à l'intérieur. A l'évidence, cet habitude est encore efficiente, surtout dans les champs de la sensibilité et de l'inconscient, incontrôlés. D'autres items pourraient révéler des risques de biais inconscients, de nature sexiste, dans la construction de l'échelle. Cependant, la critique, tout en dégageant la fragilité des échelles, d'origine idéologique en dernière instance, n'a jamais discrédité cette technique.

LA HIERARCHIE DES QUARTIERS

Que donne notre échelle au niveau des quartiers ? Peut-on classer les quartiers selon une note de satisfaction à l'égard du logement ?

Les scores réalisés par les six quartiers enquêtés sont résumés dans les tableaux suivants.

Tab. 86 : Scores des quartiers de la Médina

Scores \ Quartiers	R. 5	R. 4	R. 3	R. 2	R. 1	Total	Echantillon	Note
Oued Zitoune	715	552	831	446	227	2771	101	27,4
Douh	800	896	1233	668	195	3792	133	28,5
Total	1515	1448	2064	1114	422	6563	234	28,0

Tab. 87 : Scores des quartiers de la ville nouvelle

Scores \ Quartiers	R5	R4	R3	R2	R1	Total	Echantillon	Note
Lidou	1400	1056	777	330	252	3815	125	30,5
Triq Imouzzer	2585	824	486	98	42	4035	98	41,1
Total	3985	1880	1263	428	294	7850	223	35,2

Tab. 88 : Scores des quartiers Aïn Qadous et périphérique.

Scores \ Quartiers	R5	R4	R3	R2	R1	Total	Echantillon	Note
Aïn Qadous	960	828	1005	372	147	3312	107	30,9
Aouinet Hajjaj	950	672	768	386	223	2999	103	29,1
Total	1910	1500	1773	758	370	6311	210	30,0

Chacun de ces tableaux présente les scores de chaque réponse (fréquence absolue de la réponse multipliée par sa valeur), et permet, en divisant le total de chaque ligne-quartier par la taille de l'échantillon du quartier, d'obtenir le score moyen de chaque quartier.

De cette façon, si nous classons les quartiers selon un ordre décroissant, Triq Imouzzer se situera en tête, et Oued Zitoune en bas du classement :

— Triq Imouzzer	41,1 points
— Aïn Qadous	30,9
— Lidou	30,5
— Aouinet Hajjaj	29,1
— Douh	28,5
— Oued Zitoune	27,4

C'est donc dans les quartiers de la médina où l'on rencontre les scores les plus faibles de satisfaction à l'égard du logement. Le facteur de la densité qui oppose Oued Zitoune et Douh ne débouche pas sur une différence significative. Le score de Douh (densité faible) est supérieur de 1,1 point seulement de celui de Oued Zitoune (densité élevée). Il s'efface devant le poids du type d'habitat, facteur unificateur.

La faiblesse des scores de satisfaction en Médina peut s'expliquer par des facteurs méthodologiques. En effet, la construction de l'échelle de satisfaction est basée sur une définition fonctionnaliste de l'habitat, et par là de la satisfaction. C'est une définition inaugurée et constituée par l'urbanisme rationaliste [128] et progressiste (par opposition au culturalisme, voir à ce sujet F. Choay). Au sein de cette vision de l'espace construit, "tout est prévu en réponse à une liste de besoins précisément déterminés. Chaque chose est en place avec sa fonction définie, chaque espace, chaque surface a un usage imposé… La conformité (y) est grande et la marge restreinte dans les possibilités de réinterprétation tant au plan des fonctions, des significations sociales et des projections psychologiques" [129]. A l'évidence, la Médina n'est pas un espace construit dans cette optique, elle n'est pas un lieu d'application adapté à la théorie de la spécialisation fonctionnelle des espaces. Il y a donc une inadéquation entre l'espace étudié (la médina) et l'a priori idéologique fonctionnaliste de l'instrument technique (l'échelle) investi dans la mesure de la satisfaction. Précisément, la Médina, en tant qu'illustration socio-historique de l'urbanisme musulman, est fondée sur le principe de la multi-fonctionnalité des espaces : le même espace est appelé à remplir plusieurs fonctions. Ce principe, très visible à la mosquée (lieu de prière, oratoire, tribunal, salle de cours, lieu de réunion, espace de détente), est également appliqué dans les espaces privés et domestiques. Dans les logements de la Médina, le principe de "criticality", élaboré par Rapaport [130], trouvait un champ de prédilection. Le degré de liberté (de choix) y était plus grand. Les logements n'emprisonnaient pas les habitants dans des usages préétablis des espaces.

La question se pose alors de savoir dans quelle mesure des espaces non conçus initialement dans une perspective fonctionnaliste peuvent évoluer vers une spécialisation fonctionnelle. La surcharge humaine dont souffrent actuellement les logements de la Médina rend une telle évolution problématique. Car, dans beaucoup de cas, une seule pièce à remplir toutes les fonctions, à satisfaire tous les besoins. La mission est impossible. En conséquence, il est très normal que la Médina réalise le score le plus faible en matière de satisfaction (fonctionnelle) à l'égard du logement. Pour obtenir un autre score de satisfaction en Médina, il est nécessaire de s'acheminer vers une définition méta-fonctionnelle de la satisfaction, en harmonie avec son paradigme non-fonctionnaliste constitutif.

Il n'en est pas de même en ville nouvelle, moderne. Là, le fonctionnalisme règne, la question du combien est capitale : combien pour combien. Le facteur de la densité est donc déterminant. Triq Imouzzer, peu dense, dépasse Lidou par 10,6 points. Il est vrai cependant que le type de logement diffère également, car on passe d'une zone d'immeubles à une zone de villas. Ce passage explique cet écart, car un appartement ne peut procurer la même satisfaction qu'une villa. Ici, le niveau fonctionnel est dépassé et révèle ses limites. On peut supposer en effet que la valeur d'usage peut être égale dans les cas de la villa et de l'appartement, tous deux participant de la spécialisation fonctionnelle de l'espace. Mais en étant plus élevée, la satisfaction en villa montre que la notion de satisfaction ne saurait être réduite à une définition fonctionnaliste. Non seulement la villa satisfait les besoins des usagers par des espaces fonctionnels, mais elle sert en plus de démarcateur social : elle est une preuve de distinction, un signe de rang social élevé, de prestige. La villa est, en tant que signe distinctif, la source d'une satisfaction immatérielle, symbolique. On peut également voir dans sa valeur d'échange (prix) une autre source de satisfaction, de type non fonctionnelle. Encore une fois, la nécessité d'une définition méta-fonctionnelle de la satisfaction s'impose.

Les quartiers Aïn Qadous et Aouinet Hajjaj réalisent des scores intermédiaires, inférieurs à ceux de la ville nouvelle, supérieurs à ceux de la Médina. Les gens de Aouinet Hajjaj sont plus satisfaits de leur logement que ne le sont ceux du Douh du leur. Cependant, il reste vrai que, mis à part le score de satisfaction de Triq Imouzzer (41,1), les scores des différents quartiers sont proches les uns des autres : 10,1 points de différence entre les deux premiers classés (Triq Imouzzer et Aïn Qadous), 3,5 points seulement entre le deuxième et le dernier classé (Aïn Qadous et Oued Zitoune). De tels écarts suggèrent que le score de satisfaction à l'égard du logement n'est pas élevé.

Tab. 89 : Scores de satisfaction de la ville

Sous entités urbaines / Scores	Score total	Echantillon	Note moyenne
Médina	6563	234	28,0
Ville Nouvelle	7850	223	35,2
Aïn Qadous / Périph	6311	210	30,0
Ville de Fès	20724	667	31,0

La Médina est donc la seule sous-entité urbaine où le score de satisfaction laisse à désirer. L'inadéquation de l'organisation de l'espace dans les maisons traditionnelles par rapport à l'évolution de la famille vers la forme nucléaire est responsable de l'insatisfaction. Bien entendu, d'autres facteurs sont à prendre en considération dans l'explication de l'attitude défavorable des habitants de la Médina, tels que le sous-équipement et l'éloignement par rapport au centre.

Mais les résultats prouvent que, malgré le problème de la Médina en particulier, et les problèmes urbanistiques dont souffre la ville Fès en général, le sentiment de satisfaction à l'égard du logement reste moyen. Il l'est à notre sens en raison du caractère non-fonctionnel de la satisfaction : ce n'est pas la valeur d'usage du logement qui détermine essentiellement le sentiment de satisfaction de son usager, car elle est faible. Les sources de satisfaction sont à rechercher ailleurs, dans la valeur d'échange (prix, spéculation, capital financier), dans la logique symbolique (sécurité psychique, humilité religieuse), et dans la valeur sociale (prestige de l'accès à la propriété) du logement. En procurant une satisfaction moyenne malgré la déficience du niveau fonctionnel, le logement prouve qu'il n'est pas encore totalement géré par une idéologie fonctionnaliste pure.

DES ISLAMISTES PLUS SATISFAITS ?

La comparaison entre islamistes et non-islamistes est sujette à caution eu égard à l'inégalité statistique des deux groupes au niveau de l'échantillon de l'enquête. Car si l'échantillon des non-musulmans peut prétendre représenter la population non-islamiste, il n'en est pas de même de "l'échantillon islamiste". Il faudrait commencer par recenser la population islamiste afin d'avoir une base de sondage. A l'évidence, cette tâche est loin d'être aisée. C'est donc avec beaucoup de précautions qu'il faut interpréter le score des islamistes, relatif à la satisfaction à l'égard du logement.

Tab. 90 : Scores de satisfaction selon l'engagement religieux

Scores Groupes	R.5	R.4	R.3	R.2	R.1	Total	Echantillon	Note
Islamiste	330	284	288	170	44	1016	31	32,7
Non-islamiste	7080	4548	4812	2230	1046	19716	636	31,0

La note des islamistes, parce qu'elle est supérieure à celle des non-islamistes, ne manque pas de surprendre. Elle est, en effet, en contradiction flagrante avec l'ensemble des images courantes sur l'islamisme. Par ailleurs, elle concorde avec les réponses à l'item direct de la satisfaction, déjà analysées, et qui montraient déjà que les islamistes sont plus satisfaits à l'égard de leur logement. Cette note impose-t-elle d'abandonner l'hypothèse de l'origine socio-spatiale de l'islamisme ? Est-elle due uniquement à une question de méthode, c'est-à-dire à la faible représentation statistique des islamistes dans l'échantillon ?

Quoi qu'il en soit, il nous semble préférable de ne trancher ni dans un sens ni dans l'autre, avant de mesurer la corrélation entre l'islamisme et l'habitat. La prudence scientifique, contrairement à l'engagement de type politique, impose de suspendre le jugement, et de ne pas exploiter ces résultats premiers pour transformer une hypothèse scientifique en arme de combat.

Chapitre XII
Echelle d'attitude sexualiste

Les questions posées à propos de la sexualité, dont certaines ont été analysées comme des indicateurs de variable, sont initialement conçues dans l'esprit de constituer les items d'une échelle d'attitude sexuelle. Celle-ci permettra de former une idée quantitative sur la satisfaction sexuelle de la population étudiée, car nous partons de l'hypothèse générale qu'une attitude pro-sexuelle est l'indice d'une vie sexuelle satisfaisante. Attitude et conduite se déterminent mutuellement, elles sont le reflet l'une de l'autre.

Quels sont les items de cette échelle ? Ils sont au nombre de vingt :

— 1) Des gens ont des rapports sexuels avant le mariage.

— 2) Celui qui n'a pas de rapports sexuels peut devenir perturbé à la longue.

— 3) Le bien-être est difficile sans rapports sexuels.

— 4) L'entente sexuelle est une condition de la paix au sein du couple.

— 5) L'acte sexuel n'est pas lié à la maison.

— 6) L'acte sexuel n'est pas lié à la nuit.

— 7) L'acte sexuel n'est pas lié à la chambre à coucher.

— 8) L'acte sexuel n'est pas lié à l'obscurité.

—9) La détente sexuelle est possible sans pénétration.

—10) Le consentement de la femme est requis dans tout rapport sexuel.

—11) La sexualité de la femme ne vise pas uniquement la procréation.

—12) L'orgasme de la femme rend celui de l'homme plus complet.

—13) Des gens font l'amour dans toutes les positions.

—14) On peut sodomiser la femme si elle accepte.

—15) Des gens passent beaucoup de temps à faire l'amour.

—16) Durer pour un couple signifie l'entente sexuelle.

—17) Les prostituées sont utiles pour soulager la tension (sexuelle).

—18) Deux garçons ensemble, c'est illicite et honteux, mais parfois on succombe.

—19) Deux filles ensemble, c'est illicite et honteux, mais parfois on succombe.

—20) Dans des moments de tension sexuelle (et de solitude), on se masturbe.

Ces items tentent de saisir l'attitude de l'individu à l'égard de la sexualité, à travers des problématiques telles que sexualité et bonheur, sexualité et plaisir, sexualité et morale. L'échelle tente de voir dans quelle mesure la sexualité est libérée des conditionnements matériels (maison, chambre à coucher, nuit, obscurité) et des frontières socio-religieuses (virginité, prostitution, perversions). Dans quelle mesure donc l'attitude sexuelle de l'individu est-elle favorable à la sexualité sous toutes ses formes, normales et perverses, légales et illégales? Quelles limites l'attitude de l'individu impose-t-elle à sa sexualité, et par là à ses chances de satisfaction ? En partant par exemple du postulat d'une bi-sexualité originaire, tout adulte "normal" est appelé à sacrifier une partie de lui-même, à ne pas satisfaire des tendances sexuelles latentes pour des raisons socio-religieuses, extra-sexuelles. De même, s'empêcher de changer de positions pendant le coït pour des raisons de principe ou de pudeur ne peut que s'opposer à une satisfaction sexuelle plus grande.

L'échelle a été construite sur le modèle de Lickert. Le but de l'échelle est de classer les individus sur un continuum qui représente l'attitude, puis de regrouper les individus selon quelques variables afin de pouvoir comparer des groupes. Devant chaque item/proposition, l'individu peut exprimer une attitude qui va de la plus défavorable à la plus favorable. Chaque réponse est notée selon un code préétabli qui consiste à donner à l'attitude la plus favorable la note la plus élevée, et à l'attitude la plus défavorable la note la plus basse. Les attitudes parmi lesquelles le sujet doit choisir sont au nombre de six : entièrement d'accord (5 points), d'accord (4 points), hésitant (3 points), en désaccord (2 points), en désaccord total (1 points), non-réponse (0 points).

Avant d'exposer les résultats de l'échelle, il convient d'abord de se demander si les items sont suffisamment cohérents entre eux pour pouvoir indiquer la même attitude. "Si les questions se rapportent bien à l'attitude en question, les probabilités pour qu'un sujet donne la réponse favorable à chaque question particulière seront d'autant plus fortes qu'il sera lui-même plus favorable"[131]. Pour cela, il faut procéder au calcul du score obtenu par chaque item, car plus le score est élevé, plus l'item se rapporte à l'attitude favorable ciblée.

Tab. 91 : Score des items de l'échelle d'attitude sexuelle

	R 5	R 4	R 3	R 2	R 1	R 0	Total	Moyenne
Q.1	185	740	144	420	180	7x0=0	1669	2,50
Q.2	635	1340	171	184	34	22 x 0	2364	3,54
Q.3	540	1484	165	172	31	16 x 0	1906	2,85
Q.4	945	1616	75	60	6	13 x 0	2702	4,05
Q.5	295	1100	57	448	82	8 x 0	1982	2,97
Q.6	470	1684	102	164	28	8 x 0	2448	3,67
Q.7	380	1772	99	148	36	5 x 0	2435	3,65
Q.8	385	1608	117	202	40	8 x 0	2352	3,52
Q.9	270	1012	183	418	66	24 x 0	1949	2,92
Q.10	795	1376	60	210	34	5 x 0	2475	3,71
Q.11	380	824	87	458	120	7 x 0	1869	2,80
Q.12	545	980	228	332	41	30 x 0	2126	3,18
Q.13	150	608	216	442	163	29 x 0	1579	2,36
Q.14	80	240	48	340	390	15 x 0	1098	1,64
Q.15	230	1128	294	318	57	25 x 0	2027	3,03
Q.16	395	844	165	328	028	12 x 0	2232	3,34
Q.17	220	844	159	392	148	15 x 0	1763	2,64
Q.18	60	140	27	248	477	10 x 0	952	1,42
Q.19	60	164	54	254	455	14 x 0	987	1,47
Q.20	120	500	258	302	244	37 x 0	1424	2,13

Comment lire ce tableau ? La colonne des Q représente l'ensemble des questions de l'échelle, tandis que la ligne des R renvoie aux cinq réponses possibles.

— La colonne R. 5 : fréquence absolue des réponses "entièrement d'accord", multipliées chacune par la note cinq.

— La colonne R. 4 : fréquence absolue des réponses "d'accord", multipliées chacune par la note 4.

— La colonne R. 3 : fréquence absolue des réponses "hésitant", multipliées chacune par la note 3.

— La colonne R. 2 : fréquence absolue des réponses "en désaccord", multipliées chacune par la note 2.

— La colonne R. 1 : fréquence absolue des réponses "en désaccord total", multipliées chacune par la note 1.

— La colonne R. 0 : fréquence absolue des "non-réponses", multipliées chacune par la note 0.

— La colonne "Total" : total des notes obtenues par chaque question/ligne. Le total maximal de chaque question est de 3335 points (5 points x 667).

— La colonne "Moyenne" : moyenne obtenue par chaque question, en divisant le total de ses notes par le nombre des individus de l'échantillon (667).

Ce tableau permet de constater que 15 items sur 20 obtiennent des notes supérieures à la moyenne 2,5 (la note maximale étant 5). Ce sont donc des items qui peuvent être considérés comme cohérents et susceptibles de mesurer l'attitude pro-sexuelle. Ils sont, pour le sujet, une occasion de choisir la réponse favorable, et deviennent en conséquence des indicateurs de son attitude favorable.

Les items qui obtiennent des notes inférieures à la moyenne sont au nombre de cinq. Ce sont les items :

— Question 13 : elle mesure l'attitude à l'égard du changement des positions pendant le coït. et obtient une note de 2,36.

— Question 14 : elle mesure l'attitude à l'égard de la sodomisation de la femme et obtient une note de 1,64.

— Question 18 : elle mesure l'attitude à l'égard de l'homosexualité masculine. Elle obtient une note de 1,42.

— Question 19 : elle mesure l'attitude à l'égard de l'homosexualité féminine. Sa note est de 1,47.

— Question 20 : elle mesure l'attitude à l'égard de la masturbation.

Toutes ces questions sont donc une occasion d'exprimer une attitude défavorable, c'est-à-dire les limites que la population impose, en principe, à ses pratiques sexuelles, quitte à ressentir de la frustration. Il est à remarquer que les cinq items sont tous en rapport avec les formes perverses de le sexualité (y compris celle des positions sexuelles, même à un degré moindre, car le changement des positions sexuelles pervertit l'ordre social en inversant la hiérarchie). Cependant, on ne peut rejeter ces items pour des raisons statistiques. Ne mesurent-ils pas réellement le degré d'ouverture sexuelle, et par là les possibilités d'une satisfaction sexuelle plus grande, diversifiée et plurielle ? Rejeter les pratiques perverses n'est pas suffisant pour invalider les items qui les concernent dans une échelle d'attitude sexuelle. Le rejet n'a pas son origine dans les pratiques perverses en elles-mêmes, mais dans des considérations socio-historiques relatives, particulières et dépassables.

L'échelle d'attitude sexuelle, dont nous venons de brosser le tableau, va nous permettre de comparer les hommes et les femmes (sexe), les quartiers de la ville (espace), et les islamistes et les non-islamistes (religion). Bien entendu, la comparaison peut s'étendre à d'autres groupes, constitués à partir des variables de l'âge, de l'état matrimonial, et de la catégorie socio-professionnelle par exemple.

HOMMES ET FEMMES DEVANT LE SEXE

Qui du groupe des femmes ou des hommes ont une attitude plus favorable à l'égard du sexe ? Qui serait sexuellement le plus satisfait ?

Examinons les scores de chaque groupe afin de pouvoir proposer des éléments de réponse.

Tab. 92 : Echelle de l'attitude sexuelle des hommes

	R. 5	R. 4	R. 3	R. 2	R. 1	R. 0
Q1	21	105	21	106	59	2
Q2	66	175	23	33	12	5
Q3	60	193	24	28	7	2
Q4	101	189	10	9	2	3
Q5	27	123	13	114	36	1
Q6	48	215	12	27	12	0
Q7	41	217	14	29	13	0
Q8	39	193	15	48	18	1
Q9	33	125	17	105	31	3
Q10	72	160	7	62	13	0
Q11	32	117	14	97	54	0
Q12	43	126	22	99	21	3
Q13	17	75	30	111	80	1
Q14	8	47	5	81	172	1
Q15	23	154	39	75	21	2
Q16	43	157	30	72	11	1
Q17	31	115	22	88	58	0
Q18	6	16	5	65	221	1
Q19	7	24	12	64	202	5
Q20	13	76	30	88	102	5
Scores	731 x 5 = 3655	2602 x 4 = 10408	365 x 3 = 1095	1401 x 2 = 2802	1145 x 1 = 1145	36 x 0 = 0

—Total des scores : 19105
—Nombre d'individus : 314
—Note individuelle : 60,84

Tab. 93 : Echelle de l'attitude sexuelle des femmes

	R. 5	R. 4	R. 3	R. 2	R. 1	R. 0
Q1	16	80	27	104	121	5
Q2	61	160	34	59	22	17
Q3	48	178	31	58	24	14
Q4	88	215	15	21	4	10
Q5	32	152	6	110	46	7
Q6	46	206	22	55	16	8
Q7	35	226	19	45	23	5
Q8	38	209	24	53	22	7
Q9	21	128	44	104	35	21
Q10	87	184	13	43	21	5
Q11	44	89	15	132	66	7
Q12	66	119	54	67	20	27
Q13	13	77	42	110	83	28
Q14	8	13	11	89	218	14
Q15	23	128	59	84	36	23
Q16	36	172	25	92	17	11
Q17	13	96	31	108	90	15
Q18	6	19	4	59	256	9
Q19	5	17	6	63	253	9
Q20	11	49	56	63	142	32
Scores	697 x 5 = 3485	2517 x 4 = 10068	538 x 3 = 1614	1519 x 2 = 3038	1515 x 1 = 1515	274 x 0 = 0

—Total des scores : 19720
—Nombre d'individus : 353
—Note individuelle : 55,86

Ces deux échelles montrent que les hommes ont une attitude davantage pro-sexuelle que les femmes. La note individuelle masculine est de 60,84 points sur 100, tandis que la note individuelle féminine est de 55,86 points. Ces scores sont obtenus grâce à un taux d'acceptation très élevé de l'échelle, les pourcentages de non-réponse étant effectivement faibles. Ils sont de 0,5 % chez les hommes et de 3, 9 % chez les femmes. Il s'ensuit que l'on doive considérer que la note moyenne de l'échelle est égale à 60 points : la note maximale étant 100 (20 réponses "entièrement d'accord" multipliées par 5), la note minimale étant 10 points (20 réponses "en désaccord total" multipliées par 1). Cette précision est nécessaire pour s'apercevoir que la note individuelle féminine (55,86 points) est inférieure à la moyenne, alors que la note masculine (60,84) est juste égale à la moyenne. La femme est donc plutôt défavorable à la sexualité, et cette attitude connote probablement une pratique sexuelle généralement insatisfaisante, ou du moins vécue à travers des sentiments de malaise et de culpabilité. L'attitude défavorable à la sexualité ne développe-t-elle pas un type de comportement négatif vis-à-vis de la sexualité ? Pour la femme, celle-ci est essentiellement vécue soit comme une manière de séduire l'homme afin de le retenir, soit comme un moyen d'accéder au statut survalorisé de la maternité. "La puissance du féminin, écrit Baudrillard, est celle de la séduction… Dans la séduction, le féminin ne recouvre pas une autonomie de désir ou de jouissance, une autonomie du corps… la séduction est le travail du corps par l'artifice, et non par le désir" [132]. La sexualité, comme fin en soi, comme recherche de plaisir, est encore un privilège masculin, lié à un statut social privilégié, celui de l'homme. Pour la femme, la sexualité, qu'elle soit ludique ou procréative, reste encore la voie de son asservissement.

L'ÉCHELLE SEXUELLE DES QUARTIERS

L'une des hypothèses centrales de ce travail réside dans la détermination de la sexualité par les conditions habitationnelles, résumées dans le type de quartier. Mais nous avons vu, au cours du chapitre "Logement et sexualité" que cette détermination est assez faible. L'application de l'échelle d'attitude sexuelle révèle à son tour une homogénéité dans les attitudes sexuelles des quartiers étudiés. Le taux de densité et le type de l'habitat ne semblent pas être capables de produire à eux seuls des attitudes sexuelles différenciées. Leur seule action n'est pas suffisante pour ébranler une attitude sexuelle quasi-identique.

En effet, l'échelle de l'attitude sexuelle, appliquée aux six quartiers étudiés, donne le classement suivant :

Tab. 94 : Echelle d'attitude sexuelle des quartiers

Données Quartiers	Nombre d'individus	% des non-réponses	Score total	Moyenne individuelle
Aïn Qadous	107	0,28	6620	**61,86**
Douh	133	0,63	7756	58,31
Oued Zitoune	101	2,12	5885	58,26
Aouinet Hajjaj	103	1,65	5962	57,88
Triq Imouzzer	98	5,40	5554	56,67
Lidou	125	4,16	7048	56,38
Ensemble de la ville	667	2,32	38.825	58,20

L'échelle montre que Aïn Qadous est le seul quartier à réaliser un score supérieur à la moyenne. Il est, d'après l'échelle, le seul à avoir une attitude favorable à la sexualité, voire une pratique sexuelle moyenne satisfaisante Les autres quartiers obtiennent tous des notes en dessous de la moyenne. Mais il faut retenir que la différence entre Aïn

Qadous et le dernier classé, le Lidou, n'est que de 5,48 points.

Le pourcentage des non-réponses à Triq Imouzzer, 5,4 %, traduit le refus de la bourgeoisie de se laisser interroger sur un sujet considéré comme privé par excellence. C'est comme si la ville, sous l'impulsion des forces nouvelles qui s'y implantent, se situait à mi-chemin entre le poids traditionnel d'une sexualité jugée par un fiqh davantage soucieux de procréation et l'irruption d'une sexualité néo-citadine, d'origine rurale, à destinée moderne, publique et ludique. La note de la ville : 58,2 points, en deçà de la moyenne, traduit son balbutiement, et sa recherche d'une identité nouvelle. La sexualité est, en tant que valeur, dans une situation intermédiaire entre le rejet et l'acceptation. Comme si Fès avait, à la suite d'un viol historique et culturel nécessaire, une réputation à défendre. L'effet de la ville se fait sentir. Fès n'est-elle pas toujours la capitale spirituelle du royaume ?

La sexualité des islamistes

Peut-on dire que les islamistes sont devenus islamistes en raison, aussi, d'une insatisfaction dans les pratiques sexuelles ? Peut-on voir, dans l'attitude défavorable à l'égard du sexe, l'indice de cette insatisfaction ? L'organisation sociale actuelle de la sexualité est, à l'évidence, loin de satisfaire leurs exigences idéologiques et pratiques. Elle ne peut que susciter chez eux un sentiment d'insatisfaction. Celui-ci reflète leur non-participation au mode sexuel dominant, leur non-jouissance par rapport à ses productions érotiques. Quelle est la mesure de cette insatisfaction ?

Tab. 95 : Echelle sexuelle selon l'engagement religieux

Données Groupes	Nombre d'individus	% des non réponses	Score	Note moyenne
Non-islamistes	636	2,19	37231	58,53
Islamistes	31	5,0	1594	51,41
Ensemble	667	2,32	38825	58,20

L'échelle montre que ni les non-islamistes, ni les islamistes, n'obtiennent la moyenne. Mais il est clair que la
note des islamistes est plus faible. L'échelle traduit en
chiffres l'attitude plus défavorable des islamistes vis-à-vis
du sexe, mais leur note n'est pas basse au point de conclure,
chez eux, à une véritable insatisfaction en matière de
sexualité. Par ailleurs, leur pourcentage de non-réponse atteint 5 %. Que peut-il signifier ? L'existence d'attitudes et
de pratiques non-conformes à la loi islamique ? Le refus de
dévoiler les choses du sexe dans un cadre non-canonique,
aux finalités a-religieuses ? En l'absence d'un matériel qua-
litatif que la logique de l'échelle exclut dès le départ, ces
interrogations resteront sans réponse, mais resteront également heuristiques.

SYNTHESE

La sexualité féminine est prisonnière des finalités de
la sexualité masculine, elle n'arrive pas à se constituer en
valeur sociale en soi, même aux yeux des femmes elles-
mêmes. Quant aux islamistes, ils perçoivent la sexualité
et la condamnent à partir de la luxure dominante. Leur
réserve traduit un refus et/ou une incapacité sociale de
participer à des rapports de production sexuels régis par

un système de pensée qui ne laisse, dans son principe, aucune place à l'aliénation de l'homme, et de la femme en particulier.

L'échelle a surtout aidé à identifier l'attitude plutôt négative de la ville de Fès à l'égard de la sexualité. La note de la ville est inférieure à la moyenne, elle traduit la position d'une ville qui a été la citadelle de la loi, et d'une socialité comptable qui fait peu de place au sentiment et à l'érotisme. De son côté, la ruralisation de la ville, caractéristique de son histoire contemporaine, n'est pas non plus un facteur favorable à l'apparition d'une attitude sexuelle positive assumée. Un seul quartier, parmi les six quartiers étudiés, Aïn Qadous, a pu atteindre la note moyenne de l'échelle. Mais l'écart des notes entre les quartiers est tellement faible qu'il n'impose pas de se mettre à la recherche des "spécificités" de Aïn Qadous. C'est un écart qui ne permet pas de dire que les résidents de Aïn Qadous se distinguent nettement des autres "Fassis" par une attitude sexualiste très marquée. Le quartier n'est pas la source d'une morale sexuelle spécifique.

CHAPITRE XIII

ECHELLE D'ATTITUDE ISLAMISTE

L'a priori constitutif de cette échelle se résume dans la grande variété des attitudes religieuses à l'intérieur de l'Islam, allant de la plus littérale à la plus marginale (la Malamatiya au XVIe siècle par exemple). Certes, il aurait fallu viser les croyances, l'observance pratique des rites et le contenu du vécu pour pouvoir prétendre légitimement cerner l'attitude religieuse d'une manière correcte et exhaustive. Mais une étude, soupçonneuse et quasi-inquisitoire, dérangera dans un pays arabo-islamique où il est inconvenant de douter de la religiosité du citoyen, de l'intellectuel et de l'émir. Une sociographie statistique qui comptabiliserait l'observance rituelle publique se heurterait à différents écueils. D'abord, quels rites observer ? Quels rites privilégier ? Et pourquoi ? Ensuite, "les comportements extérieurs publics et standardisés ne permettent pas, selon Sutter, de saisir les contenus des croyances, sentiments et valeurs qui les sous-tendent"[133]. Pour ces raisons, cette visée, pour légitime qu'elle soit dans une perspective de sociologie religieuse totale, n'a pas été poursuivie. Nous lui avons préféré un questionnement précis sur la condition de la femme, eu égard à la détermination de cette condition par le droit musulman, et eu égard à la résistance de ce droit face au défi de l'histoire moderne. Les attitudes à l'égard de la femme sont encore largement influencées par l'Islam, par une vision ou une autre de l'Islam. La condition de la femme ne figure pas dans le programme de la laïcisation. Si, pour Marx, la place accordée à la femme dans la société est révélatrice du degré d'évolution de la société, elle est ici révélatrice du type d'islam auquel on a affaire. Il est par conséquent légitime de vouloir détecter le degré d'islamisme (latent ou manifeste) de la population à travers l'attitude envers la femme. Celle-ci est comme une épreuve, elle est un test qui permet de saisir la persistance, sinon la résurgence de l'éthique islamique, au-delà des apparences de la modernité. L'exploration des attitudes à l'égard de la condition féminine permet de mesurer le degré d'opérationnalité de l'idéologie islamiste. D'ailleurs, n'est-il pas significatif que, comme le dit si bien Ounissi.Z, "chaque fois que l'on parle de la femme, on éprouve le besoin de parler de l'Islam [134]. L'association islam-femme dans l'idéologie arabe contemporaine est une forme d'association libre, au sens psychanalytique, involontaire et automatique.

En un mot, l'échelle d'attitude islamiste que nous proposons est totalement centrée sur la problématique de la femme. Il est probable qu'une échelle qui aurait tenté de saisir le degré d'islamisme à travers les attitudes face à l'idée de la précellence du musulman, face à l'observation stricte des rites de la prière et du Ramadan, face à l'application de la charia à la vie sociale en général (loi du talion par exemple), aurait donné des résultats différents. Notre hypothèse à cet endroit est que cette dernière échelle aurait donné des scores plus faibles, c'est-à-dire une attitude islamiste moins forte. A l'inverse, plus on s'approche des domaines de la femme et de la sexualité, plus l'individu a des chances d'être plus islamiste.

Quels sont donc les items de cette échelle que nous avons investie dans la mesure de l'attitude islamiste ? Ils sont au nombre de vingt :

1 – Les travaux ménagers sont du ressort de la femme.

2 – Le travail à domicile (contre salaire) est meilleur pour la femme.

3 – L'entretien de l'épouse incombe au mari.

4 – Il faut séparer garçons et filles dans les études.

5 – Il faut séparer hommes et femmes dans le travail.

6 – Il faut séparer hommes et femmes dans les autobus.

7 – Au travail, le supérieur de la femme ne doit pas être un homme.

8 – Travail et études ne permettent pas le tête-à-tête entre l'homme et la femme.

9 – La mixité conduit à l'illicite (le haram).

10 – L'homme ne doit pas avoir des rapports sexuels avant le mariage.

11 – La femme ne doit pas avoir des rapports sexuels avant le mariage.

12 – La femme doit toujours accepter les avances sexuelles de son mari.

13 – Chaque nouveau-né apporte son pain.

14 – Le voile est une obligation religieuse pour la femme.

15 – Le voile conduit au respect de la femme.

16 – La femme voilée, c'est la musulmane véritable.

17 – L'homme doit garder le droit à la polygamie.

18 – La polygamie fait disparaître la prostitution.

19 – Le mari a le droit de répudier son épouse sans qu'elle ne soit entendue.

20 – La femme doit avoir un tuteur pour se marier.

Les thèmes abordés dans cette échelle, à l'image du travail féminin, de la mixité, du voile et du statut juridique, constituent dans leur ensemble les enjeux principaux de la bataille actuelle entre les mouvements sociaux féministe et islamiste, sous l'arbitrage de l'Etat. L'échelle tente de voir dans quelle mesure la population présente une attitude favorable aux thèses islamistes relatives à la condition sociale de la femme.

Cette échelle a été également construite sur le modèle de Lickert. Son but est de comparer entre des groupes sociaux à partir du total des scores obtenus par les individus de chaque groupe. Devant chaque proposition, l'individu-enquêté a le choix entre cinq attitudes, de la plus défavorable à la plus favorable. Comme pour l'échelle de l'attitude sexuelle, chaque réponse est notée selon un code préétabli qui consiste à donner la note la plus élevée à l'attitude la plus favorable, et la note la plus faible à l'attitude la plus défavorable. De la sorte, plus le total des notes est élevé, plus l'individu ou le groupe sont supposés adopter l'attitude islamiste en question. Les attitudes entres lesquelles tout sujet peut choisir sont au nombre de six : entièrement d'accord (5 points), d'accord (4 points), hésitant (3 points), en désaccord (2 points), en désaccord total (1 point), non-réponse (0 point). Quand il répond à toutes les questions, l'individu peut obtenir une note maximale de 100 points (5 points x 20 questions = 100), et de 20 points au minimum.

Avant de présenter les résultats de cette échelle, il est classique de s'interroger d'abord sur le rapport de chaque item à l'attitude mesurée, c'est-à-dire sur la cohérence de l'échelle. Les items proposés mesurent-ils tous l'attitude islamiste visée ici ? Le principe de base de l'échelle Lickert est que plus l'individu est favorable à l'attitude étudiée, plus il a de chances de fournir des réponses favorables. Il est donc nécessaire de soumettre les items de l'échelle au test d'adéquation, en calculant le score obtenu par chaque item. Plus le score de l'item est élevé, plus il est censé se rapporter à l'attitude ciblée par l'échelle. Le tableau suivant présente les résultats du test d'adéquation.

Tab. 96 : Scores des items de l'échelle d'attitude islamiste

	R 5	R 4	R 3	R 2	R 1	R 0	Total	Moyenne
Q.1	600	860	102	404	93	3x0 = 0	2059	3,08
Q.2	550	1092	102	378	57	4	2179	3,26
Q.3	350	808	52	556	86	5	1852	2,77
Q.4	415	728	72	476	134	6	1825	2,73
Q.5	425	800	90	454	117	8	1886	2,82
Q.6	535	848	117	446	77	9	2023	3,03
Q.7	200	596	183	614	103	7	1696	2,54
Q.8	355	992	156	476	45	13	2024	3,03
Q.9	865	1064	162	226	56	5	2373	3,55
Q.10	1100	888	96	258	61	3	2170	3,25
Q.11	1005	932	114	254	62	6	2367	3,54
Q.12	660	1120	108	312	58	5	2258	3,38
Q.13	500	832	186	320	133	4	1971	2,95
Q.14	1050	1020	111	240	40	5	2461	3,68
Q.15	705	1056	135	318	55	3	2269	3,40
Q.16	190	432	159	660	134	4	1575	2,36
Q.17	260	672	153	462	160	5	1707	2,55
Q.18	175	524	183	584	142	6	1608	2,41
Q.19	60	212	69	584	284	3	1209	1,81
Q.20	770	1232	81	248	50	4	2381	3,56

Comment lire ce tableau ? La colonne des Q représente l'ensemble des questions de l'échelle, tandis que la ligne des R renvoie aux six réponses possibles :

— La colonne R5 : fréquence absolue des réponses "entièrement d'accord", multipliées chacune par la note 5.

— La colonne R4 : fréquence absolue des réponses "d'accord", multipliées chacune par la note 4.

— La colonne R3 : fréquence absolue des réponses "hésitant", multipliées chacune par la note 3.

— La colonne R2 : fréquence absolue des réponses "en désaccord", multipliées chacune par la note 2.

— La colonne R1 : fréquence absolue des réponses "en désaccord total", multipliées chacune par la note 1

— La colonne R0 : fréquence absolue des non-réponses, multipliées chacune par la note 0.

— La colonne "Total" : total des notes obtenues par chaque question / ligne. Le total maximal de chaque question est de 3335 points (5 points x 667 individus).

— La colonne "Moyenne" : moyenne obtenue par chaque question, en divisant le total de ses notes par le nombre des individus de l'échantillon (667).

Le test d'adéquation et de cohérence des items de l'échelle (tableau 126) permet de constater que :

1) 11 items obtiennent des notes supérieures à 3, la note maximale étant 5.

2) 6 items obtiennent des notes situées entre 2,5 et 3.

3) les 3 items, 16, 18 et 19, obtiennent des notes inférieures à 2,5. Ce sont là les items problématiques, les items qui ne débouchent pas sur une majorité absolue d'attitudes favorables. En conséquence, ils sont pour les enquêtés une occasion de tempérer l'élan islamique / islamiste primaire et irréfléchi. L'insuffisance du port du voile pour définir la musulmane véritable, l'incapacité de la polygamie à extirper la prostitution et le refus de la répudiation unilatérale ont été des réponses qui montrent que l'islamisme, qu'il soit latent ou manifeste, ne saurait être assimilé à une théorie sexiste pure et totale, mécanique. Lui-même est pénétré par l'esprit du féminisme et s'approprie quelques thèses de ce dernier [135].

L'ensemble des items de l'échelle de l'attitude islamiste peuvent donc être considérés comme cohérents et

susceptibles de mesurer l'attitude islamiste dans ses varia-
tions, ses hésitations et ses compromis.

Sur quels résultats débouche cette échelle ? Qui des
hommes ou des femmes sont plus islamistes ? Dans quels
quartiers rencontre-t-on le plus d'islamisme ? Enfin la comparaison entre les non-islamistes et les islamistes est un
meilleur test que nous ferons subir à l'échelle. Si celle-ci
est adéquate et cohérente comme nous venons de l'affirmer, les scores des islamistes doivent être en principe plus
élevés que ceux des non-islamistes.

ISLAMISTES ET NON-ISLAMISTES FACE À L'ECHELLE

La distinction entre les islamistes et les non-islamistes,
objective au sein de notre échantillon, est-elle confirmée
par le score obtenu par chaque groupe ?

Autrement dit, l'échelle parvient-elle, par sa propre logique, à mesurer effectivement la différence réelle entre les
deux sous-échantillons en question ? A la différence de
l'échelle d'attitude sexuelle, dont la vérification de la cohérence est impossible par l'observation directe de la satisfaction sexuelle des individus, l'échelle de l'attitude islamiste a le privilège de pouvoir être vérifiée grâce à la
confrontation de ses résultats avec les faits. Notre échelle
devrait, en principe, permettre aux islamistes manifestes
(barbus et voilées) de réaliser un score supérieur.

Quels sont donc les scores réalisés ? Le score des islamistes est-il, en effet, suffisamment plus élevé que celui
des non-islamistes, au point d'apporter la preuve de l'adéquation et de la cohérence de l'échelle ?

Tab. 97 : Échelle d'attitude islamiste des islamistes

	R5	R4	R3	R2	R1	R0
Q.1	8	10	3	6	4	0
Q.2	13	8	3	4	3	0
Q.3	11	8	2	8	1	1
Q.4	14	9	2	5	1	0
Q.5	12	8	3	5	3	0
Q.6	16	10	1	3	1	0
Q.7	4	7	3	12	5	0
Q.8	8	11	3	8	1	0
Q.9	14	11	3	1	2	0
Q.10	19	8	0	3	1	0
Q.11	19	8	0	3	1	0
Q.12	12	11	1	4	3	0
Q.13	15	10	0	3	2	1
Q.14	19	10	2	0	0	0
Q.15	16	11	2	1	1	0
Q.16	5	9	7	6	4	0
Q.17	10	9	3	3	6	0
Q.18	9	7	2	8	4	1
Q.19	0	1	1	12	17	0
Q.20	16	10	1	4	0	0
Scores	250 x 5 = 1250	176 x 4 = 704	42 x 3 = 126	99 x 2 = 198	60 x 1 = 60	3 x 0 = 0

Total des scores : 2338

Nombre d'individus : 31

Note individuelle : 75,41

Tab. 98 : Echelle d'attitude islamiste des non-islamistes

	R5	R4	R3	R2	R1	R0
Q.1	112	205	31	196	89	3
Q.2	97	265	31	185	54	4
Q.3	59	194	24	270	85	4
Q.4	69	173	22	233	133	6
Q.5	73	192	27	222	114	8
Q.6	91	202	38	220	76	9
Q.7	36	142	58	295	98	7
Q.8	63	237	49	230	44	13
Q.9	159	255	51	112	54	5
Q.10	201	214	32	126	60	3
Q.11	182	225	38	124	61	6
Q.12	120	269	35	152	55	5
Q.13	85	198	62	157	131	3
Q.14	191	245	35	120	40	5
Q.15	125	253	43	158	54	3
Q.16	33	99	46	324	130	4
Q.17	42	159	48	228	154	5
Q.18	26	124	59	284	138	5
Q.19	12	52	22	280	267	3
Q.20	138	298	26	120	50	4
Scores	1914 x 5 = 9570	4001 x 4 = 16004	777 x 3 = 2331	4036 x 2 = 8072	1887 x 1 = 1887	105 x 0 = 0

Total des scores : 37864
Nombre d'individus : 636
Note individuelle : 59,53

A travers ces notes, l'échelle apporte sa preuve d'adéquation et de cohérence. La note des islamistes, 75,4 points / 100, confirme leur islamisme manifesté par la barbe ou le port du voile. Par contre, les non-isla-mistes, en obtenant une moyenne de 59,5 points, trahis-sent leur proximité idéologique par rapport à l'islamisme. On peut considérer leur note soit comme l'expression d'un islamisme latent, soit comme l'indice de l'absence d'une idéologie sexuelle autre (qu'islamique), claire, distincte et opérationnelle. Le continent "famille, sexualité et femme" est encore sous l'emprise de la dualité "halal/haram", hautement islamique.

L'ISLAMISME SELON LE SEXE

Si selon Meddeb, le soufi est la femme de Dieu [136], et si par conséquent le soufisme est l'expression religieuse des valeurs féminines de l'amour et de la négation de soi, peut-on voir au contraire dans l'islamisme l'exacerbation du pouvoir mâle? Traduit-il une position religieuse empreinte de phallocratie? Les femmes sont-elles alors moins nombreuses à être islamistes? Sont-elles, exclues qu'elles sont de la gestion du culte officiel et public, encore enclines à se tourner vers les formes confrériques marginales de l'islam? L'islamisme n'est-il pas au contraire une tentative, un espoir de réappropriation de l'Islam-Loi par la femme? Tel nous semble être l'enjeu de la question soulevée par la tentative sociologique de rendre compte de l'islamisme par l'identité sexuelle, en tant qu'identité sociale. Evidemment, les résultats de l'échelle d'attitude islamiste ne sauraient apporter une réponse exhaustive à cette problématique non-économiciste. Tout au plus, ils peuvent aider à cerner les véritables proportions de la présence de chaque sexe au sein de l'islamisme. L'identification statistique des islamistes selon le sexe est d'ailleurs une tâche à entreprendre, susceptible de concourir (elle aussi) à la compréhension du phénomène social islamiste.

Examinons les scores de chaque groupe sexuel afin de pouvoir avancer des éléments de réponse.

Tab. 99 : Echelle de l'attitude islamiste des hommes

	R5	R4	R3	R2	R1	R0
Q.1	53	120	19	88	33	1
Q.2	48	145	13	87	21	0
Q.3	36	87	14	129	47	1
Q.4	43	95	10	101	62	3
Q.5	48	102	16	96	48	4
Q.6	48	93	21	100	49	3
Q.7	27	72	29	141	43	2
Q.8	42	103	27	117	20	5
Q.9	83	129	29	43	28	2
Q.10	81	107	14	76	35	1
Q.11	75	116	14	72	34	3
Q.12	69	142	15	63	24	1
Q.13	51	107	29	62	65	0
Q.14	82	121	21	66	23	1
Q.15	66	134	18	71	24	1
Q.16	21	47	29	153	63	1
Q.17	33	108	25	95	51	2
Q.18	24	89	26	130	44	1
Q.19	8	35	17	155	99	0
Q.20	79	133	16	064	20	2
Scores	1017 x 5 = 5085	2085 x 4 = 8340	402 x 3 = 1206	1909 x 2 = 3818	833 x 1 = 833	34 x 0 = 0

Total des scores : 19282

Nombre d'individus : 314

Note individuelle : 61,40

Tab. 100 : Echelle d'attitude islamiste des femmes

	R5	R4	R3	R2	R1	R0
Q.1	67	95	15	114	60	2
Q.2	62	128	21	102	36	4
Q.3	34	115	12	149	39	4
Q.4	40	87	14	137	72	3
Q.5	37	98	14	131	69	4
Q.6	59	119	18	123	28	6
Q.7	13	77	32	166	60	5
Q.8	29	145	25	121	25	8
Q.9	90	137	25	70	28	3
Q.10	139	115	18	53	26	2
Q.11	126	117	24	55	28	3
Q.12	63	138	21	93	34	4
Q.13	49	101	33	98	68	4
Q.14	128	134	16	54	17	4
Q.15	75	130	27	88	31	2
Q.16	17	61	24	177	71	3
Q.17	19	60	26	136	109	3
Q.18	11	42	35	162	98	5
Q.19	4	18	6	137	185	3
Q.20	75	175	11	60	30	2
Scores	1137 x 5 = 5685	2092 x 4 = 8368	417 x 3 = 1251	2226 x 2 = 4452	1114 x 1 = 1114	74 x 0 = 0

Total des scores : 20870
Nombre d'individus : 353
Note individuelle : 59,12

Ces deux échelles montrent que les hommes ont une attitude plus islamiste que les femmes. La note individuelle masculine est de 61,4, dépassant la moyenne de 1,4 point, alors que la note féminine est de 59,1, inférieure à la moyenne (60 points). Mais l'écart entre les deux sexes reste faible, au point de ne pas être significatif. Ces résultats dégagent le rôle important que joue encore l'Islam dans la détermination de la condition féminine, au niveau des attitudes et des mentalités. Si le score des hommes est "normal", au sens sociologique, dans la mesure où leur islamisme moyen et non assumé, objectif et inconscient, exprime la volonté de maintenir leurs privilèges historiques et sociaux consacrés par le droit islamique de la famille, le score des femmes, frôlant la moyenne, montre à quel point elles ne conçoivent pas encore de se définir, en tant qu'être social, indépendamment de l'Islam. Même si le respect de la loi n'est pas strict, même si la Loi est de plus en plus ressentie comme injuste à leur égard, les femmes se sentent appartenir à l'Islam, à un islam plus culturel que cultuel. D'ailleurs, le féminisme des femmes, hormis celui de quelques intellectuelles, a toujours été pragmatique : il a été une revendication d'amélioration de la condition féminine sans jamais toucher au fondement religieux, voire en le valorisant. Plus que cela, il y a actuellement un retour à ce fondement sacré après l'échec du développement, après la déception. Mais ce retour est une relecture de l'Islam à la lumière de l'apport féministe, car nul ne sort indemne du mythe d'une modernité démocratisée, à la portée de toutes les nations. Pour beaucoup de femmes, à l'instar des femmes islamistes, la mainmise de l'homme sur l'Islam doit cesser ; en conséquence, la libération de la femme passe par une libération de l'Islam d'une lecture masculine partiale et partielle. Revenir à l'Islam, c'est pour la femme revenir à un islam épuré de la dominance phallocrate. Dans ce sens, l'islamisme se perçoit comme une invitation à la redécouverte du féminisme islamique originel, méconnu et bafoué par l'histoire. Il est donc un féminisme réactionnel. Après l'euphorie de l'ouverture confiante dans la linéarité du progrès et de son partage, il exprime un moment de repli sur soi, de dépit.

L'ISLAMISME DANS LA VILLE

l'hypothèse socio-économiciste voit justement dans l'islamisme l'expression de la misère ; elle est, en quelque sorte, retour à cette définition de Marx où celui-ci voyait dans la religion le cri de douleur de la créature opprimée. Pour vérifier cette hypothèse, il est possible de mesurer le degré d'islamisme de chaque quartier de la ville, le quartier de résidence étant justement un indicateur de la condition socio-économique.

Quels sont donc les scores réalisés par les quartiers étudiés ? L'échelle d'attitude islamiste permet-elle de dégager des différences pertinentes entre les quartiers riches et les quartiers pauvres, entre les quartiers modernes et les quartiers traditionnels ? Le tableau suivant récapitule les résultats de l'échelle.

Tab. 101 : Echelle d'attitude islamiste des questions

Quartiers	Nombre d'individus	% des non-réponses	Score total	Moyenne
Douh	133	0,4	8401	63,1
Aouinet Hajjaj	101	0,1	6475	62,8
Lidou	125	1,3	7616	60,9
Oued Zitoune	101	1,3	6017	59,5
Triq Imouzzer	98	1,4	5575	56,8
Aïn Qadous	107	0,1	5927	55,3
Ensemble de la ville	667	0,8	40011	59,98

L'échelle montre que trois quartiers ont une note supérieure à la moyenne (60 points). Il s'agit, dans l'ordre décroissant, de Douh, de Aouinat Hajjaj et du Lidou. C'est donc dans ces trois quartiers que l'islamisme latent est le plus observé. Nous proposons la définition opératoire suivante de l'islamisme latent : quand, tout en ayant un score égal ou supérieur à la moyenne, l'individu (ou le groupe) n'est pas un islamiste actif, il est considéré comme un islamiste latent.

Ces quartiers ont-ils quelque chose en commun ? Est-ce la pauvreté ? Est-ce le type d'habitat ? En fait, ces trois quartiers sont hétérogènes, tant du point de vue du type de logement que du point de vue socio-économique, quoi qu'il soit de plus en plus difficile de déterminer le niveau de vie des ménages en raison de l'importance de l'économie informelle.

Douh est constitué de maisons traditionnelles essentiellement, Aouinet Hajjaj d'un mélange de baraques et de constructions en dur de style néo-traditionnel, tandis que le Lidou est fait d'immeubles modernes.

Au bas de l'échelle d'attitude islamiste, nous trouvons les quartiers Aïn Qadous et Triq Imouzzer. Ces deux quartiers sont différents de par le type de logement et de par le niveau de vie. La proximité de leur score rend problématique l'hypothèse réductionniste de l'islamisme au facteur économique. Peut-être que ce facteur n'est déterminant qu'en dernière instance, et que son effet est annihilé par des variables médiationnelles d'ordre psycho-culturel.

Mais ce qui mérite d'être souligné, c'est le score de l'ensemble de la ville : 59,9 points. Un tel score, à la limite de la moyenne (60 point), indique la prédisposition de la population de Fès à basculer dans l'islamisme, en matière de régulation de la condition féminine du moins. C'est là une attitude hésitante, ambiguë, qui préfigure d'une conduite mal assurée, ne sachant pas où se diriger.

CONCLUSION

A l'exception des islamistes qui obtiennent un score éloquent par lui-même et qui sont convaincus d'être dans la voie de la vérité, le reste de la population, devant l'absence d'une alternative non-islamiste, indice du vide idéologique, vit un malaise pénible, difficile à gérer dans le quotidien. Les différents scores obtenus oscillent entre 55 et 63 points, et reflètent une forte hésitation, une fragilité, que l'islamisme ne manquera pas d'exploiter. Les distinctions socio-économiques entre les sexes et entre les quartiers ne sont pas suffisantes pour faire varier significativement les scores des différents groupes sociaux. La majorité de la population, culturellement musulmane, n'est pas loin de redécouvrir l'islam comme projet de société, de division sexuelle du travail et de l'espace.

CHAPITRE XIV

LA CORRELATION SYSTEMIQUE

A présent que le logement, la sexualité et l'islamisme ont été séparément mesurés, il est désormais nécessaire d'aborder la question de leur corrélation afin de répondre à la question fondatrice et inaugurale de notre travail. Cette question a été formulée dans la partie théorique de la manière suivante : dans quelle mesure l'islamisme serait-il (aussi) l'expression d'une insatisfaction sexuelle d'origine habitationnelle ? En ne permettant pas "l'exutoire sexuel total" [137], eu égard leur surpeuplement, les logements produisent une anxiété chronique et diffuse qui se transformerait en intégrisme religieux, pur et dur. Nous nous sommes proposés de vérifier cette hypothèse générale en la déconstruisant en deux sous-hypothèses. La première postule l'incapacité du logement à satisfaire la fonction sexuelle, tandis que la seconde avance la transformation de la stase sexuelle en islamisme. En conséquence, deux corrélations sont à mesurer à partir des trois échelles investies dans l'enquête : 1) la corrélation insatisfaction habitationnelle / insatisfaction sexuelle, 2) la corrélation insatisfaction sexuelle / islamisme. Une troisième corrélation, entre l'islamisme et l'insatisfaction habitationnelle, s'est également imposée d'elle-même au cours de cette recherche. L'islamisme, à la différence de la foi commune, résignée et reconnaissante à Allah, serait à l'origine d'un rejet du mode dominant d'organisation de l'espace, et d'un refus de la structuration actuelle du logement. Cette troisième corrélation compléterait la boucle : l'insatisfaction habitationnelle conduirait à l'insatisfaction sexuelle, laquelle conduit à l'islamisme qui, à son tour, conduit à l'insatisfaction habitationnelle. Dans quelle mesure les résultats obtenus confirment-ils cette corrélation circulaire entre ces trois champs de la praxis sociale ?

INSATISFACTION HABITATIONNELLE / INSATISFACTION SEXUELLE

La question de la satisfaction habitationnelle est totalement occultée des études socio-urbanistiques au Maroc, et à Fès en particulier. Dans leur grande majorité, les analyses et les politiques d'habitat s'arrêtent au niveau de la problématique des besoins en logement, de l'habitat sécuritaire. Par là, nous entendons que la production des logements obéit surtout à l'impératif d'assurer un toit à l'individu, afin de lui garantir un minimum de stabilité matérielle nécessaire à son intégration domiciliante. Pouvoirs publics et promoteurs privés n'ont, en principe, ni les moyens matériels, ni le souci idéologique, de prêter attention aux besoins, aux modèles et aux aspirations de la population en matière d'habitat. Les gens eux-mêmes sont "obsédés" par le seul souci de se loger ; peu importe où, peu importe comment. La question de la satisfaction par le logement n'a donc jamais été directement posée. En étudiant les réaménagements apportés au logement neuf par le propriétaire, des études comme celles de Navez-Bouchanine effleurent cette question, trahissent l'insatisfaction initiale sans la citer expressément, et la situent dans la problématique de la réappropriation. Celle-ci se fait par l'insertion architecturale, dans un logement livré clés en mains, de quelques valeurs sociales propres à l'éthique du propriétaire. Cependant, la réappropriation du logement, toujours partielle, n'est qu'un élément de la satisfaction habitationnelle. Plus que cela, aucune étude n'a pensé mesurer le rôle du logement dans la satisfaction sexuelle de ses occupants.

La confrontation entre l'échelle de satisfaction à l'égard du logement et l'échelle d'attitude sexualiste, investies au cours de ce travail, nous permet d'abord de comparer entre les moyennes de satisfaction, ensuite de calculer les coefficients de corrélation entre l'insatisfaction habitationnelle et l'insatisfaction sexuelle.

En comparant les moyennes habitationnelles et sexuelles, on est d'abord frappé par la proximité des scores. Qu'on en juge à travers les tableaux suivants :

Tab. 102 : Moyennes habitationnelle et sexuelle selon le sexe

Champ Catégorie	logement 1	Sexualité
Homme	60,8	60,8
Femme	63,2	55,8

Tab. 103 : Selon le quartier

Oued Zitoune	54,8	58,2
Douh	57,0	58,3
Aïn.Qadous	61,8	61,8
Aouinet Hajjaj	58,2	57,8
Lidou	61,0	56,3
Triq Imouzzer	82,2	56,6

Tab. 104 : Selon l'engagement religieux

Islamiste	65,4	51,4
Non-islamiste	62,0	58,5

Tab. 105 : Ensemble

Ensemble	62,0	58,2

Ces tableaux ne permettent pas de relever des différences significatives très grandes entre les groupes sociaux, relatives à leurs scores habitationnel et sexuel. Les remarques qui méritent d'être relevées sont les suivantes :

Les hommes réalisent des scores identiques dans les deux échelles. Chez eux, à une satisfaction habitationnelle moyenne correspond une satisfaction sexuelle moyenne. Une telle cohérence ne se vérifie pas chez les femmes. La satisfaction féminine à l'égard du logement n'est pas accompagnée par une satisfaction sexuelle.

Le facteur de la résidence débouche sur des scores habitationnel et sexuel assez proches, sauf dans le cas de Triq Imouzzer, où l'écart entre les deux est de 25,6 points à l'avantage de la satisfaction habitationnelle. Le cas de Triq Imouzzer, plus encore que le groupe des femmes, montre que la satisfaction au logement n'entraîne pas automatiquement d'attitude / satisfaction sexuelle positive.

La variable religieuse permet de retrouver la dissociation entre la satisfaction habitationnelle et la satisfaction sexuelle, chez les islamistes en particulier. En effet, le score habitationnel de ces derniers atteint 65,4 points, leur score sexuel est uniquement de 51,4 points, inférieur à la moyenne. La satisfaction habitationnelle islamiste serait donc en corrélation avec une attitude sexuelle négative, indiquant une insatisfaction sexuelle probable.

La comparaison des moyennes, en mettant en évidence l'irrégularité et la non-linéarité des reports entre les insatisfactions habitationnelle et sexuelle, risque de conduire à une interrogation sur la légitimité d'aborder le logement en termes de satisfaction sexuelle. Selon Palmade et Lugacy, "le logis est lié à l'idée de sérieux, de famille, à la conjugalité reconnue par les normes sociales, plutôt qu'au plaisir et à l'amour libre. Il s'associe au repli sur soi et à l'intimité narcissique" [138]. Les mêmes auteurs arrivent également à établir une association entre le logis et le vocabulaire oral, narcissique et prégénital. Ce vocabulaire pose le logement comme le lieu des satisfactions infantiles pré-oedipiennes.

Cette remise en question de l'association habitat-sexualité est donc, au niveau théorique, l'expression d'une perspective psychanalytique, basée sur des données expérimentales, culturellement spécifiques. Pour cette raison, la critique psychanalytique n'est pas automatiquement extensible à un milieu arabo-islamique.

Il est donc évident que la perspective fonctionnaliste du logement, qui le pose aussi comme un paramètre de la satisfaction sexuelle, garde toute sa légitimité. Les déclarations de plusieurs enquêtes confirment la validité de l'approche du logement en termes de satisfaction fonctionnelle, dans le domaine précis de la sexualité. Un homme marié du Lidou déclare : "Ce qui impose de faire l'amour la nuit, c'est l'impossibilité de s'isoler le jour, à l'intérieur de la maison". Dans le même sens, H. Taarji a recueilli la réponse suivante de la part d'un jeune islamiste égyptien :

"Les problèmes de logement sont tels que les possibilités de partager un moment d'intimité sont très limitées" [139]. Ces déclarations ne laissent aucun doute sur la légitimité de lier l'insatisfaction sexuelle aux conditions habitationnelles. Indéniablement, celles-ci, eu égard à la contraction de la territorialité de l'individu et du couple,

sont un facteur de plus en plus important dans les déséqui-
libres sexuels.

Il est donc légitime de supposer une corrélation positive entre l'insatisfaction habitationnelle et l'insatisfaction
sexuelle. Pour mesurer cette corrélation, il s'avère nécessaire de dépasser le stade intuitif de la comparaison entre
les moyennes, et de calculer directement le coefficient de
corrélation entre les variables étudiées. Pour cela, et afin de
rester dans le cadre précis de notre hypothèse, nous avons
retenu uniquement les réponses les plus défavorables
(note 1, la plus basse) aux items des deux échelles, c'est-à-
dire celles qui expriment le désaccord / l'insatisfaction les
plus grands. La confrontation de ces réponses a permis de
calculer le coefficient de corrélation à partir de la formule
suivante de Pearson-Bravais :

$$r = \frac{(N \times (xy) - (\pounds x)(\pounds y)}{\sqrt{(N \times \pounds x^2) - (\pounds x)^2) \times ((N \times \pounds y^2) - (\pounds y)^2)}}$$

Quels sont les résultats obtenus ? Le coefficient de corrélation (r) entre l'insatisfaction habitationnelle (x) et l'insatisfaction sexuelle (y) est égal à :

— 0,54 chez les hommes
— 0,64 chez les femmes
— 0,67 à Oued Zitoune
— 0,50 à Aouinet Hajjaj
— 0,62 chez les non-islamistes
— 0,71 chez les islamistes.

Dans tous ces cas, la corrélation est positive (r > 0). Plus
que cela, le coefficient est supérieur à 0,50, ce qui prouve la
solidité de la relation entre l'insatisfaction habitationnelle

et l'insatisfaction sexuelle. Il est notamment élevé chez les femmes, à Oued Zitoune et chez les islamistes.

En étant plus élevée chez les femmes, la corrélation montre que la jouissance féminine, déjà contrecarrée par les inhibitions psycho-culturelles, se heurte aussi et davantage (par rapport à celle de l'homme) à l'obstacle du lieu du coït. Ce lieu est-il adéquat ? Permet-il à la femme de se laisser aller sans devoir se contrôler et réfréner les élans de son corps ? La question du lieu du plaisir est incontestablement une question plus présente et plus importante chez la femme. Les données spatiales concourent à rendre encore plus complexe l'orgasme féminin, déjà si problématique de par ses autres paramètres.

La corrélation est également plus élevée à Oued Zitoune en comparaison avec Aouinet Hajjaj. Pourtant, ce sont deux quartiers aussi denses l'un que l'autre. La densité ne rend donc pas compte, à elle seule, de la différence entre les coefficients de corrélation des deux quartiers. Nous pensons que le partage de la maison, voire de l'étage, entre plusieurs ménages étrangers les uns aux autres, caractéristique de Oued Zitoune en particulier, et de la médina en général, est plus responsable (que la densité) de la difficulté de satisfaction sexuelle. "L'intimité, autrefois protégée, n'est plus que symbolique. Mise à nu, la vie en famille... s'ouvre à l'intérieur sur un semblant de patio où tout se voit, tout se sait. Autrefois, les logements avaient une organisation interne qui permettait la séparation des sexes... l'espace collectif n'empêchait en rien l'existence d'un deuxième espace, intime et sécurisant" [140]. Il semble donc qu'il soit plus aisé de coïter en présence des membres de la famille que sous le regard des étrangers. La cohabitation de ménages étrangers les uns aux autres dans l'espace médinois est une source d'insatisfaction, habitationnelle et sexuelle à la fois, car ce type d'architecture qui a été choisi pour des considérations de pudeur, ne remplit plus cette fonction. L'implosion de la médina y a mis fin. L'impact de la transformation du logement traditionnel sur les pratiques et les usages est donc indiscutable. En tout cas, ce type de logement n'assure plus l'équilibre psychologique des adultes. Car comment, dans ces espaces privés collectivisés, les couples pourraient-ils trouver du plaisir dans leurs rapports sexuels ?. La sexualité n'est-elle pas forcée, pour des raisons de pudeur, d'avoir lieu uniquement la nuit ? De composer avec la présence continue des autres ? De se faire à la sauvette ?

La corrélation positive entre l'insatisfaction habitationnelle et l'insatisfaction sexuelle est également plus établie chez les islamistes ($r = 0,71$). Chez les non-islamistes, le coefficient de corrélation ne dépasse pas 0,62. Avons-nous là une preuve de l'origine habitationnelle de l'angoisse sexuelle chez les islamistes, et par conséquent de la validité de notre première sous-hypothèse, c'est-à-dire de la non-fonctionnalité sexuelle du logement ? Non-fonctionnalité qui conduirait à l'apparition d'attitude intégristes ? Cette question pose donc le problème de la transformation d'une "stase sexuelle" non-pathologique en islamisme. Car l'islamisme est aussi un projet sexuel d'ordre politique, régulant les rapports entre les sexes selon l'éthique de "la domination masculine", en tant que domination politique.

Insatisfaction sexuelle et islamisme

Le rapport entre la sexualité et la religion a été l'objet de plusieurs recherches et travaux. Freud, le premier, voit dans la religion une névrose obsessionnelle collective, une illusion d'origine sexuelle infantile liée au stade anal. A sa suite, W. Reich définit le mysticisme comme une nostalgie inconsciente de l'orgasme. Pour lui, "il n'existe pas chez l'individu normal de penchant à la continence... l'ascétisme est essentiellement d'origine sociale et non biologique" [141]. Kinsey, à son tour, établit une nette corrélation entre la fréquence des rapports sexuels et la conviction religieuse. Plus celle-ci est forte, plus l'attitude à l'égard du sexe est réservée. Dans le même sillage, "Masters et Johnson dans "Les mésententes sexuelles" ont fourni l'exemple type de la fonction répressive du conformisme religieux" [142], en dégageant le rôle étiologique du conformisme religieux dans les dysfonctionnements sexuels.

De son côté, Schelsky estime que la continence sexuelle permet une concentration des énergies impulsives sur des buts collectifs supérieurs (sublimation). Allant plus loin, Unwin affirme l'existence d'une corrélation entre la continence sexuelle et le degré d'évolution d'une société. Selon lui, "toute communauté humaine est libre de choisir entre l'épanouissement des énergies supérieures et le libre assouvissement des besoins sexuels. Réunir ces deux conceptions est impossible pendant plus d'une génération" [143]. Pourtant les exemples historiques de la société grecque ou arabo-islamique fournissent un excellent démenti à cette thèse, dont le soubassement chrétien est patent. Une autre preuve de la corrélation entre la sexualité et la religion se trouve dans une étude empirique de P. Wallin et A. Clark [144]. Ces deux chercheurs ont démontré que la religiosité des épouses américaines (de leur échantillon) vise à atténuer l'effet négatif et nocif de la frustration sexuelle sur la satisfaction conjugale. En d'autres termes, la piété féminine serait compensatoire, elle aiderait les femmes sexuellement insatisfaites à ressentir une satisfaction autre que sexuelle, d'ordre sublime et supérieur. Wallin et Clark n'ont pas enregistré cette réaction religieuse compensatoire chez les maris (frustrés).

Qu'en est-il de la corrélation sexualité-religion dans le cas de l'Islam ? L'Islam, en rejetant tout ascétisme sexuel ("pas de monachisme en Islam") s'interdirait-il toute sublimation civilisationnelle ? C'est ce que pense un auteur comme Chevrillon qui, en 1905, écrit : "Cette religion ne voit rien dans l'amour que la fonction et le plaisir physiques, et loin de retenir, contrôler, diriger, pousse l'homme aux satisfactions immédiates et simples. Ainsi reconnu, le primitif instinct se limite à lui-même. Nulle consigne d'honneur et de pudeur qui l'oblige, en lui faisant obstacle, à se transmuer en rêve, pensée, vouloir. Dès qu'il se manifeste, il s'assouvit. Spirituellement, il est stérile... Nous sommes là devant une religion dépourvue de ces vieux principes ascétiques qui forment encore, à notre insu, le fond de notre idéal et dirigent notre vie, malgré tout, vers autre chose que le plaisir, devant une morale qui, loin d'inciter l'homme à se dépasser soi-même, l'abandonne comme une chose à l'action des forces de l'inertie...Il est probable que l'activité, les forces d'espérance et de joie, le succès durable d'un peuple sont en raison directe de sa chasteté" [145]

Cependant, en incarnant pendant des siècles l'apogée de la civilisation humaine, la société islamique, pro-sexuelle, réfute toute tentative théorique de voir dans la religion une sublimation de l'énergie sexuelle, et dans le bonheur une valeur non civilisationnelle. Le soufisme islamique lui-même, si proche du mysticisme chrétien pourtant par quelques-uns de ses courants, ne fait pas de la continence sexuelle une épreuve initiatique ou un idéal à atteindre. Ghazali et Ibn Arabi, pour ne citer que ces deux soufis, ont vu dans l'orgasme charnel une illustration infime de l'union avec le Divin, et par là une étape nécessaire, recherchée, sur la voie de Dieu ? Certes, Al Bistami est différent. Celui-ci s'est posé, en tant que soufi, comme la femme totalement passive devant la Volonté de Dieu (Meddeb), mais il faut reconnaître qu'il n'a trouvé aucune difficulté à renoncer à l'activité sexuelle : il "souffrait" d'une impuissance primaire.

Cet aperçu sommaire et schématique sur la corrélation entre sexualité et religion rend inéluctable de s'interroger sur la sexualité des islamistes. J. F. Clément n'hésite pas à les considérer comme des "psychotiques socialisés qui reproduisent dans le domaine politico-religieux les modèles d'éducation autoritaire qu'ils auraient connu durant leur petite enfance" [146]. Fixés à un stade infantile de soumission à une loi extérieure et supérieure, ils s'auto-sécurisent dans une recherche obsessionnelle de conformité et de pureté. On le voit, cette perception de J-F Clément, inspirée de P-J Vatikiotis [147], investit la sexualité comme clé explicative du phénomène islamiste. Celui-ci ne saurait être totalement expliqué par des processus économiques et politiques, internes et internationaux. Quel rôle joue la sexualité, en tant que médiation subjective, dans l'adaptation de l'islamisme ? Sachant que l'islamisme est loin de prêcher l'abstinence, on doit s'interroger, sans mauvaise foi ou préjugé, sur sa corrélation avec une insatisfaction sexuelle d'origine habitationnelle ?

Pour calculer cette corrélation, nous avons choisi de confronter entre les réponses les plus défavorables (R.1) de l'échelle d'attitude sexualiste et les réponses les plus favorables (R.5) de l'échelle d'attitude islamiste. Les premières exprimeraient l'insatisfaction la plus grande, les secondes refléteraient l'islamisme le plus fort.

Les coefficients de corrélation obtenus sont les suivants :

—0,53 chez les hommes
—0,52 chez les femmes
—1 à Oued Zitoune

—0,32 à Aouinet Hajjaj
—0,99 chez les non-islamistes
—0,27 chez les islamistes.

Tous les coefficients enregistrés sont positifs, supérieurs à 0.

La variable sexuelle ne joue pas de rôle différenciateur entre les hommes et les femmes. La corrélation entre l'insatisfaction habitationnelle et l'islamisme (latent) est moyenne chez les deux sexes.

Par contre, la variable résidence semble être plus pertinente à ce niveau. Oued Zitoune et Aouinet Hajjaj, tout en étant deux quartiers habitationnellement insatisfaisants, ne produisent pas une corrélation identique entre l'insatisfaction sexuelle et l'islamisme. La corrélation est pratiquement à Oued Zitoune ($r = 1$); par contre à Aouinet Hajjaj, elle est plus faible (0,32).

Mais ce qui frappe le plus, c'est la faiblesse de la corrélation entre l'insatisfaction sexuelle et l'islamisme chez les islamistes eux-mêmes ($r = 0,27$).

Cette corrélation devrait être la plus élevée pour confirmer l'hypothèse de départ. La transformation de la stase sexuelle en islamisme semble de prime abord ne pas se vérifier. L'islamisme n'est pas une forme de mysticisme, de nostalgie inconsciente d'un orgasme problématique pour cause habitationnelle.

Cependant, si on évoque la non-représentativité du sous-groupe islamiste, on ne peut conclure de manière catégorique à la faiblesse de la corrélation entre l'insatisfaction sexuelle et l'islamisme. D'ailleurs, dans le groupe non-islamiste, à l'islamisme latent en fait, la corrélation est établie sans aucun doute par un coefficient égal à 0,99. Ce coefficient est plus crédible eu égard à la représentativité du groupe, et à sa note islamiste, quasiment moyenne (59,5 points).

L'islamisme est même un anti-mysticisme dans la mesure où il mène une lutte ouverte contre toute résignation politique, et contre toute forme d'abstinence sexuelle. Le retour à la polygamie est encouragé afin d'éviter le chômage sexuel de la femme et son improductivité démographique, le mariage entre les frères et sœurs est même organisé par des mouvements islamistes en vue de contourner les obstacles sociaux au mariage de la jeunesse, comme l'élévation de la dot par exemple. Le Hezbollah libanais, un des visages actifs de l'islamisme, pratiquerait le "mariage de la jouissance", dit mariage temporaire, afin de ne pas causer chez le militant une stase sexuelle pathogène. A ce propos, H. Taarji écrit : "prenant exemple sur le grand frère iranien, le hezbollah légitime à nouveau… le mariage temporaire… Le Hezbollah apporte de cette manière une réponse pour le moins étonnante au problème toujours occulté de la sexualité dans une communauté islamique où les jeunes, faute de moyens, se marient de plus en plus tard" [148]. Un militant du Hezbollah explique à H. Taarji : "les psychologues ont démontré que l'abstinence peut être préjudiciable à l'équilibre de l'individu. Or, la solution à ce problème existe : c'est jiouaz al moutaa. B. Russell a affirmé que si le monde avait suivi le mariage selon le chiisme, il n'y aurait pas de problème entre les sexes" [149].

Si le coefficient de corrélation entre l'attitude sexuelle négative / insatisfaction sexuelle et l'islamisme chez les islamistes est faible, il est par contre très élevé, véritablement significatif chez les non-islamistes. Il est de 0,99. Le résultat semble être paradoxal : l'islamisme paraît comme dissocié du rejet de la sexualité, par contre, le non-islamisme se présente comme un refus de la sexualité. Ce résultat paradoxal, inattendu, s'inscrit en droite ligne dans la sociologie wébérienne. L'éthique islamiste, à l'image de l'éthique protestante, ne saurait être expliquée selon une théorie matérialiste de la causalité. L'éthique islamiste ne saurait être déduite mécaniquement d'une infrastructure, habitationnelle ici, dont elle serait le reflet. Plus, l'éthique peut elle-même avoir un rôle actif, engendrer des perceptions et des comportements. Weber écrivait : "Est-il nécessaire de protester que notre dessein n'est nullement de substituer à une interprétation causale exclusivement matérialiste, une interprétation spiritualiste de la civilisation et de l'histoire qui ne serait pas moins unilatérale ? Toutes deux appartiennent au domaine du possible"[150]

Cependant, notre hypothèse, d'inspiration matérialiste indéniable, ne peut être rejetée. D'abord, il est possible d'invoquer encore une fois la faiblesse statistique, la non-représentativité du sous-groupe islamiste qui ne permet pas d'atteindre des résultats crédibles. Ensuite, la forte corrélation entre l'insatisfaction sexuelle et l'islamisme ($r = 0,99$) chez les non-islamistes est à prendre en considération, dans la mesure où les non-islamistes représentent un échantillon représentatif. Les résultats qui les touchent sont plus crédibles. En outre, ces non-islamistes manifestes sont, au fond, des islamistes latents. Leur note islamiste à partir de l'échelle investie est de 59,5 points. Un demi point à peine la sépare de la moyenne (60 points), c'est-à-dire de l'islamisme latent.

En conséquence, et dans l'attente d'étudier un échantillon islamiste représentatif, on peut conclure à l'existence d'une forte corrélation entre l'insatisfaction sexuelle, d'origine habitationnelle, et l'islamisme latent.

La corrélation sera systémique si l'éthique islamiste arrive à correspondre à une attitude habitationnelle négative. Au-delà d'une satisfaction de type idéologique, discursive et compensatoire, islamisme et insatisfaction habitationnelle s'engendrent mutuellement. Quelles sont les mesures de cette corrélation ?

Islamisme et Insatisfaction habitationnelle

Peut-on, face au logement, établir la distinction entre une attitude islamique de reconnaissance et de remerciement et une attitude islamiste de mécontentement et de refus ? Existe-t-il une forte corrélation entre l'islamisme et l'insatisfaction habitationnelle ?

Les résultats semblent aller dans le sens d'une confirmation : dans le groupe islamiste en effet, le coefficient de corrélation est égal à 1, alors qu'il n'est que de 0,63 chez les non-islamistes. L'islamisme est donc fortement corrélé à l'insatisfaction habitationnelle. On peut donc supposer soit que l'insatisfaction habitationnelle conduit à l'islamisme, soit que celui-ci produit lui-même une attitude négative vis-à-vis du logement. La causalité est bilatérale, ce qui confirme la position wébérienne dans l'étude des rapports entre la religion et l'infrastructure en général.

Cette corrélation se trouve également plus chez les hommes (r = 0,82) que chez les femmes (r = 0,68). L'islamisme masculin latent est plus fortement corrélé à l'insatisfaction habitationnelle. L'organisme moderne d'un espace ouvert à laquelle l'homme arabo-islamique se conforme de plus en plus ne lui permet pas d'exercer "la domination masculine".

La corrélation entre l'islamisme latent et l'insatisfaction habitationnelle se confirme également dans les quartiers les plus insatisfaisants : à Oued Zitoune (r = 0,75) et à Aouinet Hajjaj (r = 0,70).

CONCLUSION

Au niveau de l'échantillon global, le coefficient de corrélation entre :
— l'insatisfaction habitationnelle et l'insatisfaction sexuelle est égal à 0,62.
— l'insatisfaction sexuelle et l'islamisme (latent) est égal à 0,53.
— l'islamisme (latent) et l'insatisfaction habitationnelle est égal à 0,79.

La corrélation la plus forte est donc enregistrée entre l'insatisfaction habitationnelle et l'islamisme. La corrélation médiationnelle entre l'insatisfaction sexuelle et l'islamisme se révèle être la plus faible. Mais elle n'est pas faible au point d'être abandonnée.

SYNTHESE GENERALE

Cette étude a été fondée sur des questions gênantes et marginales, visant à mesurer les rapports entre le logement et la sexualité, entre la sexualité et l'islamisme, et entre le logement et l'islamisme. Les causalités réciproques reliant ces trois champs de la pratique sociale ont été au centre de notre interrogation.

Affronter des sujets séduisants et dangereux à la fois ne relève pas d'un aventurisme théorique, car la question inaugurale de cette recherche est imposée par le paradigme fondateur de la science sociale. Toute forme idéologique, comme l'islamisme, trouve son explication dans des forces motrices d'essence matérielle, telles que le logement et la sexualité. Logement, sexualité et religion sont des sujets de conflits latents ou manifestes pour les chercheurs eux-mêmes, ce sont des questions devant lesquelles chaque chercheur est situé, un peu à son insu. Oscillant entre la satisfaction et l'insatisfaction, ballotté entre la foi et la non-foi, entre l'observance sans adhésion ou l'adhésion sans observance, le chercheur se livre à tout un travail d'élaboration théorique qui a, en plus de l'avantage de produire du savoir, le mérite de servir d'écran aux tribulations du moi.

Dans ce sens, cette étude se pose comme une sociologie non-religieuse de la religion, et une analyse des facteurs extra-islamiques de l'islamisme. Elle a pu être une sociologie critique, intrépide, dans la mesure où elle s'est mise à décortiquer une vision religieuse. Pour cela, elle a pu être radicale. Mais en même temps, en dévoilant les soubassements sociaux de l'islamisme, latent du moins, elle confère une certaine rationalité, pour ne pas dire une légitimité, à l'islamisme, en tant que réaction normale à une situation anormale, en tant que réaction défensive au départ. Elle dégage la fonction contestatrice d'un ordre inique.

Mais la contribution centrale de cette recherche reste sa démonstration statistique de la latence de l'islamisme, c'est-à-dire de l'existence générale d'une prédisposition à l'islamisme. En conséquence, elle permet de distinguer différents types d'Islam, c'est-à-dire différents stades d'évolution de l'Islam. On évolue d'un type à l'autre en fonction de l'intérêt, individuel et collectif, et en fonction de la recherche de l'équilibre.

Parmi les résultats empiriques majeurs, censés être explicatifs du phénomène social de l'islamisme, il nous a été donné d'observer que le quart des logements ne disposent pas d'une chambre à coucher distincte et autonome, sexuellement fonctionnelle. Dans le sillage de ce résultat, nous avons pu construire une typologie des modes de coucher à Fès, qui fait état des différentes consommation nocturne de l'espace domestique. La distribution des cinq modes de coucher dégagés a permis d'enregistrer la prédominance relative du coucher territorial, celui qui repose sur la ségrégation sexuelle. La prédominance de ce mode doit être perçue comme une persistance et une résurgence à la fois : la division sexuelle nocturne de l'espace privé réfère aux traditions socio-religieuses et indique également une réaction (actuelle) de défense contre une mixité anxiogène.

La mesure de la satisfaction à l'égard du logement a, par ailleurs, permis de révéler que les femmes sont plus satisfaites que les hommes, que les logements et quartiers

modernes (dans leur acception positive) offrent plus de satisfaction à la population. Le score de satisfaction dans
l'ensemble de la ville est à peine moyen. Ce résultat doit at-
tirer l'attention des différents opérateurs en matière d'urbanisme et d'habitat sur la nécessité de ne plus s'arrêter au niveau de la problématique de la déficience du parc du logement. Certes, produire davantage de logements reste une
nécessité majeure et immédiate, les besoins actuels étant
évalués à 30 000 selon les estimations officielles de la
Direction Régionale de l'Habitat (Région du Centre-Nord),
mais cette nécessité ne doit pas occulter celle de construire
des logements satisfaisants, qui ne soient pas situés sous un
seuil minimal de dignité. Pour un ménage de 6 personnes
(la taille moyenne des ménages étant de 6,1 personnes en
1991 à Fès), un logement dont la superficie minimale est
de 90 m^2, composé de trois pièces, s'avère être un seuil critique, en dessous duquel il ne faut pas descendre. Cependant, les rumeurs qui nous parviennent du recensement national en cours (2–20 Septembre 1994) font état de l'existence, dans la médina de Fès, de ménages de plus de 30
personnes vivant dans une seule pièce.

La question du logement, en tant que question quantitative, ne doit pas se réduire à la question des besoins en
logement. La fonctionnalité du logement est à prendre en
compte, car les conditions de logement sont un élément de
l'équilibre sexuel et psycho-social de l'individu. Un résultat confirme cette hypothèse : le changement des positions
coïtales, quoique fortement rejeté dans le cadre de la
sexualité conjugale, varie en fonction de la dimension du
logement. Plus celui-ci est grand, plus le couple est favorable à la diversité.

L'étude de la sexualité, en rapport avec ses conditions
habitationnelles, a justement permis d'établir une corrélation positive entre les insatisfactions habitationnelle et

sexuelle, ou du moins, entre l'attitude défavorable au logement et l'attitude défavorable à la sexualité. C'est là un acquis fondamental, d'autant plus important qu'il se remarque davantage chez les islamistes.

L'élaboration du questionnaire sur la sexualité est centrée sur la relation entre la sexualité et le logement, d'une part, et entre la sexualité et l'islamisme d'autre part. En conséquence, l'échelle d'attitude sexualiste, ne pouvait dresser un "inventaire exhaustif" de la sexualité comme pratique et comme représentation. La sexualité est un champ immense, et chaque tentative d'approche scientifique part nécessairement d'une limitation dictée et imposée soit par les préoccupations théoriques du chercheur, soit par les préoccupations pratiques de la société. Les aspects religieux et habitationnel ont été représentés par les significations qui accompagnent et structurent notre propre approche du sexuel. La question de la satisfaction, par le biais de la notion d'attitude favorable, a été centrale dans cette approche. Le biais de l'orgasme, plus adéquat pour mesurer la satisfaction, nous a semblé plus difficile à employer compte tenu de l'état actuel de la société marocaine. La recherche sociale marocaine sur la sexualité ne peut encore affronter ni l'orgasme, ni ses modalités d'obtention, ni en général les comportements sexuels effectifs.

Au niveau de la forme, le questionnaire a été, pour la première fois dans la recherche sociale arabe, ou marocaine du moins, rédigé en arabe dialectal. C'est une tentative pour promouvoir le dialectal au niveau d'une interlocution scientifique sur la sexualité, pour déconstruire la corrélation sociale entre le dialectal et la vulgarité. Notre but a été de donner au marocain l'occasion d'exprimer sa sexualité en arabe dialectal, dans une des langues mères, sans tomber dans la grivoiserie et l'obscénité.

Parmi les conclusions principales de l'analyse de l'attitude sexualiste, une attitude défavorable à l'égard de la sexualité pré-conjugale s'est dessinée. Nous pensons que cette attitude n'est pas le principe directeur, ou le justificatif idéologique, d'une abstinence préconjugale effective. Il s'agit seulement d'une coupure entre l'attitude et la pratique, c'est-à-dire d'une sexualité préconjugale qui ne s'assume pas, qui ne se reconnaît pas encore comme un droit de l'individu. Tout rapport sexuel préconjugal est un peu comme volé, coupable par conséquent. Cela est encore plus vrai des perversions sexuelles. Homosexualité, sodomie et masturbation sont fortement condamnées et rejetées. Parmi la minorité favorable aux pratiques sexuelles illégales ou perverses, les islamistes n'ont pas manqué de nous étonner en étant favorables à la sexualité préconjugale, même féminine, et à la masturbation. La méconnaissance des textes par quelques islamistes est ici remarquable à moins qu'il ne s'agisse d'un islamisme de surface et d'apparat.

Mis à part l'effet de la surdensité du logement sur le refus du changement des positions coïtales, signalé plus haut et lié au quartier, celui-ci n'est pas encore la source d'une morale sexuelle particulière et spécifique. L'ensemble des quartiers de la ville de Fès participe des mêmes valeurs sexuelles. Bien entendu, cela ne préjuge pas des comportements sexuels, car la sociologie spontanée laisse croire en l'existence de différences multiples à ce sujet. Le quartier aurait plus une incidence sur le comportement sexuel que sur l'attitude, ce qui fait que le comportement n'arrive pas à s'accepter tel quel, à s'assumer dans une morale propre et distincte.

En plus de la non-spécificité, la morale sexuelle dominante n'est pas cohérente. L'attitude ambiguë et ambivalente à l'égard du comportement sexuel de l'épouse en est une parfaite illustration. Hommes et femmes sont à la fois favorables à l'obéissance et au consentement sexuels de la femme. Peu importe la contradiction, surtout si elle est inconsciente, et surtout si elle défend en même temps un intérêt social ou affectif, un privilège historique. Pour cette raison, la réponse "oui-non" mêlée doit être posée désormais comme une nouvelle catégorie de réponse, relative aux questions sexuelles en pays arabo-islamiques.

L'ambiguïté à l'égard de la sexualité féminine, indiquée également par l'hésitation à l'admettre comme fin en soi indépendante de la procréation, reflète la mutation du statut de la femme dans la société marocaine en général. Il y a désormais une tendance majeure à la reconnaissance de la femme en tant que sujet. A part la volonté de maintenir l'institution du wali, privilège formel en dernière analyse, on assiste au rejet de l'entretien et de la répudiation unilatéraux (par le mari), de la polygamie aussi. La plus grande partie de la population est consciente de la nécessité, pour le couple, de s'associer pour assurer ensemble l'entretien du ménage. La femme est de moins en moins perçue comme un être à entretenir, à répudier sans l'entendre, et à transformer en co-épouse. Mais cette mutation n'atteint pas encore le champ de la sexualité. La sexualité féminine n'est pas le lieu d'une grande satisfaction, elle n'est même pas l'objet d'une grande acceptation chez les femmes elles-mêmes. En conséquence, on observe plus d'ouverture sexuelle chez les hommes, voire de satisfaction sexuelle.

En continuité avec la satisfaction moyenne à l'égard du logement, l'attitude de l'ensemble de la ville à l'égard de la sexualité réalise également un score moyen, reflétant une attitude sexualiste à peine moyenne.

Il faut également signaler l'attitude défavorable des islamistes à l'égard de la sexualité. Cette attitude est corrélée avec d'autres attitudes islamistes, sans que la corrélation, tout en étant positive, soit significativement forte.

Parmi les attitudes islamistes que l'on retrouve même chez les non-islamistes, il faut noter cette définition du voile comme une obligation canonique, au même titre que la prière ou le jeûne. Mais, malgré l'importance accordée à l'apparence du musulman, qui se doit d'être islamique, le port du voile n'est pas suffisant pour définir l'identité de la musulmane véritable. En plus d'une foi sincère, d'autres pratiques, et d'autres observances sont nécessaires. Finalement, on peut estimer que la bataille du voile, en tant que manifestation de la guerre herméneutique, s'occulte à elle-même la véritable causalité du retour au voile. Indépendamment de son statut canonique, le voile est un mécanisme de défense dans l'espace domestique. Son observance permet d'éviter des situations gênantes entre les membres de la famille. A l'extérieur, dans l'espace public, la fonctionnalité du voile n'est pas moindre : le voile est la condition d'une mixité sans érotisme. Cette fonctionnalité démystifie le caractère idéologique de la "guerre" et montre que la bataille fondamentale doit avoir lieu contre le besoin social de la ségrégation sexuelle. Tant que la société n'atteint pas un stade de développement où la mixité est érigée en valeur sociale, le combat herméneutique contre le voile est illusoire, il ne s'attaque pas à la racine sociale du voile qu'est ce besoin de ségrégation sexuelle.

Mais le retour du mode territorial n'est pas un processus régressif linéaire, exempt de contradictions. En effet, la population est à la fois favorable au retour salarisé de la femme au foyer et à la mixité dans le travail. En fait, il ne s'agit de contradiction que dans la mesure où l'on adopte une logique extérieure, statique. Pour l'acteur social, la mixité dans le travail ou les études est une nécessité de développement à laquelle on doit être favorable, mais si le travail de la femme au foyer est salarisé, cela représente un état "supérieur", car il permet de concilier ségrégation et développement. La logique de la mixité n'est donc pas encore un acquis irréversible pour l'ensemble de la population. Le tête-à-tête administratif entre deux person-nes de sexe opposé est rejeté, de même que la mixité dans les autobus.

L'islamisme (manifeste) est davantage observé chez les hommes, même s'il représente, pour les femmes musulmanes, l'occasion de dénoncer l'a priori machiste dans l'interprétation des textes sacrés.

L'islamisme latent est plus observé dans les quartiers Douh, Aouinet Hajjaj et Lidou, c'est-à-dire dans des quartiers à forte densité. D'où la forte corrélation entre l'insatisfaction habitationnelle et l'islamisme.

En étant lié aux espaces sociaux défavorisés, l'islamisme pose, à sa manière, le problème du rapport entre la religion et le développement. Il est sécrété par l'Islam comme une idéologie réformatrice ou révolutionnaire, appelant à la nécessité d'un véritable progrès social, d'un partage réel et effectif des richesses. Cette interprétation de l'islamisme ne saurait être considérée comme une trahison par rapport à l'esprit de l'Islam, elle rejoint l'interprétation avertie, fille d'une sociologie islamique..

L'enquête a en revanche réduit la portée de l'hypothèse médiationnelle, dans la mesure où la corrélation entre l'insatisfaction sexuelle et l'islamisme s'est avérée la plus faible. L'islamisme, contrairement au mysticisme, est faiblement lié à l'abstinence sexuelle. Il est en conséquence possible de se passer de l'insatisfaction sexuelle comme d'une médiation nécessaire entre l'insatisfaction habitationnelle et l'islamisme. La question du logement, en tant qu'espace manquant ou structuré d'une manière traumatisante, représente ainsi l'une des véritables forces motrices, inconsciente, de l'islamisme. L'organisation moderne de l'espace ne permet plus à l'homme islamique de se définir par l'espace. L'espace échappe, de plus en plus, à l'Islam.

NOTES BIBLIOGRAPHIQUES

SEXUALITÉ DE L'ESPACE

1. Greimas, A. J : "Sémiotique de l'espace". Paris, Denoel/Gonthier, 1979. p. 13.
2. Clément, J-F : Lettre inédite de 1968, citée par F, Choay dans "Sémiologie et urbanisme".
3. Godelier, M : "Le sexe comme fondement ultime de l'ordre social et cosmique chez les Baruya de Nouvelle-Guinée. Mythe et réalité". in Verdiglione, A : "Sexualité et pouvoir". Payot, 1976. pp. 268 – 306.
4. "Le village est lui-même divisé en trois sous espaces, dont deux sont réservés à un seul sexe à l'exclusion totale de l'autre. Dominant le village, là où les maisons des hommes... sont une construction vaste, solide, confortable... Les femmes se retrouvent en bas du village, dans une zone inculte d'épais taillis et fourrés où elles vivent dans des abris de branches et de feuilles qu'elles brûlent après usage. Entre ces deux espaces se trouve un espace bi-sexuel, celui des cases où vivent les familles". Ibid.
5. Lévi-Strauss, C : "Anthropologie structurale". Paris, Plon, 1966. p. 15.
6. Kopp, A : "Ville et révolution". Paris, Anthropos, 1967.
7. Mitscherlich, A : "Psychanalyse et urbanisme". Paris, Gallimard, 1970.
8. Gouriou, C et Van de Merte, F : "Le symbolisme des rues et des cités". Paris, Berg International, 1975.
9. A ce sujet, F, Choay parle, dans "L'urbanisme, utopies et réalités" (Seuil, 1965), de "la perception urbaine", et appelle à une analyse struc turelle de la manière dont la ville, "en tant qu'entité matérielle, est perçue par les consciences qui l'habitent". p. 71.
10. Dialmy, A : "Qu'est-ce que la modernité sexuelle". Conférence à la Faculté des Langues, Marrakech, Mars 1990.
11. Dialmy, A : "Fès perverse polymorphe". Communication au colloque "La ville maghrébine", Faculté des Lettres et des Sciences Humaines, Fès, 1990.

12. G. Balandier : "Anthropologiques". Paris, PUF, 1974. p. 15.

13. Merleau-Ponty, M : "Phénoménologie de la perception". Paris, Gallimard, 1945. p. 179.

14. Bourdieu, P : "Le sens pratique". Paris, Editions de Minuit, 1980. p. 28.

15. A ce propos une blague de Joha est significative : "Joha, ayant l'intention de vendre sa maison, amène un acheteur pour la lui faire visiter. Il demande à l'acheteur d'attendre un moment. Joha pénétre seul dans sa maison, referme la porte derrière lui, et se déshabille complètement. Puis, il se rhabille, sort et demande à l'acheteur s'il a vu quelque chose. Bien entendu, ce dernier n'a rien vu. Joha décide alors de ne pas vendre sa maison". Car celle-ci protège son intimité, son identité.

16. Bourdieu, P : "Le sens pratique". op. cit. p. 29.

17. D'où la nécessité d'élaborer le tableau des oppositions binaires de l'idéal-type de la société matriarcale.

18. Therrien, M : "Le corps inuit (Québec arctique)". Paris, Selaf / Pub, 1987. p. 98.

19. Zaidane, G : "Histoire de l'urbanisation islamique". Beyrouth, Librairie Al Hayat, 1966. p. 49. En arabe, traduction personnelle.

20. Anonyme, rapporté et traduit par J. Berque dans "Maghreb, histoire et sociétés". Alger, Sned / Duculot, 1974. p. 37.

21. L'expression est de A. Kopp dans "Ville et révolution". Paris, Anthropos, 1967.

22. Pour cela, on ne peut dire avec G. Tillion que le mariage endogamique est une réaction tribale à l'institution de l'héritage féminin par l'Islam. C'est une forme d'échange matrimonial caractéristique de la plupart des tribus arabes et berbères bien avant l'apparition de l'Islam.

23. G. Tillion : "Le harem et les cousins". Paris, Seuil, 1966.

24. A Fès, et jusqu'en 1870, le quartier Makhfia était habité par cinq familles et leurs clients. Par ailleurs, quelques derbs portent le nom de certaines familles comme derb idriddiyine et derb Bensouda dans le quartier El Ouyoune, derb Sqalli dans le quartier Sidi el Awwad et derb Agoumi dans le quartier Souiqet ben Safi.
Voir à ce propos :
— E. Michaux-Bellaire : "Description de la ville de Fès". Archives Marocaines XI (1907). pp. 252 – 330.
— R. Letourneau : "Fès avant le protectorat". Casablanca, SMLE, 1949.

25. C. Lévi-Strauss : "La pensée sauvage". Paris, Plon, 1966, p. 86.

26. T. El Wali : "La ville en Islam" dans "Al fikr al arabi" n° 29, 10 – 11 / 1982.

27. Tabari : "Histoire des nations et des rois". Le Caire, 1939. T. 3. pp. 165 – 66. Cité par El Wali dans son article. op. cit.

28. T. El Wali : "La ville en Islam". op. cit. pp. 121 – 22.

29. Voir à ce propos Fethi ben Salama :
    , — "L'énigme du concept de sexe dans la langue arabe". in Peuples Méditerranéens, n° 3, 1985.
    — "Le sexe absolu" in Mawaqif, n°64, 1991. En arabe.

30. Averroès : "Traité décisif (Façl al Maqal)". Alger, Edition Léon Gauthier, 1948. p. 9.

31. J-P Sartre : "L'être et le néant". Paris, Gallimard, 1943. p. 706.

32. Nous empruntons le concept de colonisabilité, tant discuté, à Malek Bennabi dans "Vocation de l'Islam".

33. M. Boughali : "La représentation de l'espace chez le marocain illettré". Casablanca, Afrique-Orient, 1988.

34. En médina, le système des communications comprend trois réseaux : le réseau primaire constitué des voies principales qui relient les portes à l'aire centrale, le réseau secondaire qui est un itinéraire de dédoublement et qui comprend les voies d'accès aux habitations, et le réseau tertiaire que constitue justement le derb-quartier, avec ses ruelles et impasses en circuit fermé. Voir à ce propos, et à titre d'illustration le "Schéma directeur et d'urbanisme de la ville de Fès". op. cit.

35. Un quatrain de A. Mejdoub, le poète marocain soufi du 16è, est très pertinent à ce propos :
    La conversation de femmes tient compagnie
    Et apprend à être intelligent
    Du vent, elles confectionnent un piège
    et te rasent sans eau
    Ce quatrain est rapporté par J. Scelles-Millie et B. Khelifa dans "Les quatrains de Mejdoub le sarcastique". Paris, Maisonneuve-Larose, 1966. p. 161. La traduction des deux auteurs ne nous ayant pas satisfait, nous avons tenté la nôtre.

36. M. Boughali : "La représentation de l'espace...". op. cit. p. 105.

37. K. Abraham : "Psychanalyse et culture". Payot, 1969. p. 19.

38. "Les femmes ont moins de raison et de religion". Hadith.

39. M. Boughali : "La représentation de l'espace...". op. cit. p. 137.

40. A. Adam : "L'occidentalisation de l'habitat dans les villes marocaines", in "Les influences occidentales dans les villes maghrébines à l'époque contemporaine". Paris, CNRS-CRESM.

41. J. Pezeu-Massabuau : "La maison, espace social". op. cit.

42. Parmi les dires, citons les hadiths suivants, éparpillés dans le "Madkhal" d'Ibn al Hadj :
    — "Est maudit celui qui prend une femme par derrière".
    — "Dieu n'a pas honte de la vérité : ne prenez pas les femmes par derrière, est maudit celui qui prend les femmes ailleurs que dans la sortie des enfants".
    — "La sodomisation des femmes est illicite (haram)".

— "Celui qui prend une femme par derrière ne croit pas à ce qui a été révélé à Mohammed"

— "Celui qui prend une femme par derrière, Dieu ne le regarde pas le jour du jugement dernier"

— "(La sodomie de l'épouse), cette homosexualité mineure".

Les fokaha prohibent la sodomie de l'épouse selon trois preuves du raisonnement logique : 1) les selles sont plus nocives que les menstrues, 2) la sodomie ne procure pas de plaisir à la femme, 3) la femme souffre physiquement et psychiquement d'être sodomisée.

43.　　Traki Zannad : "Symboliques corporelles et espaces musulmans". Tunis, Cérès, 1984. p. 86.

44.　　P. Bourdieu : "Le sens pratique". op. cit. p. 447.

45.　　F. Bichr : "Essai sur l'esprit de la décoration islamique". Le Caire, 1952. p. 38.

46.　　G. Marçais : article "dar" dans Encyclopédie de l'Islam. T. 2, p. 116.

47.　　La distinction entre cellule linéaire et cellule circulaire est établie, à notre connaissance, par R. Berardi qui l'utilise dans son article "Espace et ville en pays d'Islam", dans "L'espace social de la ville arabe", sous la direction de D. Chevalier. Paris, Maisonneuve-Larose, 1979.

48.　　J. Berque : "Médinas, villeneuves et bidonvilles" dans, "Maghreb : histoire et sociétés". op. cit. p. 127.

49.　　Ibid. p. 138.

50.　　G. Tillion : "Le harem et les cousins". op. cit. p. 140.

51.　　Voir à ce propos notre analyse du mot "sour" (muraille) dans notre livre "Féminisme soufi". Casablanca, Afrique-Orient, 1991.

52.　　M. Cuypers : "Tawhid et structures spatiales dans la culture islamique" dans "Le messager de l'Islam", Téhéran, Fondation de la pensée islamique, n° 113, Avril 1994. p. 38.

53.　　Muslim : "Le Sahih. Le livre des désordres". T. 16. p. 67.

54.　　A ce propos, selon une anecdote rapportée par Maqqari dans "Nafh attib", à la question posée par l'émir pour évaluer la hauteur du minaret de la Geralda avant sa construction, un des architectes, sprituel, répond que cette évaluation est difficle, elle ne peut être faite qu'après érection, tellement le minaret ressemble à un phallus. Dans le même sens, une blague dit que les minarets sont d'abord construits en miniature, et qu'ils sont ensuite masturbés pour atteindre de si grandes tailles.

55.　　Voir à ce propos notre livre "Féminisme soufi". op. cit.

56.　　J. Berque : "Médinas, villeneuves et bidonvilles". op. cit. p. 128.

57.　　Le capitaine de La Tour du Pin décrit Constantine, avant sa conquête par l'armée française, dans les termes suivants : "Après l'escalade, la troupe découvre quelque chose de plus terrible, de plus sinistre que la présence de l'ennemi, une énigme dévorante, toute prête à dévorer quiconque ne la devinerait pas. Ce sont des constructions incompréhensibles, des en foncements qui promettent des passages et qui n'aboutissent pas, des ap parences d'entrée qui n'amènent à aucune issue, des rentrats et des saillants embrouillés à plaisir, des semblants de maisons dont on ne sait prendre la vue ou la face". Cette description est citée par E. Mercier dans "Constantine avant la conquête française". Constantine, Braham, 1937. p. 40.

58.   F. Choay : "Le sens de la ville". Paris, Seuil, 1969.

PROBLÉMATIQUE DE LA RECHERCHE

1.   DIALMY, A : "Espaces de la sexualité, sexualités de l'espace" dans "Le Maroc : Espace et société". Université de Passau, Passau (RFA), 1990. pp. 255 – 264.

2.   REICH, W : "La psychologie de masse du fascisme". Paris, Payot, 1972. p. 153.

3.   KINTZELE, J : "Drague et coquetterie. Approche simmelienne". dans Sociétés, n° 11, Novembre 1986. p. 23.

4.   PASCON, P et BENTAHAR, M : "Ce que disent 296 jeunes ruraux". BESM, Juin 1969, n ° 112 – 113. p. 63.

5.   BESSIS, S, BELHASSAN, S : "Femmes du Maghreb : l'enjeu". Casablanca, EDIFF, 1992. p. 273

6.   BEJIN, A et POLLAK, M : "La rationalisation de la sexualité". Cahiers Internationaux de Sociologie. Paris, Vol. LXII, 1977. pp. 104 – 125.

7.   REICH, W : "La fonction de l'orgasme". Paris, L'Arche, 1970. p. 85.

8.   CHOMBARD de LAUWE, M-J : "Dégradation du logement et ses conséquences" dans "Famille et habitation". Paris, CNRS, 1959. Tome I, p. 118.

9.   PEZEU-MASSABUAU, J : "La maison, espace social". Paris, PUF, 1983.

10.   Al Ittihad al Ichtiraki : "Citoyens qui habitent des tombes". n° du 14 Janvier 1988.

11.   Ibid.

12.   Ibid.

13.   PEZEU-MASSABUAU, J : "La maison, espace social". op. cit. p. 81.

14.   BENTAHAR, M : "Villes et campagnes au Maroc". Rabat, Editell, 1987. p. 137.

15.   Voir à ce propos les fatawi d'Ibn Ardun dans DIALMY, A : "Connaissance et sexualité". Casablanca, Ouyoune al Maqalat, 1987. pp. 137 – 8. En arabe.

16.   RAINWATER dans REICHE, H : "Sexualité et lutte des classes". Paris,

Maspero, 1974. p. 55.

17. SEKLANI, M : "La fécondité dans les pays arabes", dans Population, 1960. p. 835.

18. VERDIGLIONE, A : "A propos de sexualité et politique" dans "La sexualité dans les institutions". Paris, Payot, 1976. p. 177.

19. LIAUZU, C : "Etat, ville et mouvements sociaux au Maghreb et au Moyen-Orient". dans "Maghreb-Machreq", n° 115, Jan-Fév. 1987.

20. REUBEN HILL : "Développement contemporain de la théorie de la fa mille", dans MICHEL, A : "Sociologie de la famille", Paris. Mouton, 1970.

21. Poème de mille vers datant du XVIe. Le titre complet en est : "Le poème millier sunnite dans l'avertissement de l'élite et de la populace à propos de ce qu'elles ont changé dans la religion musulmane".
Manuscrit à la Bibliothèque Royale, Rabat.

22. Anonyme : "tabcirat arrais al amine", cité par HIJJI, M : "L'activité in tellectuelle dans le Maroc à l'époque des Saadiens". p. 238.

23. Manuscrit à la Bibliothèque Générale de Rabat.

24. BESSIS, S et BELHASSAN. op. cit. p. 170.

25. Al KATTANI : "La femme et l'Islam". Al Mithaq, 9 Mai 1978.

26. LAMRANI, A : "La femme entre la naissance de l'Islam et son présent". dans Daouat al Haqq, n° 7, Janvier 1973. p. 62.

27. BESSIS et BELHASSAN. op. cit. p. 230.

28. ABBASSI MADANI dans le Journal "Le Monde" du 8 Avril 1989.

29. BESSIS et BELHASSAN : "Femmes du Maghreb". op. cit. p. 129.

30. Entretien accordé au quotidien marocain "Al Ittihad al Ichtiraki" du 15 Janvier 1992.

31. TILLION, G : "Le harem et les cousins". Paris, Seuil, 1966. p. 190.

32. CLEMENT, J-F : "Les théoriciens des sciences sociales face aux mouvements islamistes". Actes du colloque de l' A. I. S. L. F. Inédit, sans date.

33. REICH, W : "La psychologie de masse du fascisme". op. cit. p. 156.

34. BESSIS, S : "L'islam entre l'homme et la femme". Dossier, Jeune Afrique, n° 95, 25 – 4 – 1979. p. 5.

35. DIALMY, A : "Femme et sexualité au Maroc". Casablanca, Editions Maghrébines, 1985.

36. LE BRAS, G : "Etudes de sociologie religieuse". Paris, Payot, 1953.

PREMIÈRE PARTIE : L'ENQUÊTE

37. Toutes les données statistiques sans référence précise sont tirées du "Recensement Général de la Population et de l'Habitat" de 1982, au

Maroc. Ministère du Plan, Direction de la Statistique, Rabat.

38. Voir Schéma Directeur d'Urbanisme de la ville de Fès (SDUF). Paris, MHAT – UNESCO, 1980, Vol I – II.

39. SDUF. op. cit. Vol III. p. 36.

40. Voir cette distinction en détail dans "Atlas de Fès", Toulouse, Presses Universitaires du Mirail, 1990.

41. "Famille à Fès". Ministère du Plan, Direction de la Statistique, CERED, Rabat, 1991.

42. Ibid.

43. Ibid.

44. "Démographie Régionale. Aspects socio-démographiques de la province de Fès". Ministère du Plan, CERED, 1989. p. 23.

45. Ibid. p. 76.

46. Ibid. p. 76.

47. La taille moyenne de la famille à Fès en 1982 est de 4,85 personnes selon le RGPH de 1982, et de 5,39 personnes selon l'enquête de 1990. RGPH et enquête donnent donc deux estimations différentes, et sont pourtant deux actes scientifiques de la même Direction Statistique.

48. Démographie Régionale. op. cit. p. 78.

49. Les données 1, 2 et 3 sont tirées de "Démographie Régionale". op. cit.

50. Les donnnées 4, 5 et 6 sont extraites du SDUF. op. cit.

51. DEVEREUX, G : "De l'angoisse à la méthode dans les siences du com portement". Paris, Flammarion, 1980.

52. LAGRANGE, H : "Le nombre des partenaires sexuels : les hommes en ont-ils plus que les femmes ?" dans "Population", Mars – Avril 1991, n° 2, p. 263.

Deuxième Partie : Du mode fonctionnel

53. AMEUR, M : "La production des logements clandestins à Fès", dans P. R, BADUEL : "Habitat, Etat et société au Maghreb". Paris, CNRS, 1988.

54. ESCALLIER, R : "Les classes supérieures et moyennes représentent environ le cinquième de la population urbaine totale ; les groupes transitionnels quelque 15 % et les froupes démunis dépassent les 62 % ; ces deux tiers comprenant des niveaux très divers de sous et de non-intégration", dans "Espace urbain et classes sociales".

55. ABOUHANI, A : "Réseaux notabiliaires et promotion foncière clandestine" dans P. R BADUEL, op. cit. p. 183.

56. BENTAHAR, M : "Villes et campagnes au Maroc". Rabat, Editell, 1987, p. 140.

57. CLEMENT, J. F : "Problèmes d'islamisme" dans "ESPRIT", Octobre 1980.

58. NAVEZ-BOUCHANINE, F : "Modèles d'habiter" dans P. R, BADUEL. op. cit.

59. NAVEZ-BOUCHANINE, F : "Appropriation de l'espace" dans "Espaces urbains, espaces vécus", Signes du Présent, n° 3 , 1988.

60. BOUGHALI, M : "La représentation de l'espace chez le Marocain illettré". Casablanca, Afrique-Orient, 1988, p. 60.

61. NAAMANE-GUESSOUS, S : "Au-delà de toute pudeur". Casablanca, Eddif, 1987, p. 242.

62. Ibid. p. 249.

63. NAVEZ-BOUCHANINE, F : "Appropriation de l'espace". op. cit. p. 291

64. MASSABUAU-PEZEU, J : "La maison, espace social". Paris, La Découverte, 1983, p. 81.

65. EVOLA, J : "Métaphysique du sexe". Paris, Payot, 1976.

66. SPIRA. A, BAJOS. N et autres : "Les comportements sexuels en France". Paris, La Documentation Française, 1993. p. 7.

67. NAVEZ-BOUCHANINE, F : "Pratique et perception de l'environnement urbain". Rabat, BESM, n° 141 – 142, p. 82.

68. Ibid. p. 82.

TROISIÈME PARTIE : DE LA SEXUALITÉ

69. FRESON, cité par DAVAL, R : "Traité de psychologie sociale". Paris, PUF, 1967. p. 192.

70. DAVAL, R : ibid. p. 192.

71. MAISONNEUVE, J : "Introduction à la psychosociologie". Paris, PUF, 1975. p. 104.

72. STOETZEL, J : "Les attitudes". in Sondages, 1963, n° 2.

73. Ibn AYYAS al HANAFI : "Badai azzouhour fi waqai al ouçour". Tunis, Imprimerie Al Manar. p. 38.

74. CHARNAY, J – P : "Sociologie religieuse de l'Islam". Paris, Payot. p. 261.

75. SPIRA, A et BAJOS, N : "Les comportements sexuels en France". op. cit. pp. 32-33.

76. REICH, W : "La fonction de l'orgasme". Paris, L'Arche, 1970. p. 14. Dans le même sens, il écrit dans "La révolution sexuelle" : "La satisfaction génitale, facteur d'économie sexuelle décisif dans la prévention des névroses et l'instauration de l'aptitude à l'activité sociale, est en contradiction, à tous égards, avec les lois actuelles et avec toute

religion patriarcale". Paris, Plon, 1968. p. 67.

77. LEVEAU, R : "Islam et contrôle politique au Maroc", dans "Islam et politique au Maghreb". Paris, CNRS-CRESM, 1981. p. 280.

78. DIALMY, A :"Le sexe comme obstacle épistémologique", dans "La question sociologique". Casablanca, Afrique-Orient, 1989.

79. REICHE, H : "Sexualité et lutte des classes". Paris, Maspero, 1974.

80. DIALMY, A :"La femme et la sexualité au Maroc". Casablanca, Editions Maghrébines, 1985. p. 166.

81. Les pourcentages de l'année 1975 – 76 sont pris dans notre livre "Sexualité et discours au Maroc". op. cit. p. 53.

82. LOBROT, M : "La libération sexuelle". Paris, Payot, 1975. p. 32.

83. DIALMY, A : "La femme et la sexualité au Maroc". op. cit. p. 134.

84. REICHE, H : "Sexualité et lutte des classes". op. cit. pp. 55 – 56.

85. LOBROT, M : "La libération sexuelle". op. cit, p. 141.

86. Cité par Mehdi El Ouazzani dans "Mi'yar al jadid". Voir DIALMY, A : "Connaissance et sexualité". Casablanca, Ouyoune Maqalat, 1987. p. 71.

87. BUKHARI : "As Sahih. Le livre du mariage". Leyde, Edition Brill, traduction de Houdas, vol III. p. 546.

88. Al MUNAJJID, S : "La vie sexuelle chez les Arabes". Beyrouth, 1958.

89. DUNKELL, S : "Technique de l'amour heureux". Paris, Belfond, 1980. p. 91

90. Ibid. p. 98.

91. Al Mawla Ahmed Ibn Souleyman : "Le retour du vieillard à sa jeunesse, à propos de la puissance au coït". Edition Pirate. Traduction française : "Le livre de la volupté pour que le vieillard recouvre sa jeunesse". Paris, Le Sycomore, 1979.

92. Ibn ARDOUN, A , cité dans notre livre "Connaissance et sexualité". op. cit. p. 138.

93. DIALMY, A : "La femme et la sexualité au Maroc". op. cit, p. 142.

94. Ibid. p. 141.

95. NAAMANE-GUESSOUS, S : "Au-delà de toute pudeur". op. cit. pp. 238 – 39.

96. Ibn ARDOUN, A, cité dans notre livre "Connaissance et sexualité". op. cit, p. 120.

97. ALOUSSI, Z : "Ghaliat al mmawa-idh". Le Caire, 1911. pp. 5 – 6. Traduction de Boudiba, A.

98. BOUHDIBA, A : "La sexualité en Islam". Paris, PUF, 1979, p. 43.

99. BADINTER, E : "XY de l'identité masculine". Paris, Editions Odile Jacob, 1992.

QUATRIÈME PARTIE : DU MODE TERRITORIAL

100. CHARNAY, J-P : "Sociologie religieuse de l'Islam". Paris, Sindbad, 1977.

101. DIALMY, A : "Femmes et discours au Maroc". Thèse de doctorat d'Etat, Amiens, 1987, T. III.

102. BARON, A-M : "Mariages et divorces à Casablanca". Hespéris, 3 – 4 trimestre, 1953.

103. DIALMY, A : "Femmes et discours au Maroc". op. cit. T. III.

104. BERQUE, J : "Essai sur la méthode juridique maghrébine". Rabat, 1944, p. 219.

105. Dès 1938, à l'occasion de la lecture en conférence d'un traité intitulé "La femme dans le droit musulman"(Casablanca, Dar el Kitab, 1967) au club franco-marocain de Casablanca, Mohamed Mehdi el Hajoui rouvre les portes de l'Ijtihad à propos du wali. Il écrit : "Il me semble que l'attachement à la théorie du wali qui caractérise l'école malikite tient à des circonstances propres au lieu où naquit cette école. Malik a fondé son école dans la ville du Prophète, Médine. Il a basé sa doctrine sur les coutumes de cette ville et sur les traditions qui y étaient exercées. La théorie du wali, poussée à l'excès par cette école, s'explique donc par la réserve et la pudeur bien connues des Médinoises que par l'existence d'un hadith dont la transmission aurait été interrompue". p. 11

106. BARON, A-M et PIROT, H : "La famille prolétarienne". Cahier des faits et idées. Rabat, n°1, 1955.

107. FARGUES, P : "La baisse de la fécondité arabe". Population, 1988, n° 6.

108. DIALMY, A : "Connaissance et sexualité". op. cit. pp. 79 – 81.

109. BELHASSAN, S et BESSIS, S : "Femmes du Maghreb : l'enjeu". Paris, Lattès, 1992. p. 236.

110. El Fassi, A : "L'auto-critique". Rabat, 1979, 4ᵉ édition. p. 272.

111. Ibid. p. 272.

112. Ibid. p. 274.

113. BALAFREJ, S : "Le voile : source de mystère et de poésie… ou symbole de servitude". Al Istiqlal, 10 Août 1956.

114. Le général Massu a mené en Algérie une campagne contre le voile le 13 Mars 1958 pour obliger les femmes à se dévoiler. Voir DAYAN-HERZ BRUN, S : "Les femmes : enjeu politique". Mawaqif, n° 64. p. 49.

115. ABDERRAZZAQ, MR : "La condition de la femme au Maroc". Thèse de Doctorat, Faculté de Droit, Rabat, 1981. p. 53.

116. DIALMY, A : "L'intellectuel marocain : de la révolution à l'intégration". Communication au colloque "Culture et changements sociaux". Faculté des Lettres et des Sciences Humaines, Casablanca-Benmsik, 24 – 26 Mars 1988. Publié dans "Libération" du 11 Octobre 1991.

117. SCHELSKY, H : "Sociologie de la sexualité". Paris, Gallimard / Idées, 1966.

118. FOOTE, N : "Sex as play". Social Problems, I, 1954. Cité par Shelsky.

119. Voir à ce propos notre thèse de doctorat d'Etat "Femmes et discours au Maroc". op. cit. T. I.

120. Voir à ce sujet :
    — BELGHITI, M : "Indicateurs socio-économiques de la participation des femmes au développement du monde arabe". Paris, UNESCO, 1980.
    — DEGROCTE, J : "Le travail ménager et le revenu national". Paris, Les cahiers du GRIF, n°2, Février 1974.
    — KANOUNI, F : "Approche du travail féminin : travail domestique et travail salarié". Mémoire de DES en Sciences Economiques. Rabat, 1983.

121. BENNANI, F : "La contribution de la femme à la reproduction de la force de travail". Communication en arabe présentée au colloque "La condition de la femme et les différentes discriminations à son égard". FES, Faculté des Sciences juridiques, économiques et sociales, 12 – 14 Mars 1987.

122. LABICA, G : "Derrière le droit au travail". Dans "La condition féminine", CERM, Editions sociales, 1978. p. 124.

123. ADAM, A : "Casablanca". Paris, CNRS, 1968. p. 752.

124. BELHASSAN, S : "Enquête sur la femme islamiste" dans "Le Maghreb musulman en 1979". Paris, CRESM-CNRS, 1980.

125. TAARJI, H : "Les voilées de l'Islam". Casablanca, Eddif, 1991. p. 22.

126. HERZBRUN, S : "Les femmes : enjeu politique". op. cit.

127. BOUHDIBA, A : "La sexualité en Islam". op. cit. p. 24
    Cinquième Partie : Echelles d'attitude et corrélations

128. CHOAY, F : "L'urbanisme, utopies et réalités". Paris, Seuil, 1965.

129. BARDIN, L : "Les mécanismes idéologiques de la publicité". Paris, Delarge, Editions Universitaires, 1975. p. 189.

130. RAPAPORT, A : "Anthropologie de l'habitat". Paris, Dunod, 1972.

131. CHIGLIONE, R et MATALON, B : "Les enquêtes sociologiques". Paris, Armand Colin, 1978. p. 229.

132. BAUDRILLARD, J : "De la séduction". Paris, Denoel, 1979. pp. 16 – 19.

133. SUTTER, J : "La vie religieuse des Français à travers les sondages d'opinion (1944 – 1976)". Paris, CNRS, 1984.

134. Citée par Belhassan et Bessis dans "Femmes du Maghreb : l'enjeu". op. cit.

135. DIALMY, A : "Féminisme et islamisme : mouvements sociaux ?". Communication au colloque "Femmes et discours. De l'enracinement à la mouvance". Université My Ismael, TANIT, Meknès. Février 1994.

136. MEDDEB, A : "Al Bistami". Paris, Fayard, 1989.

137. L'expression est empruntée à KINSEY, dans "Le comportement sexuel de la femme". Paris

138. PALMADE. J, LUGASSY. F, Couchard. F : "La dialectique du logement et de son environnement". Paris, Publications du Ministère de l'Equipement et du Logement, 1970.

139. TAARJI. H, : "Les voilées de l'Islam". op. cit. p. 40.

140. BENTAHAR. M : "Villes et campagnes au Maroc". op. cit. p. 141.

141. Cité par SIMON, P et autres dans "Rapport sur le comportement sexuel des Français". Paris, Edition Julliard / Charron, 1972. p. 37.

142. Ibid. p. 38.

143. UNWIN, J-D : "Sex and culture", Londres, 1934, cité par Schelsky : "Sociologie de la sexualité". op. cit.

144. WALLIN, P et CLARK, A : "Religiosity, sexual gratification and marital satisfaction in middle years of marriage". in "Social force, 42, 1971, 303.

145. CHEVRILLON, A : "Un crépuscule d'Islam : Fès en 1905". Paris, Hachette, 1905. p. 171.

146. CLEMENT, J-F : Les théoriciens des sciences sociales face aux mouvements islamistes". Colloque de l'AISLF. Document inédit.

147. VATIKIOTIS, P-J : "Autoritarisme et autocratie au Moyen-Orient". in "Le Débat", Juillet-Août 1981, n° 14, pp. 39 – 53.

148. TAARJI, H : "Les voilées de l'Islam". op. cit. p. 189.

149. Ibid. p. 190.

150. WEBER, M : "L'éthique protestante et l'esprit du capitalisme". Paris Gallimard, 1964. pp. 248 – 49.

BIBLIOGRAPHIE SOMMAIRE

Espace / Ville / Logement

- ALEXANDER et CHERMAHEFF : "Intimité et vie communautaire". Paris, Dunod, 1972.

- BAQUET, R : "Les problèmes psychologiques et sociaux dans les médinas de Casablanca". Rabat, BESM, 1972.

- EKAMBI-SCHMIDT, J : "Perception de l'habitat". Paris, Editions Universitaires, 1972.

- GOURIOU, C et VAN de MERTE : "Le symbolisme des rues et des cités". Paris, Berg International, 1975.

- MITSCERLICH, A : "Psychanalyse et urbanisme". Paris, Gallimard, 1970.

- MOLES, A et RHOMER, E : "Psychologie de l'espace". Paris, Castermann, 1972.

- PALMADE, J : "Le problème du logement : approche psychosociologique" in G.Palmade "L'économique et les sciences humaines".Paris, Dunod, 1968.T.2.

- PALMADE, J. LUGASSY, F. COUCHARD, F : "La dialectique du logement et de son environnement". Paris, Publications du Ministère de l'Equipement et du Logement, 1970.

- PETONNET, "Espace, distance et dimension dans une société musulmane", in L'Homme, 3, Vol XII, 1972.

- RAPAPORT, A : "Anthropologie de l'habitat". Paris, Dunod, 1972.

- RAYMOND, H : "Analyse de contenu et entretien non-directif : application au symboloisme de l'habitat" in Revue Française de Sociologie, Paris, n° spécial urbanisme, 1968.

— ROLAND, JL : "De quelques incidences psychologiques des phénomènes de surpopulation". Rabat, Maroc Médical 36, 1957.

— SANSOT, P : "Poétique de la ville". Paris, Klincksieck, 1971.

SEXUALITE

— ALLENDRY, R : "Capitalisme et sexualité". Paris. Denoel. 1932.

— BEJIN, A : "Le nouveau tempérament sexuel", Paris, Kimé, 1990.

— BOULLET, M : "Symbolisme sexuel", Paris, J-J Pauvert, 1961.

— BOZON, M : "La nouvelle place de la sexualité dans la constitution du couple".in "Sciences sociales et santé" IX (4), 1991.

— BREHM, S : "Les relations intimes" in "Psychologie sociale" de Moscovisci. S, PUF, 1984.

— DAYAN-HERZBRUN, S : "La sexualité au regard des sciences sociales" in "Sciences sociales et Santé" IX (4), 1991.

— GIAMI, A : "De Kinsey au Sida : l'évolution du comportement sexuel dans les enquêtes quantitatives" in Sciences sociales et santé IX (14), 1991.

— KINSEY, A et autres : "Le comportement sexuel de la femme", Paris, Amiot, Dumont, 1954.

— LAGRANGE,H : "Le nombre des partenaires sexuels : les hommes en ont-ils plus que les femmes?" Population 2, 1991.

— LANDEAU, R : "Sexe,vie moderne et spiritualité", Neuchâtel, La Baconnière, 1948.

— MASTERS, W et JOHNSON, V : "Les perspectives sexuelles", Paris, Medsi, 1979.

— OLDENDORFF, A : "Corps, sexualité et culture", Paris, Blond et Gay, 1969.

— RATTRAY, T.G : "Une interprétation sexuelle de l'histoire", Paris, Corréa-Bachet, 1954.

— SIMON, P et autres : "Rapport sur le comportement sexuel des Français", Paris, Julliard et Charron, 1972.

— SOUZENELLE, A : "Le symbolisme du corps humain". Paris, Dangles H (Horizons ésotériques), 1984.

— SPIRA, A et BAJOS, N : "Les comportements sexuels en France". Paris, La Documentation Française, 1992.

RELIGION

— ALLENDRY, R : "Le symbolisme des religions". Paris, Chaconnac, 1948.

— BAUDOIN, Ch : "Psychanalyse du symbolisme religieux". Paris, Fayard, 1957.

— CETREMON, G : "Religions et sexualisme". Paris, Ed.de l'idée libre, 1928.

— DECONCHY, JP : "Sujets féminins et sujets masculins dans un groupe à finalité religieuse". in Archives de Sociologie des Religions, n° 26, 1968.

— GORDON, P : "L'initiation sexuelle et l'évolution religieuse". Paris, PUF, 1946.

— ISAMBERT, FA : "L'analyse des attitudes religieuses". in Archives de Sociologie des Religions, n° 11, 1961.

METHODOLOGIE

— ALEXANDRE,V : "Les échelles d'attitude". Paris, Editions Universitaires, 1971.

— DEBATY, P : "La mesure des attitudes". Paris, PUF, 1967

— DEVEREUX, G : "De l'angoisse à la méthode dans les sciences du comportement". Paris, Flammarion, 1980.

— STOETZEL, J : "Les attitudes". Sondages, n° 2, 1963.

TABLE DES MATIERES

Du même auteur

La femme et la sexualité au Maroc
EDITIONS MAGHRÉBINES, 1985

Connaissance et sexualité
OUYOUNE AL MAQALAT, 1987 (EN ARABE)

Sexualité et discours au Maroc
AFRIQUE ORIENT, 1988

La question sociologique
AFRIQUE ORIENT, 1989 (EN ARABE)

Féminisme soufi
AFRIQUE ORIENT, 1991

*Avec le concours du
Service Culturel de l'Ambassade
de France au Maroc*

Achevé d'imprimer en janvier 1996
sur les presses de l'imprimerie
Afrique-Orient
Casablanca